序 言

　　六和律师事务所自1998年12月开业以来,至今已有整整十五个年头。十五年来,六和人始终保持着创始人来自高校老师的书生气,坚持学者型办所风格,坚信"打铁要靠自身硬",不相信"打官司就是打关系"。业务质量是立所根本,我们始终坚持每周业务学习,坚持理论和实务研究,鼓励律师撰写文章参加从全国律协到省直律协、从法学会到保险学会等举办的各类理论实务论坛和研讨会;坚持创立时提出的"不打官司请律师"理念,持续创新,围绕客户需求开发新产品,在全国律师界首推法律体检,同时不断推出新的法律服务模式。

　　十五年的坚持和创新,我们付出了辛勤的汗水,也收获了成功的喜悦。六和所荣获"全国优秀律师事务所"称号、成为律师行业唯一的"浙江省服务业重点企业"。全体律师发展业务的同时潜心理论和实务研究,笔耕不辍,至今已连续三届摘取浙江省律师论坛的论文入围量和获奖量的桂冠。

　　值此十五周年之际,事务所以感恩之心编撰《六和律师理论与实务研究》四卷和《六和经典案例汇编》一卷,撷取六和同仁们十五年来特别是近五年来所撰写的部分理论和实务文章,以及所办理过的部分较有影响或有意义的案例分别汇编成册,旨在将六和律师的智慧结晶呈献给大家,算是六和十五年一个简单的回顾总结汇报,同时也是打开一扇沟通的大门,以期得到大家的指正与引导,便于我们不断反思提高,从而更好地提升自己,服务客户。

六和律师事务所主任　郑金都
2013 年 12 月

目　录

知识产权类

刑 事 类

劳动争议类

海事与海商、涉外类

其 他 类

民 事 类

出租人 VS"虚实"承租人

——承租人中途退租法律问题探讨

王红燕　卢飞燕

【摘要】　关于因一方原因导致合同解除后违约方的责任承担问题,在理论上存在诸多争议,审判实践中遇到此问题的处理方法也不尽一致。另外,如何确定最终的责任主体也是司法实践中的一个难题。本文通过分析一例因实际承租人原因解除房屋租赁协议的案件,对这两个问题进行一些粗略的探讨。

【关键词】　合同解除　责任主体　间接代理　违约金过高

案例:2006 年 7 月 8 日,S 公司与甲某签订《房屋租赁合同》一份。约定 S 公司将位于市区的非住宅房屋六间半出租给甲某。合同期限为十年,自 2006 年 7 月 8 日至 2016 年 8 月 9 日。合同约定承租人甲某不得中途退租,否则,租金不予退还并另赔偿一年以上租金损失。合同签订后,甲某成立了 M 公司该区域服务部,甲某本人为该个体工商户的业主。一年租金到期后,M 公司的法定代理人向 S 公司支付了第二年的租金。2010 年,S 公司以 M 公司未按《租赁合同》约定支付次年度租金为由向法院起诉,请求判令 M 公司继续履行该《租赁合同》,请求判令 M 公司支付租金 130000 元。

S 公司诉称:甲某是 M 公司的员工;M 公司曾于合同签订后向 S 发出《关于内部改造工程承诺书》一份,向 S 公司承诺在解除合同之时恢复现有设施;M 公司法定代表人向 S 公司支付第二年租金是事实。因此,S 公司认为 M 公司是该房屋的实际使用人,M 公司甲某的职务行为应由法人 M 公司来承担责任。

M 公司辩称:M 公司不是涉案合同的当事人,甲某的签约行为是其个人行为,与 S 公司没有任何法律关系;甲某不是 M 公司的员工,仅是 M 公司法定代表人的朋友;由于甲某在国外,所以 M 公司法定代表人代甲某支付第二年租金,纯属私人关系的帮忙性质。

一审法院认为,考察法人工作人员的行为是否为职务行为,应考察该工作人员是否以法人名义从事活动及有否得到法人授权。甲某以自己名义签订的《租赁合同》,并以个人名义成立了个体工商户。虽然 S 公司有证据证明 M 公司曾系租赁房屋的使用人及 M 公司法定代表人支付第二年租金等事实,但均不能排除甲某个人向 S 公司承租并交 M 公司使用,或自己经营并经 M 公司授权在租赁房屋内使用其名称等可能情形。同时,S 公司无法证明甲某签订《租赁合同》是接受 M 公司的授权。综合 S 公司的举证情况,一审法院认为不足以证明甲某签订房屋租赁合同的行为是职务行为,故判决驳回 S 公司的诉讼请求。①

S 公司不服,提起上诉。二审法院认为 M 公司未对《关于内部改造工程承诺书》及付款行为提供反驳证据进行抗辩。法院认为,甲某在签订合同时虽无 M 公司的授权,但从实际履行过程来看,甲某的签约行为代表 M 公司,认定 S 公司与 M 公司的房屋租赁合同关系成立并有效。二审撤销一审判决;判决租赁合同继续履行;M 公司支付租金 130000 元。②

但是,双方的纠纷还未解决,S 公司与 M 公司第二轮诉讼拉开帷幕。2011年 1 月,M 公司以房屋空置为由向法院起诉要求解除与 S 公司的房屋租赁合同。2011 年 2 月,S 公司提起反诉,要求 M 公司支付违约金 26000 元(相当于两年租金)。

双方的租赁纠纷历时两年,最终经过法院调解得以解决。虽然经调解最终解除了双方的租赁合同,但是基于双方的案件和事实仍有一些理论问题值得探讨:①甲某签订房屋租赁合同的行为性质如何认定? ②违约金约定是否合理?③违约金约定过高的法律救济。

一、甲某签订房屋租赁合同的行为性质如何认定?

甲某以个人名义签订房屋租赁合同,但最终经过法院审理认为甲某的签约行为代表 M 公司,房屋租赁合同实际存在于 S 公司与 M 公司之间。对于甲方签订房屋租赁合同的性质如何认定? 是职务行为还是间接代理行为?

(一)根据现行的法律规定,分析一下什么是"职务行为"

《民法通则》第 43 条规定:"企业法人对它的法定代表人和其他工作人员的经营活动承担民事责任。"《最高人民法院〈关于贯彻执行民法通则〉若干问题的意见》第 58 条规定:"企业法人的法定代表人和其他工作人员,以法人的名义从

---

① (2010)××民初字第 1201 号判决书。
② (2010)××民终字第 3091 号判决书。

事的经营活动,给他人造成经济损失的,企业法人应承担民事责任。"由以上规定可以看出,构成职务行为必须符合以下三个要件:①行为人必须是法人的法定代表人和其他工作人员;②行为人在从事行为时必须是以法人的名义进行;③行为后果由企业法人承担。[①]

在本案中,M公司辩称甲某不是其公司员工,那么连职务行为的第一个要件也没有构成,所以甲某的行为不属于职务行为。退一步讲,即使甲某是M公司的员工,由于其不是以法人的名义签订的租赁了合同,所以甲某的行为也不是由法人承担。所以笔者认为甲某的行为不构成职务行为。

(二)什么是间接代理?

间接代理是与直接代理相对应的一种例外代理制度。直接代理强调的是以被代理人的名义,在许多大陆法系国家都将代理仅限于直接代理,强调"亮名说",也称显名代理;而间接代理并不要求被代理人亮名,在英美法系国家被称之为隐名代理。在《合同法》颁布以前,我国法律未确立间接代理的法律制度。通常适用的代理制度即《民法通则》第63条规定的直接代理制度:代理人在代理权限范围内,以被代理人的名义实施民事法律行为。被代理人对代理人的代理行为承担民事责任。其构成要件是:被代理人为代理人授权,代理人以被代理人的名义同第三人实施法律行为,被代理人对代理人的代理后果承担责任。1999年10月1日我国新实施的《合同法》则确立了间接代理制度。《合同法》第402条和第403条相继规定:受托人以自己的名义,在委托人的授权范围内与第三人订立的合同,第三人在订立合同时知道受托人与委托人之间的代理关系的,该合同直接约束委托人和第三人,但有确切证据证实该合同只约束受托人和第三人的除外。受托人以自己名义与第三人订立合同时,第三人不知道受托人与委托人之间的代理关系的,受托人因第三人的原因对委托人不履行义务,受托人应当向委托人披露第三人,委托人因此可以行使受托人对第三人的权利,但第三人与受托人订立合同时假如知道该委托人就不会订立合同的除外。受托人因委托人的原因对第三人不履行义务,受托人应当向第三人披露委托人,第三人因此可以选择受托人或者委托人作为相对人主张权利,但第三人不得变更选定的相对人。[②]

这两条规定设立了委托人行使介入权和第三人行使选择权两项法律制度,

[①] 司忠信.从两则案例谈职务行为、直接代理与间接代理的区分.中国法院网:http://www.exam8.com/file/hetongfanben/daili/qita/201006/1852620.html.

[②] 何云.从罗成凤诉韩永洲民间借贷纠纷案间接代理在审判实践中的运用.湖北省宜昌市中级人民法院.

确定了间接代理的构成要件,即除了委托人的授权外,还须具备另外两个构成要件:①代理人以自己的名义与第三人进行法律行为;②委托人行使介入权和第三人行使选择权后,委托人才可能承受代理行为的后果。此种代理与直接代理的法律后果存在重大不同。

第一轮诉讼中,二审法院认为S公司与M公司直接的租赁合同有效,判令双方继续履行合同。虽然判决书中没有对甲某签订租赁合同的行为性质进行认定,但笔者认为法院更倾向于将其认定为一种间接代理的关系,即隐名代理。首先,二审法院认为在签约时甲某与S公司关系密切;甲某以自己的名义与第三人进行法律行为;虽没有M公司的正式书面授权,但在合同的履行过程中存在M公司向S公司发出《关于内部改造工程承诺书》及支付租金的事实;发出承诺书以及支付租金的行为也是一种介入行为。所以,最终判令甲某的签约行为代表M公司,最终责任由M公司承担。

二、违约金约定是否合理?

一般认为,违约金是合同当事人在订立合同时预先约定的,当一方违约时应向对方支付一定数量的金钱。违约金作为一种违约责任形式,具有预定性和确定性的特点。违约金具有补偿和惩罚双重法律性质。所谓补偿性,是指若违约造成损失,违约金就折抵损失赔偿金。所谓惩罚性,是指只要有违约行为,不论有无损失,也不论损失多少,都要按约定数额向对方支付违约金。违约金的双重性质在我国立法中都有体现。《民法通则》第112条第2款规定:"当事人可以在合同中约定,一方违反合同时,向另一方支付一定数额的违约金……"这一规定没有将违约金与损失挂钩,足以说明违约金具有惩罚性。但《合同法》第114条第2款规定:"约定的违约金低于造成的损失的,当事人可以请求人民法院或者仲裁机构予以增加;约定的违约金过分高于造成的损失的,当事人可以请求人民法院或者仲裁机构予以适当减少。"这表明违约金的数额以损失为参照,调整违约金数额的目的是使之与因违约造成的损失基本相当或者大致平衡,因而违约金具有补偿性,目的是为了弥补受害方的损失。总体而言,我国立法中违约金的法律性质是以补偿性为主、惩罚性为辅。

基于违约金以补偿性为主、惩罚性为辅的法律性质,国家对合同当事人约定的违约金数额过高或低于损失的情况应予以调整。当违约金过分高于损失时,降低违约金,使其惩罚性减轻;当违约金低于损失时,予以调高,有利于保护守约方的利益,使其得到相当的惩罚。①

那么如何认定违约金是否"过高",法官如何正确行使自由裁量权? 这是审判实践中的一个难题。本案的核心也在于,合同约定的违约金是否过高,是否应该对违约金进行调整。

《合同法》第 114 条第 2 款规定:"约定的违约金低于造成的损失的,当事人可以请求人民法院或者仲裁机构予以增加;约定的违约金过分高于造成的损失的,当事人可以请求人民法院或者仲裁机构予以适当减少。"根据该条的规定,约定的违约金低于造成的损失的,无论低多少,当事人都可以请求增加,不存在"过分"低于造成的损失当事人才可以请求增加的问题,因为违约金的基本功能就是补偿给当事人造成的损失。相反,当事人请求减少违约金的,必须是约定的违约金"过分"高于造成的损失,否则,当事人不得请求减少违约金。据此,判断合同约定的违约金是否过高,是否应该对违约金进行调整,其标准应当是约定的违约金"过分高于"造成的损失。其含义有二:第一,约定的违约金"过分"高于造成的损失。第二,与造成的损失相比,约定的违约金过分高于该损失。②

《合同法》第 114 条规定的"造成的损失",是仅仅指实际损失,还是应当包括可得利益的损失? 通说认为,应该包括可得利益的损失。因为一方面,该条的规定用语是"损失",而并没有用"实际损失"一词。而《合同法》第 113 条第 1 款规定:"当事人一方不履行合同义务或者履行合同义务不符合约定,给对方造成损失的,损失赔偿额应当相当于因违约所造成的损失,包括合同履行后可以得到的利益,但不得超过违反合同一方订立合同时预见到或者应当预见到的因违反合同可能造成的损失。"可见,该条规定的损失既包括实际损失,也包括可得利益的损失。既然如此,那么违约金的调整标准也应当包括可得利益的损失。另一方面,如果在调整违约金数额时,只考虑实际损失,在承担违约金以后又不承担损害赔偿责任,则对非违约方损失的补偿是不完全的,也就是说只补偿了其实际损失,而没有补偿其可得利益的损失。因为在调整违约金数额以后不可能再允许非违约方继续要求赔偿损害,这样与违约金的功能不相符合。所以,只有在赔偿的标准即损失包括可得利益的损失的情况下,才能使非违约方因违约金责任的承担,达到如同合同完全被履行时一样,即就像没有发生违约行为一样。③

---

① 钟建林. 浅谈对违约金约定过高的认定与调整. 来源于:http://www.110.com/ziliao/article-172301.html.

② 杨永清. 如何认定合同约定的违约金是否过高. 民事审判指导与参考,总第 37 集.

③ 王利明. 合同法研究(第二卷). 北京:中国人民大学出版社,2003:705—706.

三、违约金约定过高的法律救济

如果违约金约定过高，如何救济呢？《合同法》第114条第2款只是规定了当事人可以请求法院对违约金进行调整的条件和权利，具体的调整标准则没有明确规定。但《最高人民法院关于审理商品房买卖合同纠纷案件适用法律若干问题的解释》第16条规定："当事人以违约金过高为由请求减少的，应当以违约金超过造成的损失30%为标准适当减少；当事人以约定的违约金低于造成的损失为由请求增加的，应当以违约造成的损失确定违约金数额。"这一条司法解释的规定虽然是针对商品房买卖合同纠纷的审理而制定的违约金调整标准，但对于其他合同纠纷中违约金的调整同样具有参照价值。

首先，本案的《房屋租赁合同》中约定承租方若中途退租，租金不予退还，并另赔偿一年租金以上损失。这一约定没有明确因违约产生的损失赔偿额的计算方法，也没有确定一定数额的违约金。这一条款本身是不确定的，变动的。从这一条的字面意思分析，它是对于承租方违约制定了一个没有确切数额的违约金，不予退还的租金和一年租金以上损失可以视为其对违约金的一个预设。承租方有权依据《合同法》第114条的规定请求法院适当减少。

其次，关于违约金的计算，依据《最高人民法院关于审理商品房买卖合同纠纷案件适用法律若干问题的解释》第16条，当事人约定的违约金超过造成损失的30%的，可请求法院减少。也就是说违约金的最高限额就是损失的30%。参照《江苏省高级人民法院关于审理城镇房屋租赁合同纠纷案件若干问题的意见》第二十六条：[因承租人过错导致房屋租赁合同解除的处理]因承租人的违约行为导致房屋租赁合同解除，出租人请求承租人赔偿损失的，人民法院应予支持。承租人要求出租人补偿剩余租赁期内装饰装修残值的，人民法院不予支持。因承租人违约行为导致房屋租赁合同解除的，出租人可以要求承租人赔偿租赁房屋闲置期间的租金损失，但最长不得超过6个月。也就是说，空置期的租金损失最高限额是6个月的租金。

在本案第二轮诉讼中，由于S公司已收取了M公司一年的租金，合同解除后，还有一部分未履行期限的租金应折算为违约金，也就是说S公司的空置期租金损失减去该部分已收租金，最后得出的金额才是M公司的损失，也就是违约金的合理金额。如果S公司怠于行使房屋出租权利，导致损失扩大，根据《合同法》第119条规定，当事人一方违约后，对方应当采取适当措施防止损失的扩大；没有采取适当措施致使损失扩大的，不得就扩大的损失要求赔偿。所以，S公司请求M公司支付相当于两年租金的违约金是明显过高的，经M公司请求，法院理应减少。

四、结论

综上所述，虽然双方的纠纷没有经过法院的最终判决，而是最终经调解解决。但是本案的争议点值得探讨。首先，签约人与实际使用人不一时，责任主体如何认定？对于这一争议点，要从签约者的签约性质着手。例如本案，甲某与M公司之间是一种间接代理关系，所以法院最终判决M公司为最终责任主体。其次，承租人提前解约，违约金如何认定？对于该争议点，要明确双方是否约定违约金，辨别违约金约定是否过高，以及违约金约定过高后的法律救济。例如本案，违约金应以空置期租金损失减去该部分已收租金为计算依据，空置期的租金损失最高为6个月的租金，因此，S公司的违约金请求明显过高，承租方有权依据《合同法》第114条的规定请求法院适当减少。

参考文献

[1]王利明.合同法研究(第二卷).北京:中国人民大学出版社,2003.

[2]姚蔚薇.对违约金约定过高如何认定和调整问题探析.法律适用,2004(4).

[3]邹双卫.论我国《合同法》中的违约金变更规则.韶关学院学报,2010(5).

[4]杨永清.如何认定合同约定的违约金是否过高.民事审判指导与参考,总第37集.

作者简介

王红燕，女，青岛海洋大学法学学士，六和律师事务所合伙人。主要从事并购、知识产权、连锁经营、涉外法律业务。

卢飞燕，女，国际商法硕士，六和律师事务所律师助理。

"不当出生"之诉讼理论探讨

金其飞

【摘要】 因医院产前检查失误,导致孕妇产下先天带有缺陷的婴儿,婴儿父母因此享有要求医院承担损害赔偿责任的权利。在"不当出生"之诉中判断医院有无过错时,应以当前的一般医疗专业水准作为确定注意义务之标准,但要区分常规检查和产前诊断两种不同情况。有缺陷的婴儿出生不同于因医疗事故导致的婴儿残疾,两者有诸多区别。鉴于不当出生涉及法律、医学、伦理等多重问题,父母抚养有缺陷的婴儿是法定义务,出生婴儿未来的相关费用尚难以确定,故赔偿范围不宜过宽。

【关键词】 不当出生 产前检查 产前诊断 知情同意 损害赔偿

随着医疗水平的发展,通过产前检查预先判断胎儿是否有先天性缺陷和遗传性疾病成为可能。随着堕胎法的出现,"不当出生"与"不当生命"之诉在理论上具有了可能性,因为检查出孕期的残障情形并使孩子流产,现在已经属于一种合法的医疗选择。大约从 20 世纪 70 年代以来,胎儿损害赔偿案中的"不当出生"与"不当生命"之诉成为实务与理论界争论的焦点。

近年来,因医院未检出胎儿存在的先天性缺陷或未尽告知义务,从而导致带有缺陷的婴儿出生,婴儿父母向医院主张赔偿的纠纷呈增多之势。对此类"不当出生"纠纷的相关法律问题,如:是侵权之诉或合同之诉、被侵害的权利属性、医院过错之判断、损害赔偿范围之确定等,目前法学界存在诸多争议,实务界对纠纷的裁判结果也各异。笔者结合资料和办理案件的体会,试作如下分析。

一、不当出生的概念

"不当出生"(wrongful birth),其概念最初来源于美国法,是指妇女怀孕期间进行孕期检查,但因医院检查错误而未发现胎儿具有先天性残疾,致使妇女未能实施人工流产而生下具有先天性残疾的婴儿。在我国,有学者将"不当出生"本土化解释为"医师违反产前诊断义务",导致残疾儿出生。

二、请求权基础之判断

请求权基础,指的是支持一方当事人向他方当事人有所主张的法律规范,即谁得向谁,依据何种法律规范主张何种权利。我国对"不当出生"之诉的请求权基础(诉因),目前没有形成统一的认识。

(一)谁有权向谁主张权利,是孩子还是父母?

1."不当出生"的孩子无权向医生或父母主张

在美国实务中,因此而主张的此类索赔案通常被概括为"不当生命"之诉,即一个因被告过失生而具遗传缺陷的孩子所提出的诉讼请求。由孩子父母提起的该主张通常被冠以"不当出生"的称呼,这是由于被告的过失而致父母生出了一个具遗传病或其他先天缺陷的孩子,而为该父母所提起的诉讼。

"不当出生"的小孩提起的诉讼,主张因医师过失未告知父母其胎儿有缺陷之可能,以致父母没有机会选择是否生下他,终致产下该有缺陷的小孩,在美国称之为"不当生命"之诉(wrongful lift)。"不当生命"之诉中的原告主张并非是他们不应当被有缺陷地出生,而是他们压根就不应当出生。这一主张的本质是:孩子的生命是"不当的"。在美国各州,法庭普遍拒绝承认"不当生命"为侵权诉因,其理由是:①在母胎里形成的缺陷生命,是自然的安排,而非人类行为的结果,因此,并不存在法律意义上的损害和法律意义上的诉因;②医生没有杀死胎儿的义务,如果准许原告的诉讼请求,就等于将堕胎的义务或杀死胎儿的义务强加给医生,这在法律上是不能成立的;③生命是神圣的,生命纵有残障,其价值仍胜于无生命,将有残疾的生命视为损害是不道德的;④对缺陷儿认定损害的存在,在逻辑上是不可能的,因为根本无法对原告的先天性缺陷这一"目前状态"与"不存在"这一原来状态加以比较与估量。

如果允许孩子向医院提起过失侵权之诉,将会出现逻辑上的根本矛盾。因为如果没有医生的疏忽,孩子不会被生养,所以医生不应对因其过失而生的孩子承担责任。有律师提出,如果孩子关于生命有权提出主张,就意味着我们在创造一种每个孩子都有期望得以完美出生的权利。这显然是不现实的。

欧洲侵权法也同样不承认美国普通法中出现的上述"不当生命"的称谓。基本理由是:其一,任何人都无权决定自己之不生存,这已被普遍接受。其二,尚未出生者享有人格尊严权。因此,责任与损失产生于出生之前或者出生之后无关。从而认为,因为未出生者没有法律上的能力,所以在取得法律上的能力之后也不能对出生前受到的损害提出诉讼的观点。有关判决认为:将一个婴儿的生命带到这个世界上在任何情况下都不会构成侵权,因此无论是父母还是秘密解除双方约定避孕措施的妇女都无须为此承担责任。在上述情况下,各国一致认为任何人都没有主张不被生下来的权利。

在我国台湾地区,判例和学说也基本认同不准许针对不当出生的残疾儿请求侵权损害赔偿,主要理由在于,"不当出生的残疾儿"无法视为民法上的损害,而且侵权行为的被害客体应当为权利或者利益。因此,王泽鉴指出,"不当出生"的残疾儿不论是否是父母所计划,均不能视为民法上的损害,而是基于亲子关系间生理及伦理上的联系,是一种价值实现。

本文也采取各国通说,赞成美国和实务中对"不当出生"诉因的一般认可态度,但反对"不当生命"的诉因,否则可能会引发与人类生命价值观的冲突。

2.孩子的父母可以作为原告提起"不当出生"的诉讼

"不当出生"之诉是以孩子父母为原告提起的诉讼,向某个因专业过失导致生而有缺陷的孩子出生的医生提出,要求被告承担因生而有缺陷的出生儿引起的损失与相关费用,理由是如果没有被告的过失,孩子不会被孕育或进入成熟期。诉讼前提是:如果不是被告的过失,孩子不会出生。在该类诉讼中,生而有缺陷孩子的父母声称:由于医生的过失,他们不能就应否使孩子出生作出合理判断;同时,如果医生向他们预先告知出生儿可能具有先天性损伤危险的话,他们会采取措施避免或中止怀孕。

在美国承认一个"不当出生"的诉因是相对近期的成就。在美国,自1982年起,加州、华盛顿州、新泽西州(以下简称新州)、马萨诸塞州(以下简称马州)、康涅迪格州(以下简称康州)的最高法院相继准许了针对不当出生的残疾儿请求损害赔偿。如1997年,康州最高法院在奎因等诉博罗(Quinn V. Blau)一案中,创设了针对"不当出生"的残疾儿请求损害赔偿的判例。其理由是它具备传统的疏忽侵权行为的要件。

欧洲侵权法不承认美国普通法中出现的上述"不当出生"的称谓。两条基本规则概括了欧洲的共同观点。其一,如果明知存在孕育或遗传方面的缺陷,但忽视这种影响而导致出生的孩子严重残障,不构成一个诉因。例如英国的"生而残障民事责任法"认为:"被告不对孩子就以其专业能力负责向孩子的父母亲提供治疗或咨询意见中的作为或不作为承担任何责任"在宪法上是完全不能忍受的。其二,将一个残障的孩子在法律上与缺陷产品同等对待是对人格尊严的严重侵害。这种审判之所以令人无法忍受是因为它要求决定一个孩子对其父母而言是否意味着一种损失。这个孩子的价值是否小于抚养其所需花费的费用?如果价值小的话,到底小多少?即使这种审查会产生一种合理且并不具投机性的结论。一种令人疑惑的建议是：损失与利益的平衡本身实际将孩子当做了私人财产，这一审查违背了国民必须与每一个人类生命相一致的尊严性。

在我国"台湾士林地方法院"1995年冲诉字第147号民事判决一案中，原告朱秀兰怀孕，因系高龄产妇，恐生下唐氏症等有身心障碍的儿童，乃到被告医院产检，因被告医院从事羊水分析及判读具有过失，未验出胎儿染色体异常，患有唐氏症，并告此是男孩，胎儿正常，致未实施人工流产，且一再安胎，产下患有唐氏症候群、无肛症、动脉导管闭锁不全等重度残障男孩。原告朱秀兰及其夫（同为原告）于是以财产上及非财产上受有重大损害向被告医院请求损害赔偿。法院支持了原告的部分诉求。

本文认为，因"不当出生"使父母因缺陷儿童多支付了大量的医疗费用、人力照顾和特殊教育的费用，以及父母受到的身心痛苦，如果不给予一定的救济是很不公平的。婴儿的人格尊严与肯定婴儿出生发生抚养费用的损害事故，是两回事，不能混为一谈，承认这类诉讼是趋势。

（二）"不当出生"之诉是侵权之诉与违约之诉竞合

因"不当出生"产生的损害赔偿请求权是契约上请求权，还是侵权行为损害赔偿请求权，各国根据自己的法律体系或司法理念而采取不同的态度。

美国通常是以侵权法来处理"不当出生"的诉讼。德国由于是一个契约高度发达的社会，其通常是以契约上请求权处理这类案件，这一点与英美法国家仅考虑侵权法不同。在联邦最高法院判决中，法院肯定会因医师过失而生出缺陷儿的父母，得依债务不履行请求该医师赔偿抚养此缺陷儿比一般婴儿多出的额外费用，包括财务与劳力之付出。

在我国"台湾士林法院"1995年重诉字第147号民事判决一案，"士林法院"认定被告医院与原告朱秀兰间成立医疗契约，应依第535条后段规定，负善良管理人的注意义务，被告医院应就其医生的过失与自己过失负同一责任，而依不完全给付债务不履行规定，负损害赔偿责任。

我国的一种观点主张，"不当出生"之诉是侵权之诉，理由是：对照我国关于侵权责任构成的理论，"不当出生"符合四个构成要件：①损害事实，在不当出生中，并非表现为因医疗行为而致胎儿疾病，而是有疾病的胎儿的出生即对父母构成精神上的损害和财产上的损失，父母因此受到精神打击，并比抚育正常小孩要承担更高的经济负担。②违法行为，从现行有关产前检查的规范可见，医生有进行产前检查和将检查诊断结果及进一步处理意见告知孕妇的法定义务，一旦其行为违反该义务，即具有违法性。③违法行为和损害事实之间具有因果关系,医生没有诊断出胎儿患有严重的疾病,未进行告知的行为与有缺陷的婴儿出生之间有因果关系。④主观过错,医生未尽到必要的注意义务,构成过失。

另一种观点主张,"不当出生"之诉是违约之诉,理由是:医疗保健机构在进行产前医学检查过程中因未尽勤勉和忠诚义务导致检查结论失实,使信赖该项检查结果的合同相对人生育缺陷婴儿,额外增加抚育、护理及治疗费用,蒙受纯粹财产上损失,构成加害给付,医疗保健机构应当承担相应的违约损害赔偿责任。有学者更明确指出,不当出生之诉,医院应负不完全给付债务不履行责任,而非侵权责任。

笔者赞同"不当出生"之诉是侵权之诉与违约之诉竞合的观点,这也是当前较多倾向之观点,理由是:一方面,因产前检查,医院和孕妇形成医疗服务合同关系,医院负有相关的合同义务;另一方面,相关法律法规也为医院产前检查规定了法定义务。医院因违反注意义务致损害发生时,就同时成立"因不法侵害他人权利"及"契约不履行"之双重责任。从受害人角度观察,则因此单一法律事实而同时取得两个并存之损害赔偿请求权,此即学说上所说的请求权之竞合问题。

三、被侵害权利之界定

侵权行为是侵犯他人合法民事权益的行为,其侵害的对象包括民事权利和民事利益。关于"不当出生"中究竟何种权利或利益受侵害,当事人的主张不一,有人格权、知情权、健康生育选择权、"堕胎自由权"等。而法院判决所作认定也不一。

有观点认为,"不当出生"之诉中侵犯的对象是父母拥有的充分知情的利益。由于医院作为具有专业知识和技能的提供者,负有向孕妇提供准确的关于胎儿健康情况的信息义务,由于医生的过失,未能履行这种告知义务,致使父母的这种获得充分知情的利益受到了损害。《母婴保健法》第三章就孕产期保健做了专门规定,其中第十七条规定:"经产前检查,医师发现或者怀疑胎儿异常的,应当对孕妇进行产前诊断。"第十八条规定:"经产前诊断,有下列情形之一的,医师应当向夫妻双方说明情况,并提出终止妊娠的医学意见:(一)胎儿患严重遗传性疾病的;(二)胎儿有严重缺陷的;(三)因患严重疾病,继续妊娠可能危及孕妇生命安全或严重危害孕妇健康的。"《母婴保健法实施办法》又针对《母婴保健法》的内容进一步加以细化,其中第十七条第二款规定:"医师发现或者怀疑育龄夫妻患有严重遗传性疾病的,应当提出医学意见;限于现有医疗技术水平难以确诊的,应当向当事人说明情况。育龄夫妻可以选择避孕、节育、不孕等相应的医学措施。"第二十条规定:"孕妇有下列情形之一的,医师应当对其进行产前诊断:(一)羊水过多或者过少的;(二)胎儿发育异常或者胎儿有可疑畸形的;(三)孕早期接触过可能导致胎儿先天缺陷的物质的;(四)有遗传病家族史或者曾经分娩过先天性严重缺陷婴儿的;(五)初产妇年龄超过35周岁的。"医务人员应当依据法律规定和诊疗规范为患者提供医疗服务,如违反上述义务,其行为即构成违法和存在过失,侵犯了患者的知情选择权。"不当出生"的特殊性还在于只要查明了医疗机构违反了告知义务,那么其违法行为与孩子不当出生之间的因果关系也就成立了。当然,根据最高人民法院关于民事诉讼证据方面的规定,是否违反了告知义务的举证责任也应当由医疗机构来承担。根据上述分析,"不当出生"符合我国侵权法律规定,患方选择适用侵权进行诉讼是完全可以的。

但这种观点暗含医院已诊断出胎儿疾病却未向孕妇尽告知义务之意,不能涵盖如医院并未检出胎儿异常的情况下,如何界定何种权利被侵之问题。

多数观点认为,"不当出生"之诉中侵犯的是人格权。人格权是指民事主体依法固有为维护自身独立人格所必备的,以人格利益为客体的权利。人格权分为一般人格权和特别人格权,除法律作出具体规定的人格利益如身体权、生命权、姓名权、健康权、自由权等外,民事主体享有但法律未作特别规定的人格利益,即人身自由和人格尊严,可以纳入具有概括性和包容性的一般人格利益。

笔者认为,从现行法律看,不当出生究竟导致何种权利被侵害,我国新颁布的《侵权责任法》对此未有明确规定,当前宜采侵犯的是一般人格权之观点。由于"权利是一个具有发展性的概念,某种利益具有加以保护的必要时,得经由立法或判例学说赋予法律之力,使其成为权利"。待条件成熟时,建议在立法中作出明确规定。

四、医院过错之判断

不能因胎儿疾病没有被检测出的结果而推导出医院有过错。在医院需承担赔偿责任的"不当出生"案例中,一般是医生在产前检查中,未尽到必要的注意义务,从而使得在当时的医疗技术条件下,能检测出胎儿患有疾病而没有检测出来,以至于未对孕妇履行告知义务,最终造成损害后果。故"注意义务"既是医疗者的一种最基本的义务,也是判断医疗过失的依据。而根据《侵权责任法》第六十条规定,患者虽然有损害,但限于当时的医疗水平难以诊疗的,医疗机构不承担赔偿责任。故"当前的医疗水平"也是值得重视的一个判断要素。

(一)医院注意义务的标准

注意义务是指一个人在从事某种活动时,应该给予高度的谨慎和注意,以避免给他人造成不应有的危险或损害的责任。医疗者的注意义务是指医疗者在医疗活动中,应该具有高度的注意,对患者尽到最善良的谨慎和关心,以避免患者遭受不应有的危险或损害的责任。

通说主张"职业标准",即医务人员于医疗之际,其学识、注意程度、技术以及态度,均应符合一般医疗专业水准的医务人员在同一情况下所应具备的标准。即法律衡量医疗者注意义务的标准是根据医疗者从事较高专业性、技术性活动的因素,要求其应具有更高的注意标准。

本文认为,医院注意义务来源于医疗合同的约定和法律法规的规定,通常包括法律、法规、规章制度和具体操作规程,以及职务与业务上的习惯和常理、接受期约或委托所要求的注意义务。具体到产前检查问题上,除我国《医师法》外,《母婴保健法》、《母婴保健法实施办法》有专门章节对孕产期保健作了规定,为特别法;卫生部《产前诊断技术管理办法》是部门规章;《临床技术操作规范》、《临床诊疗指南》等是具体操作规程。如医院违反上述法律、法规、部门规章和诊疗护理规范、常规,未尽到必要的说明义务,违反医疗服务职业道德等,都可能构成过失。

(二)当前的医疗水平

事实上,现有医疗条件下胎儿畸形一定能够全部被检查出的观点缺乏科学依据,也被临床实践所否定。以产前检查中重要的检查手段超声波为例,超声波作为影像学检查工具之一,有它的优势,但也有它的局限性和依赖性。根据相关报道,胎儿缺陷在当前的医疗技术条件下尚无法100%可以被检查出来。在产前检查中,诸多因素都将影响胎儿畸形的产前检出,包括超声波运用于产科检查中自身局限性的影响,医师、仪器设备的技术水准,检查时孕周大小、胎儿胎位等。

(三)对产前检查和产前诊断的区分

医疗行为的特殊性、复杂性,决定了每一具体医疗行为,医疗者所负的注意义务有所不同。现行的孕产妇产前卫生医疗服务分为产前检查和产前诊断,按照国家卫生部所作出的相关规定,医院从事产前诊断业务应当要比一般产前检查具有更多和更高的要求,当然在判断医院有无违反注意义务时不能混同。

(1)检查的目的不同。一般产前检查主要是检查胎儿是否属于活体、胎儿的发育情况是否与怀孕时间相一致等。而产前诊断则是指对胎儿进行先天性缺陷和遗传性疾病的诊断,包括相应筛查。

(2)资格要求不同。根据我国卫生部《产前诊断技术管理办法》规定,产前诊断必须具备产前诊断资格。常规检查则无此限制。

（3）适用的孕产妇不同。我国《母婴保健法实施办法》第二十条规定，医师对有遗传病家族史、初产妇年龄超过 35 周岁等五种情形之一的孕妇，对经产前检查医师发现或者怀疑胎儿异常的孕妇，应当进行产前诊断。言下之意，如孕产妇不具备规定情形，则医生无告知并进行产前诊断的义务。

（4）检查的手段不同。产前检查中使用的重要方法是 B 超检查，我国产科超声检查分为几个层次，产前检查和产前诊断检查的级别不同，目的不同，项目也不同。如我国《产前诊断技术管理办法》规定，产前诊断技术项目包括遗传咨询、医学影像、生化免疫、细胞遗传和分子遗传等。

五、医院违约之鉴定

在产前检查中，产前二维超声是常规检查项目，是法定的必须检查项目。由于三维超声的普及，基层医院为了创收，经常变相鼓励孕妇进行三维超声检查。在宣传册和宣传栏上不适当的宣传，如三维超声可以检出"唇裂、腭裂、多指、心脏房室间隔缺损"等，这些宣传不仅大大超出了国家对常规产前检查的要求，而且也超过了三维超声的实际效能。三维超声只是增加了"唇裂、腭裂、多指、心脏房室间隔缺损"等的检出率，并不能完全检出上述先天性缺陷。仅仅由于医院的超声检查用语不规范，近几年类似案例大量涌现。

六、损害赔偿范围之划定

（一）法院对损害赔偿范围的确定

法院在确定损害赔偿范围时往往会忽略一个前提条件，那就是，如何确定被查出胎儿缺陷的父母必定会选择终止妊娠。《产前诊断技术管理办法》第十四条规定："发现胎儿异常的情况下，经治医师必须将继续妊娠和终止妊娠可能出现的结果以及进一步处理意见，以书面形式明确告知孕妇，由孕妇夫妻双方自行选择处理方案，并签署知情同意书。"所以是否终止妊娠的权利在父母一方，法律并没有强制规定必须终止妊娠。那么法院该如何确定胎儿缺陷知情权会转变为终止妊娠行动？

本文认为可以根据医师是否会按照法律规定向夫妻提出终止妊娠的医学意见来判断。《母婴保健法》第十八条规定，医师应当提出终止妊娠的医学意见的三种情况：①胎儿患严重遗传性疾病的；②胎儿有严重缺陷的；③因患严重疾病，继续妊娠可能危及孕妇生命安全或者严重危害孕妇健康的。如果胎儿缺陷严重到医师会出具终止妊娠的医学意见，从举证责任看，足以认定夫妻会选择终止妊娠。如果医师没有出具终止妊娠的医学意见,应由缺陷胎儿父母一方举证其会选择终止妊娠的理由。如果父母本身就甘愿冒风险生产并抚养缺陷胎儿,那么损害赔偿就不存在了。

(二)"不当出生"不属于医疗事故

需要明确的是,"不当出生"的病例不属于医疗事故。关于医疗事故的概念,《医疗事故处理条例》第二条规定:"本条例所称医疗事故,是指医疗机构及其医务人员在医疗活动中,违反医疗卫生管理法律、行政法规、部门规章和诊疗护理规范、常规,过失造成患者人身损害的事故。"根据该条中的医疗事故概念,笔者认为,医疗事故中所造成的损害只能是人身损害,不包括其他损害如物质损失和精神损害,"不当出生"中孩子存在先天的身体残疾,但孩子的身体残疾并不是损害后果,"不当出生"的损害后果是由于有残疾的孩子出生造成其父母物质和精神上的损害。在"不当出生"中并没有人身损害,不具备医疗事故对损害后果方面的要求,"不当出生"的病例不属于医疗事故当无争议。

在医疗纠纷的审理过程中,需要明确医疗行为是否存在过失、医疗行为与患者的损害后果是否具有直接的因果关系等问题。由于其专业性比较强,法院一般都要通过司法鉴定来加以明确,甚至有的法官对鉴定具有依赖性,不考虑各方当事人在法庭上的质证意见,自己也不对鉴定的内容进行司法审查,而是直接依据鉴定结论作出判决。在司法实践中,一般进行的司法鉴定有医学会进行的医疗事故鉴定和经司法部公告的司法鉴定机构进行的临床法医学鉴定。所以无论是律师还是法院,都需要对鉴定事项以及希望通过鉴定达到的证明目的有明确清晰的表述。

(三)如果诉讼成立,哪些损害是可救济的

在"不当出生"之诉中,当事人主张赔偿的范围较广,包括医疗费用、护理费用、特殊教育费用、抚养费用等财产上的损害和精神损害赔偿等非财产上的损害。司法实践中,判决赔偿的范围也各不相同,有的按照一般人身损害赔偿纠纷对待,判赔全部项目损失;有的只判赔部分项目。英美法上肯定父母因生出缺陷儿的精神损害,而大陆法系国家不承认精神损害赔偿。

王泽鉴把"不当出生"的残疾儿的抚养费分为亲属法上特殊的抚养义务和一般的抚养义务。[7]亲属法上特殊的抚养义务是指对残疾儿的医疗费用、特殊教育费用和人力照顾费用等。一般的抚养费用是指残疾儿的生活费用。特殊的抚养义务虽然是父母子女基于亲子关系而当然发生的费用,但是这种费用的发生如果在医疗过程中是由于医疗者的不完全给付债务引起的,此种抚养义务

的发生应当视为一种损害,由医疗机构承担责任是理所当然的。父母对一般的抚养费用是否可以请求损害赔偿,由于法律逻辑或概念以外更深层次的法律价值的取向和社会伦理问题,此项费用是否应当赔偿,世界各国和地区的见解不一致。我国"台湾士林法院"对一般的抚养费用采否定说,其主要理由在于:依民法的规定,基于亲子关系间生理及伦理的联系,残疾儿的出生无法视为民法上的损害,因而父母有支付未成年子女生活费之义务。

赔偿范围这个问题的关键在两个方面:

一是婴儿出生是不是损害的问题。对于这个问题有两种观点:一种认为,婴儿的出生,不论是否是父母所计划,均不能视为损害,其理由不仅是基于亲子关系间生理及伦理上的联系,更在于肯定婴儿的出生是一种价值的实现。承认一般抚养费用是一种损害,将侵害人的尊严。另一种观点认为,婴儿的人格尊严与肯定婴儿出生发生抚养费用的损害事故,是两回事,不能混为一谈,如果父母向医院请求赔偿抚养费,不但无害人的价值与尊严,而且有助于父母尽其对子女的照顾义务。

一是亲属法上的特殊抚养义务能否单独抽离的问题。对于这个问题也有两种观点:一种认为基于出生而产生的亲属法特殊照顾义务,不得单独抽取出来而主张对其子女之付出是一种损害。另一种观点认为,亲属法上的特殊抚养义务不得单独抽离,旨在排除将此项特殊照顾义务转由第三人负赔偿责任,并不影响父母对子女的特殊照顾义务,只是使其有能力向第三人请求赔偿的可能性而已。

本文认为,一般地说,为适当限制医师的责任,鉴于养育子女费用及从子女获得利益(包括亲情及欢乐)难以计算;并为维护家庭生活圆满,尊重子女的尊严,不将子女的出生视为损害,转嫁于第三人负担抚养费用,而否定其一般抚养赔偿请求权。但是在"不当出生"的情况下,则几乎不存在父母从子女获得利益(包括亲情及欢乐)的一面,相反,父母在一生中都不得不接受其子女因残疾而遭受生活不幸的现实,这必将花费巨额的费用,也应当说是一种巨大的精神痛苦。对其特殊抚养费用应依各国通说给予赔偿。

参考文献

[1] [英]布伦丹·格瑞尼.医疗法基础.武汉:武汉大学出版社,2004.

[2] 房绍坤,王洪平.医师违反产前诊断义务的赔偿责任.民商法学,2007(3).

[3] 王泽鉴.民法总则.北京:中国政法大学出版社,2001.

[4] 曾世雄.民法总则之现在与未来.北京:中国政法大学出版社,2001.

[5] Harry Shulman,Fleming James,Jr. Oscar S. Gray, Torts,Third Edition,Westbury. New York: The Foundation Press,Inc. 1976.

[6] 王泽鉴.侵权行为法.北京:中国政法大学出版社,2001.

[7] 张学军.错误的生命之诉的法律适用.法学研究,2005(4).

[8] 德国民法典.郑冲、贾红梅译.北京:法律出版社,2001.

[9] 陈现杰.因产前检查疏忽导致缺陷儿出生相关医疗机构是否承担侵权责任//民事审判指导与参考.北京:法律出版社,2009.

[10] 金福海.错误出生损害赔偿问题探讨.法学论坛,2006(6).

[11] 王利明.民法.北京:中国人民大学出版社,2000.

[12] 奚晓明.中华人民共和国侵权责任法条文理解与适用.北京:人民法院出版社,2010.

[13] 赵明华.医疗损害纠纷案件适用侵权责任法初探.人民司法——应用,2010(11).

作者简介

金其飞,男,浙江大学法律硕士,浙江大学医学院临床医学硕士,六和律师事务所专职律师。擅长在医疗、制药、食品、生物工程等领域为企业在投融资、风险控制、企业管理、知识产权保护和纠纷处理等方面提供全方位的综合法律服务。

对断水断电制度之思考

林　超

【摘要】　由于各方利益的不同,中央和国家立法机关对于断水断电制度是否设立存在不同的态度。根据断水断电所针对的对象不同,可以对断水断电制度进行分类,再进行利益衡量,然后会发现断水断电在一定情形下还是具有可行性的。因此,笔者主张不能对断水断电在法律层面上采取全盘的否定,而应在法律层面采取肯定的态度。当人权性的权益涉及其中时,只有法律具有设定权;对于其他断水断电的具体制度,则由各行政部门以法规的形式出台。

【关键词】　断水断电　行政强制

断水断电这一行政强制执行方法越来越多地被运用到行政机关自行执行案件中,例如对于那些屡教不改的污染企业,对于严重违反工商消防等条例且拒不进行整改的单位,对于那些违规建筑等。由于断水断电这一执行方法能够有效地迫使被执行单位履行义务,从而受到行政机关的青睐。但众所周知,断水断电是对自然人或法人的权利进行实力强制,因此它极易滋长行政机关的专横武断,那么我国对于断水断电这一行政强制执行方法又是如何规定的呢?

一、断水断电等行政强制执行方法之"准予"与"禁止"间的徘徊

通过比较分析,发现其实我国中央和地方立法机关对断水断电在态度上存在一种理解的偏差。从法律规范的层面中我们可以对此有所了解。《中华人民共和国行政强制法》(草案)第四十四条规定:"行政机关不得采取停止供水、供电、供热、供燃气等方式迫使当事人履行行政义务。"然而在地方立法中,以浙江省为例,《浙江省水污染防治条例》第五十一条规定:"排污单位拒不履行县级以上人民政府或者环境保护主管部门作出的责令停产、停业、关闭或者停产整顿决定,继续违法生产的,县级以上人民政府可以作出停止或者限制向排污单位供水、供电的决定。"尽管以上有些法条还处于草案阶段,但基本上能够反映中

央和地方立法机关对于断水断电在态度上的不一致。

笔者认为造成这种不一致现象的原因主要有:①国家并没有在法律层面上对断水断电这一制度进行明确的规定,使得地方立法机关在立法时并没有上位法的约束,从而造成地方立法的混乱及不一致。②地方与中央利益的向背。如今这个社会,我们一刻也离不开电和水,对于地方行政部门来说,断水断电这一行政强制措施能够在很大程度上帮助其所作出的行政决定很快地得到实施。地方的立法机关比较容易受到行政部门的影响,因此地方性法规的草案自然会在一定程度上反映当地行政机关的需要。而对于中央立法机关来说,断水断电作为行政强制执行方法是其暂时无法接受的,因为它对公民权利的侵犯已经超过了立法机关所能容忍的底线。其实行政强制执行法是为了能够在行政权力与公民权利之间寻求一个最佳的平衡点,而在断水断电这一问题上,立法机关更加倾向于保护公民的基本生活保障权利。

很显然,国家各立法机关对此态度的不一致,是各自在立法中的利益衡量的结果,那么他们经过利益选择所作出的规范表达是否正当、是否合理呢?

二、断水断电之正当性探讨

古今中外思想家、法学家提出过各种各样的法所促进的价值,但归纳起来,主要是正义和利益两大类价值。李林教授将这一理论运用到立法的价值分析中,提出立法价值由正义和利益组成,并进而指出正义是立法的内在价值目标,决定着立法的本质属性,而利益则是立法的外在价值目标。① 笔者认为,利益是法律所要保护的对象,而正义才是立法所要实现的目的。国家立法的终极目的莫过于实现正义,在正义的框架下进行立法,进行价值的取舍和判断,最终达到利益的平衡。那么在正义之下,我们对于断水断电这一制度又该如何进行利益上的衡量呢?

(一)公法与私法利益之衡量余地

断水断电这一行政强制执行方法是否直接涉及公法利益和私法利益,这两者是否具有衡量的余地? 在传统社会,利益结构呈现纵向性,具有明显的同质性和整体性,利益分化和冲突并不明显,利益之间序位固定而明确,处于上阶位的利益永远优于下阶位的利益而得到优先满足。而现代社会的发展进程是一个由纵向整体利益结构向平向多样性利益结构变迁的过程。多元利益共存于

---

① 李林.论立法价值及其选择.//张文显,李步云.法理学论丛(第1卷).北京:法律出版社,1999:383—384.

同一场域,多元利益都可以找到各自的正当性基础,利益格局呈现平向结构。①个体利益之间、个体利益与公共利益之间呈现相互竞争的态势,何种利益优先不存在绝对的顺位,都必须通过正当的利益衡量过程获得,断水断电制度所涉及之公法与私法利益也不例外。

(二)断水断电制度之利益分类衡量

断水断电应当根据其对象的不同分为对法人的断水断电和对自然人的断水断电,由于其对象的不同,其在法益衡量上也存在着不同。当断水断电所针对的是法人时,我们会面临两种法律意义上的利益:一种是"秩序"利益,国家机关为了能够更有效地使其所作出的行政决定得到履行,从而维护经济秩序的问题,需要断水断电这一行政强制执行方法。这一利益是行政部门所代表的不特定多数人的利益。另一种是"契约"利益,即私法上通过意思自治而获得双方互相履行义务的利益,之所以会涉及该利益,是因为行政机关断水断电的行政决定会直接导致水电公司不履行与相对人之间的合同义务。这一利益仅仅代表的是水电公司与行政相对人之间的利益。对于两者我们该如何衡量呢?

我国社会基本价值观念中,一般均认为不特定多数人的利益优于特定人的利益。因此,当断水断电所针对的是法人时,笔者认为应当将断水断电这一行政强制执行方法赋予行政机关。

当断水断电所针对的是自然人时,我们则会面临三种法律意义上的价值利益:一边是前面我们所说的公法上的"秩序"利益,而另一边则不仅包括私法上的契约利益,同时还包括人权上的利益,因为断水断电会直接损害到公民的生存权和发展权。那么对于这三种利益又该如何衡量呢?

当涉及人权性利益时,我们可以看到局势发生了逆转,人权性利益无论在社会基本价值观念还是在社会舆论上都要优先于秩序利益,因此,当出现断水断电所针对的是自然人时,我们不应当将断水断电这一行政强制执行方法赋予行政机关。

以上的分析是建立在没有其他利益介入的情况之下,因为在不同的场合,所体现的利益关系又会有所不同。比如在治理污染企业中,污染会产生公害,公共环境利益又会牵扯进来,此时我们会对其进行分析和衡量,最终确定是否要立法赋予行政机关断水断电之行政强制执行权。

---

① 张斌.现代立法中的利益衡量.博士论文.

三、断水断电制度规范

应当说断水断电这一强制执行方法所涉及利益有很多，在不同的个案中牵入的利益更是繁杂，因此笔者认为我们不能简单或者彻底否定断水断电制度，如《行政强制法》草案第四十四条中的规定，也不能对断水断电制度给予绝对的肯定，我们必须要考虑到在不同的个案、不同的场合中的利益，进行利益上的衡量。笔者认为应当注意以下三个问题：

（1）对现有法律进行细致的分析。由于我国还未制定《行政强制法》，有关行政强制执行的规定散见于各类法律规范中。因此断水断电行政强制执行权只能从上位法中去寻找根据，在我国现有的法律中，《最高人民法院关于执行〈中华人民共和国行政诉讼法〉的若干问题的解释》第八十七条规定："法律、法规没有赋予行政机关强制执行权，行政机关申请人民法院强制执行的，人民法院应当依法受理。"这说明只有法律和法规能够对断水断电这一行政强制执行权进行规定。

（2）应当平衡各种利益。《行政强制法》这么多年之所以没有出台，很大一部分原因就是各个利益之间未能达成一致，其实行政强制法集中体现了公权与私权、行政权与司法权的关系，其制定难度就是在行政权力与公民权利之间寻求最佳的平衡点。因此，断水断电制度之设计如上所述同样涉及多方的利益，同样需要寻找一个最佳的平衡点。

（3）断水断电规范之表达。从以上的利益衡量过程中，我们知道断水断电制度的设立具有其正当性，特别在现行某些领域行政机关强制执行能力"软弱"，使得一些违法企业能够逍遥法外。因此我们必须在法律层面赋予国家行政机关具有断水断电之行政强制执行权，但同时应当将涉及人权性质利益时的断水断电设立权保留在法律层面。只有法律能够对侵犯人权性利益的断水断电制度进行设立，这也符合我国对人权保障的理念。在法规层面，国务院和地方性立法机关能够根据实际的情况，对断水断电制度进行设立，例如《浙江省水污染防治条例》就是一个很好的例子。由于地方立法机关较为了解情况，能够进行利益上的充分衡量，即使我们不相信行政机关，但此时"效率"价值优先。

（4）程序和救济应当同时设立。断水断电制度是公法利益和私法利益间的平衡的结果，当需要设立断水断电制度时必然要对私法利益进行某种程度上的侵害，因此必须在程序上给予充分的保障，设立完整而透明的程序，这样才能防止国家机关恣意滥用行政强制执行权。同时还得给予当事人救济权利，以《浙江省水污染防治条例》为例，它规定行政机关对违法企业进行停水停电时必须作出决定，这说明该行为是可诉的，从而使得当事人能够在被侵犯时获得救济。

综上,笔者认为,断水断电制度不应当在法律层面一味地否定,当视情况而定。一方面,依照行为针对的对象,适当地放宽地方立法机构对此的立法权,在一定范围内如污染企业、违章建筑等,赋予断水断电等强制措施;另一方面,要充分考虑到人权问题,如果该行为针对的不是特定人群利益,或者严重侵犯了人权,则应当慎重处置,严格控制立法权,应当将该等的权力控制在上位法的层面。

本文曾荣获浙江省省直律师协会"2011律师实务理论研讨会"三等奖。

作者简介

林超,男,浙江万里学院法学学士,六和律师事务所律师助理。

论我国环境公益诉讼机制的建立

钱春梅

【摘要】 为了遏制严峻的环境污染与破坏形势,维护公民的环境权益与环境公共利益,建立环境公益诉讼机制已成为当下解决环境与经济紧张局势,保护国家、社会和公众环境权益最有效的途径之一。本文试着从环境公益诉讼的概念、特征及理论基础出发,分析现阶段我国环境公益诉讼存在的现实困境及其制度缺失,在借鉴国外环境公益诉讼经验的基础上,探讨建立具有我国特色的环境公益诉讼机制。

【关键词】 环境公共利益　公益诉讼　环境公益诉讼　环境权　环境公益诉讼机制

近年来,随着经济突飞猛进地发展,人类对自然环境的污染和破坏日益加剧。人们在追求经济利益的同时,却以牺牲我们赖以生存的环境为代价,由此引发的一系列环境纠纷案件层出不穷。尤其是进入 21 世纪以来,长期沿袭的粗放型经济增长模式使我国早已面临的生存危机越发严重,环境纠纷案件呈急剧上升趋势。据调查,当国际社会人均 GDP 达到 3000 美元时,正是人类环境与经济矛盾的突发和高发阶段。我国目前正处于此阶段,因此环境问题及环境纠纷的解决迫在眉睫。与此同时,世界各国也都在致力于提高生产技术、治理环境污染的同时,努力寻求解决环境纠纷的理论基础及有效途径。这场所谓的"环境保护运动"催生着一种叫环境权的新权利,同时也引申出最有效、最公正解决环境纠纷问题的主要方式——环境公益诉讼。

一、环境公益诉讼的概述

环境公益诉讼在本质上属于公益诉讼,公益诉讼最早可以追溯到罗马法时期。在罗马程序诉讼中,有私益诉讼和公益诉讼之分,前者是保护个人所有权利的诉讼,仅特定人才可以提起;后者是保护社会公共利益的诉讼,除法律有特别规定者外,凡市民均可提起。公益诉讼又被称为罚金诉讼、民众诉讼,正如意大利法学家彼德罗·彭梵得提出:"人们称那些为维护公共利益而设置的罚金诉讼为民众诉讼,任何市民均有权提起它。受到非法行为损害(即使只是私人利益受损)的人或被公认较为适宜起诉的人具有优先权。"①换言之,公共利益是指不特定多数人所能直接感受或享受的利益。②

公共利益一般包括经济利益、社会利益和环境利益。环境公益诉讼是指特定的国家机关、社会团体、法人及其他组织以及公民个人认为自己的环境权(即环境公益权)受到侵害,为了保护环境公共利益而向法院提起的诉讼。

环境公益诉讼与传统诉讼制度相比,具有其自身的特征:

(1)环境公益诉讼具有预防性,同时兼具补救功能。环境公益诉讼的提起不以发生实际损害为前提,只要根据有关的情况能合理地判断其具有发生侵害环境的可能性即可提起诉讼,有利于把潜在的环境污染和破坏消灭在萌芽状态。另外,对于已经发生的环境公共利益损害,环境公益诉讼又体现了其具有补救功能的一面,通过民事赔偿和国家赔偿对被损害或侵害的环境公共利益或环境权予以补救。

(2)环境公益诉讼原告在主体上具有不特定性和广泛性。与传统诉讼"无利益则无诉权"③不同,环境公益诉讼原告起诉的基础并非仅在于自己的某种利益受到侵害或胁迫,不管其与本案有没有直接利害关系,均可以起诉。因为环境公共利益与当代每一个人及子孙后代都有着密切联系,且直接关系到人的生存环境和社会经济可持续发展。

(3)环境公益诉讼目的具有公益性。环境公共利益区别于个体利益,并非众多个体利益的简单相加。环境公益诉讼对应的是环境公共利益,而具有个案性质的私益诉讼对应的则是个体利益或个体环境利益,即便是一部分人的个体利益或环境利益,它也属于私益范畴。所以,环境公益诉讼目的是为了保护不特定多数人的环境公共利益(而不是特定多数人的环境公共利益)。

(4)环境公益诉讼的对象具有多样性。环境公益诉讼的对象有一般的民事主体和国家行政机关。一般的民事主体,如企事业单位和个人等,当其生产和生活行为造成或可能造成环境污染和破坏、侵害环境公共利益时,即可成为环境公益诉讼的对象。如国家行政机关怠于行使职权或滥用职权导致环境公共利益受到侵害,此时国家行政机关可以成为环境公益诉讼的对象。

另外,环境公益诉讼根据民事、行政和刑事三大诉讼的传统分类方法,可对应分为环境公益民事诉讼、环境公益行政诉讼、环境公益刑事诉讼。以公民、法

---

① [意]彼得罗·彭梵得. 罗马法教科书. 黄风译. 北京:中国政法大学出版社,1992:92。
② 蔡守秋. 结合案例看环境公益诉讼的特点与识别标准. 中国环境法治,第 2009 年卷上.
③ 黄世斌,谢定才,杨海燕. 对构建我国环境公益诉讼制度的思考. 合肥市人民检察院.

人及其他组织为被告提起的环境公益诉讼称为环境公益民事诉讼；以国家行政机关为被告提起的环境公益诉讼称为环境公益行政诉讼；以环境犯罪人为被告提起的诉讼称为环境公益刑事诉讼。① 在我国，刑事诉讼是由国家检察机关代表国家提起的诉讼（简称公诉），此时检察机关为公诉人（一般都不称之为原告），与此对应提起环境公益刑事诉讼也应由国家检察机关在提起公诉时一并提起，遵循"先刑后民"处理原则。所以，环境公益刑事诉讼与环境公益民事诉讼、环境公益行政诉讼有着本质区别，其对诉讼主体有特殊要求，但其公益的实质和理念则是相通的。

诉讼机制的本质在于依据社会冲突的不同状况，运用诉讼手段对冲突实施不同排解和抑制。② 由于各种社会关系和利益纠纷错综复杂，社会冲突越来越显综合性，解决社会冲突的需求对现实诉讼分类提出了深刻的挑战，环境公益诉讼正是在应对这种诉讼分类的过程中产生的。但其出现并非偶然，它是社会不断发展、法律思想和法律意识不断完善的产物，有着深厚的理论基础和渊源。

二、环境公益诉讼之理论基础

（一）环境公益诉讼与环境权理论

环境权作为一项新兴的权利，为环境公益诉讼的建立提供了诉权基础，其理论的发展和改进，对环境法律制度建立和完善具有重要的理论指导作用。正如有学者提出："环境权是环境法的一个核心问题，是环境立法和执法、环境管理和诉讼的基础，也是一种新的法学理论，用它可以解释许多环境法律问题。"③

由于环境资源具有整体性、公共性等特征，环境权的公共利益属性已得到法学界的广泛认可。如蔡守秋先生认为："环境权建立在人们共享环境条件这个基础上，强调公益性，具有公权之性质。"④吕忠梅教授认为："环境权是具有公共利益属性的社会性私权，权利是其外壳，社会性利益是其内核。"⑤而环境公益诉讼也是为了保护环境公共利益而设置，原告往往是为了保护国家、社会全体成员的公共利益而起诉，也具有明显的公益性，这种公益性使得环境权和环境公益诉讼具有内在的一致性，是两者相契合的纽带。

此外，环境权并不限于理论上的探讨和制度上的规定，它的实现需要立法

---

① 蔡守秋.结合案例看环境公益诉讼的特点与识别标准.中国环境法治,第 2009 年卷上.
② 张百灵.环境公益诉讼的理论解读.云南大学学报法学版,2010,23(4).
③ 蔡守秋.论环境权.金陵法律评论,2002(春季卷).
④ 蔡守秋.环境资源法学教程.武汉:武汉大学出版社,2000.
⑤ 吕忠梅.论环境权的民法保护.武汉大学博士学位论文,2000.

上的有效保障和实践上的有效实施,否则环境权无法实现。根据"有权利必有救济"的法治主义原则,建立适合的环境救济途径——环境公益诉讼新机制的建立是实现环境权的重要途径,它通过程序性保障,使更多的公民个人、团体和其他组织等通过司法力量维护环境公共利益。

(二)环境公益诉讼与公众参与理论

环境污染和破坏造成的损害具有广泛性、社会性和不可逆转性,单靠政府的力量尚不足以保护环境,必须借助公众力量参与环境行政和环境司法予以实现。1992年联合国环境与发展大会通过的《里约宣言》明确提出:"环境问题最好是在全体有关市民的参与下,在有关级别上加以处理……应当让人人都能有效地使用司法和行政程序……"我国《宪法》第二条第三款的规定,"人民依照法律规定,通过各种途径和形式,管理国家事务,管理经济文化事业,管理社会事务",也确立了公众参与这一原则。环境公众参与包括环境立法参与、行政参与、司法参与。而环境公益诉讼不仅仅是一种单纯的司法参与手段,更是公众参加环境管理、参与解决环境问题的一项重要制度。另外,公众在运用司法手段解决环境问题的同时,必将增强其保护环境的法律意识和自觉维护环境的信念,这一增强也为环境公益诉讼的建立创造了良好的民众基础。

(三)公共信托理论

诉讼信托理论是以公共信托理论为基础提出的,当全体国民交给国家信托管理的财产受到侵害时,国家就有义务保护信托的财产不受损害。于是,国民将自己保护环境的诉权也托付给了国家,但国家作为众多机关的集合体,不可能亲自出庭起诉、应诉,于是又将诉权分配给检察机关或其他机关,由这些机关代表国家起诉。[①] 即是说,政府作为受托人取得信托财产的所有权,同时需要承担相应义务即为受益人的利益对信托财产进行管理和利用,全体公民既是委托人也是信托财产受益人,因此在信托利益受到侵害时,公民应享有诉讼的权利。该理论要求政府有保护环境的义务,也赋予公民有要求保护环境的权利,是环境公益诉讼制度的又一理论基础。

三、我国目前环境公益诉讼的现实困境及其制度缺失

近年来,我国环境公益诉讼在立法上取得了一定的成就。2002年第九届全国人大常委会通过《环境影响评价法》,该法提到了"公众环境权益"一词;2005

---

① 齐树洁,苏婷婷.公益诉讼与当事人适格之扩张.现代法学,2005(5).

年12月3日,国务院发布了《国务院关于落实科学发展观加强环境保护的决定》。该决定提出:"研究建立环境民事和行政公诉制度。""发挥社会团体的作用,鼓励检举和揭发各种环境违法行为,推动环境公益诉讼。"2008年9月8日江苏省无锡市中级人民法院和无锡市人民检察院共同出台《关于办理环境民事公益诉讼案件的试行规定》,这是国内首个关于环境公益诉讼的地方性规定等。

我国环境公益诉讼制度虽然有一些成功的探索,但还存在许多不足。法院不受理或驳回原告诉讼请求的现象屡见不鲜,如北大教授提起松花江公益诉讼案等。其原因在于我国目前尚没有一部专门的环境公益诉讼立法,有关环境公益诉讼的制度和精神主要散见在一些原则性规定中,没有可操作性,加之与传统诉讼理论相抵触,使公民在实践中无法提起环境公益诉讼,就算提起也会以"不予受理"或"驳回起诉"告终。

(一)实体法的有关规定不明确

对于环境权,《宪法》、《环境保护法》、《侵权责任法》、《民法通则》等均无明确规定,只有一些间接性、暗示性规定。如《宪法》第12条规定:"国家保护社会主义的公共财产,禁止任何组织或个人用任何手段侵占或破坏国家或集体的财产。"《环境保护法》第6条规定:"一切单位和个人都有保护环境的义务,并有权对污染环境和破坏环境的单位和个人进行检举和控告。"《侵权责任法》第65条规定:"因污染环境造成损害的,污染者应当承担侵权责任。"《民法通则》第5条规定:"公民、法人的合法民事权益受法律保护,任何组织和个人不得侵犯。"从上述实体法的各项规定来看,似乎各项规定都与环境权、环境公益诉讼有着千丝万缕的联系,但这些规定几乎都具有抽象性,没有将公民环境权具体化、明确化,甚至在专门的环境立法中也过于原则,从而使公民在实践中不能据此提起环境公益诉讼。

(二)程序法的相关规定也有不足

原告在我国目前的三大诉讼法中,除刑事诉讼法明确规定检察机关代表国家对侵害国家社会公共利益的行为提起诉讼外,另外两大诉讼法均未对公益诉讼作出任何规定,而且还在一定程度上限制了公益诉讼的提起。如《民事诉讼法》第108条规定:"原告是与本案有直接利害关系的公民、法人和其他组织。"这就要求环境公益诉讼者也必须是人身或财产权益直接受到他人民事不法行为侵害的人(即具有法律上的直接利害关系),否则无权提起(即主体不适格)。《民事诉讼法》第15条规定:"机关、团体、企业事业单位对损害国家集体和个人民事权益的行为,可以支持受损害的单位或个人向人民法院起诉。"但这里仅提到了"支持诉讼",机关、团体、企业事业单位并不能依此提起环境公益诉讼。《行政诉讼法》第41条规定,提起诉讼的条件是"原告是认为具体行政行为侵犯其合法权益的公民、法人或者其他组织"。《行政诉讼法》司法解释第12条规定:"与具体行政行为有法律上利害关系的公民、法人或者其他组织对该行为不服的,可以依法提起行政诉讼。"第13条规定:"被诉的具体行政行为涉及其相邻权或者公平竞争权的,也可以提起诉讼。"所以,有权提起行政诉讼的只能是与具体行政行为有关的行政相对人或者是与该具体行政行为有法律上利害关系的人,如相邻权人或者公平竞争权人等。

环境公益是比较抽象的社会公益,加之环境公益与生俱来的特点,使得传统诉讼制度无法满足当前环境公益诉讼的需求。

四、环境公益诉讼之域外考察

(一)美国

美国的环境公益诉讼制度是目前世界上最成熟、最健全的国家之一。在美国,环境公益诉讼被称为公民诉讼,最早出现在1970年的《清洁空气法》中,其规定,任何人都可以自己的名义对包括美国政府、行政机关、公司、企业、各类社会组织以及个人按照该法的规定提起诉讼。在此之后颁布的《清洁水法》等环境保护法律规定中又制定了"公民诉讼条款"①(该制度后为许多国家效仿和移植),即任何人都可以自己的名义依法对违法排放污染者或未履行法定义务的联邦环保局提起诉讼(这里的公民诉讼兼备民事诉讼和行政诉讼的特点)。公民诉讼权在美国被视为一项禁止权(即禁止非法排污权)或强制措施,公民被视为"私人检察官",与政府的执法职能相对应而存在,在实施环境法规中发挥着重要作用。所有这些实体法上的相关条款与《联邦地区民事诉讼规则》相配合,共同构成一整套较为完整的环境公益诉讼制度。公民提起诉讼,不仅有法可依,而且有证据可举、有标准可查,这样就使公民诉讼有了现实的可操作性。

在美国,一些动物也能获得和人一样的司法待遇。例如,1973年,美国颁布的《濒危物种法》规定,任何人都可以自己的利益受到侵害为由提起保护濒危物种的诉讼,这极大地鼓舞了那些维护大自然权利的行为。在现实中,这类诉讼很多是由自然物和人(团体)作为共同原告提起的。如在2003年,塞拉俱乐部就与新墨西哥州格兰德河鲦鱼一道作为共同原告在美国第十巡回法院提起了诉讼并获得胜诉。该案件的起因是河流中的水因为人类使用而减少,这样就威

---

① 黄锫,胡苑.美国环境公益诉讼制度.人民法院《海外海域》周刊,2005.

胁到河流里鱼类的生存,最后法院判决应当减少城市用水以满足河流鱼类的生存条件。[①]

(二)德国

德国的"团体诉讼制度"起源于 1908 年的《防止不正当竞争法》,[②]是德国环境公益诉讼制度的一大亮点。其是通过成文法赋予一定团体以原告资格,如 2002 年发布的《联邦自然保护法》第 61 条规定:"一个根据第 59 条联邦环境、自然保护和核安全不认可或根据第 60 条州认可的组织,可以根据《行政程序法》提起关于自然保护区、国家公园、生物圈保护区和其他的环境保护区内的禁令或许可的免责许可以及规划许可或项目批准等提起诉讼。"团体诉讼是指有权利能力的公益团体,基于团体法人自己的实体权利,依照法律规定,就他人违反特定禁止性行为或无效行为请求法院命令他人终止或撤回其行为的特别诉讼制度,其在性质上属于诉讼信托。[③]

在德国,环境公益诉讼案件由行政法院受理。法律将行政法院受理的案件分为本我诉讼与利他诉讼或公益诉讼。其中,利他诉讼或公益诉讼依据的不是行政诉讼法,而是特别程序法。但在德国目前还没有承认私人主体可以依据民事诉讼法提起公益诉讼,因为根据德国法的理论,私法与环境公益诉讼的目的是不相符的。

(三)日本

在日本,公害行政争讼制度方面的救济程序包括事业者的救济程序和被害者的救济程序。事业者对公害行政规制行为不服的,可通过行政异议声明或行政诉讼提出请求撤销的争讼。在被害者的救济程序方面,被害者对行政机关所为的行政处分,可以提起撤销诉讼、附加义务诉讼、住民诉讼或国家赔偿请求诉讼。撤销诉讼是公害行政诉讼中最常见的一种。被害者对行政机关的违法行政行为不服时,可向法院提起撤销原行政行为的诉讼。附加义务诉讼是指公民要求行政机关及时行使规制权力禁止或防止公害的发生。此种诉讼在公害行政诉讼中虽不多见,但有加快其发展的必要。住民诉讼在日本的公害行政诉讼中颇具特色,在住民诉讼中,公民不仅可以针对地方公共团体的违法行政措施

---

① 汪劲,严厚福,孙晓璞编译.环境正义:丧钟为谁而鸣——美国联邦法院环境诉讼经典判例选.北京:北京大学出版社,2006 年.

② 董帝銮.论环境侵权团体诉讼制度.长江师范学院学报,2010,(26,5).

③ 王萌.略谈环保 NGO 在环境公益诉讼中的主体地位——由一个案例引发的思考.中国环境法治,2007 年卷.

向法院提起诉讼,而且还可以通过住民诉讼代位自治团体向造成污染的工厂企业追究其侵权行为责任。行政机关的违法环境措施对公民造成损害的,被害者可针对国家或公共团体提起国家赔偿请求诉讼,并要求追究行政机关公害措施的违法性。① 所以,日本的环境公益诉讼制度也是发展相对较快的国家。

五、建立具有我国特色的环境公益诉讼机制

受国外环境公益诉讼制度影响,我国环境公益诉讼制度近年来也日渐兴起,不少地区都纷纷进行试点,目前在环境公益诉讼制度的建立方面初取成效。如,2007 年 11 月,贵阳市委和贵州省高级人民法院批准设立贵阳市中级人民法院"环境保护审批庭";同月,贵州省高级人民法院又批准设立贵阳市清镇市人民法院"环境保护人民法庭";同年 12 月,贵阳市中级人民法院向全市发出《指定管辖决定书》,明确全市所有涉及环境保护的一审案件,包括环境公益诉讼案件,均由清镇市人民法院"环境保护人民法庭"集中管辖。2008 年 5 月初,无锡两级法院相继成立"环境保护审判庭"和"环境保护合议庭",受理检察院、环保部门、环保社会团体及社区物业管理部门提起的诉讼。2008 年 9 月 8 日,无锡市中级人民法院和市人民检察院联合发布了《关于办理环境民事公益诉讼案件的试行规定》,并且首次对"环境民事公益诉讼"进行定义。2008 年 11 月 5 日,昆明市中级人民法院、市检察院、市公安局、市环保局联合发布了《关于建立环境保护执法协调机制的实施意见》。同时在市中级人民法院设立环保审判庭,有条件的基层法院也可以设立环保审判法庭,对涉及环境的刑事、民事、行政案件及执行实行"四合一"的审判执行模式,并积极探索环境公益诉讼和跨行政区域的环境污染诉讼。此外,在昆明市人民检察院设立了环境检察处等。以上地区不仅建立了环保法庭,且制定了相关规章制度,可以说开创了我国环境公益诉讼制度的先河。

如何建立健全环境公益诉讼机制以及建立适合我国国情的环境公益诉讼机制,显然已成为当今学术界热议的话题。笔者试着从以下几个方面就建立具有我国特色的环境公益诉讼机制提出几点建议。

(一)从立法方面进行完善

我国目前环境公益诉讼制度很不健全,尤其在公民的"环境权"和"环境公益诉讼程序"的规制方面,需以法律的形式加以确认,使公民在进行环境公益诉讼时有法可依,有标准可查,且易得到社会的广泛支持和认可。所以,我们一方

---

① 黄世斌,谢定才,杨海燕.对构建我国环境公益诉讼制度的思考.合肥市人民检察院.

面需修改现有的环境保护法,从实体法角度对公民"环境权"予以确认,赋予环境公益诉讼的载体;另一方面,从程序法的角度增设环境公益诉讼程序章节,以区别传统诉讼理论与模式。

(二)扩大诉讼主体的范围

按照传统诉讼法理论,只有与诉讼有直接利害关系的人才可以提起诉讼。但是,由于环境侵害往往具有间接性、潜在性、广泛性,环境公益的损害不一定与个人有直接利害关系(有时候就算有也难以取得直接损害方面的证据)。根据《中华人民共和国环境保护法》第六条的规定,一切单位和个人都有保护环境的义务,并有权对污染和破坏环境的单位和个人进行检举和控告。又鉴于环境具有公共利益属性,所以,建议赋予特定国家机关、社会团体、法人、其他组织以及公民个人以环境公益诉权,其中,特定国家机关为检察机关和环保行政部门,社会团体为环保类的非政府组织,属于社团法人。通过这样的方式对原告起诉资格放宽,扩大公益诉讼主体范围,提高公民参与环境公益诉讼的活跃度。

(三)明确法院的受案范围

环境公益诉讼的受案范围分三类,即环境民事公益诉讼、环境行政公益诉讼和环境刑事公益诉讼。

环境民事公益诉讼分为两类,一类是指公民、法人或其他组织违反国家环境法律法规规定,向公共环境排放污染物或采取其他方式破坏公共环境的案件,或者没有违反国家环境法律法规规定,但其行为有害于公共环境以及造成环境功能退化的案件。另一类是指公民、法人或其他组织违反国家自然资源管理法律法规,开采自然资源并造成自然资源毁损、破坏的案件,或者没有违反国家自然资源管理法律法规,但其行为会造成自然资源破坏以及环境公共利益受损的案件。环境行政公益诉讼类案件是指针对行政机关作为或不作为等行为使环境公共利益受到损害而提起诉讼的案件。环境刑事公益诉讼类案件是指环境民事公益诉讼或环境行政公益诉讼案件受理范围内的行为在侵害环境公共利益的同时触犯了环境刑事方面的法律规定,由检察机关在提起公诉时一并提起的环境刑事公益诉讼案件。

(四)增设专门的环境审判法庭

环境案件是我国经济发展过程中出现的一种新型案件,其不同于一般民事、刑事和行政案件,具有专业性、多样性、复杂性等特点。因此,成立专门的环境保护审判法庭来处理环境纠纷类诉讼包括环境公益诉讼,已成为当下解决环境问题的主导和核心。据此,人民法院应当选拔一批专业水平和整体素质均较高的办案人员组成专业审判庭,定期培训,从素质上和水平上保障环境纠纷案件得以公平、公正、合理的处理。

(五)推进环境信息公开制度

我国公民的知情权一直未能在法律中明确,环境信息公开制度一直因政府的保障力度不够,企业、产品的环境信息公开不充分等原因,使得在提起环境公益诉讼时因搜集相关环境信息和证据时有障碍,加之环境问题本身搜集证据不易,使得环境公益诉讼因缺乏证据而不能顺利进行。2008 年 5 月 1 日,我国开始实施《政府信息公开条例》及《环境信息公开办法(试行)》。其中前者规定了政府部门应公开对环境保护的监督检查情况,后者规定政府和企业应将环境信息公开等。这些规定为环保社团组织开展环境公益诉讼调查取证提供了保障。但目前环境信息公开制度的执行很不到位,尤其是企业环境信息公开存在很多问题,大部分以涉及商业秘密为由拒绝公开。[①] 可见,这一制度在可操作性上还存在很多问题。建议建立与该制度配套的相关规范性文件或措施,加大环境信息公开力度。

(六)诉讼费用的承担

由于环境公益诉讼费用相当大,加之取证时可能运用到技术性较高的方法,所以总体来说数额高昂。而我国目前实行的诉讼费制度是由原告方预付,判决生效后由败诉方承担。这明显不利于环境公益诉讼的进行。所以,笔者认为,应把环境公益诉讼列入不预交案件受理费的范围,从而保证原告方不至于因负不起高额的诉讼费用而放弃对环境公益的保护。另外,对于由原告方承担律师费和专家费等与诉讼相关的费用,在被告败诉的情况下应由被告适当承担较宜。对于由检察机关提起的环境刑事公益诉讼,如需承担必要的费用,可由国家财政支出。

(七)建立环保公益援助基金制度

环境公益诉讼案件在原告胜诉后,往往会得到巨额赔偿款和恢复、治理环境的费用。对于该部分费用如何处理,目前学界存在争议。因环境公益诉讼具有公益属性,提起公益诉讼的原告并不一定是已受到直接损害或与其有直接利害关系的受害人。所以,这部分费用并非属于原告专有,否则与环境公益诉讼

---

① 马勇.发挥社团组织作用,推动环境公益诉讼——关于环保社团组织开展公益诉讼若干思考.中国环境法治,2009 年卷上.

之精神相违背。所以,应由当地政府或环保部门迅速建立环保公益基金制度,设立专款专用账户,每次将因环境公益诉讼获赔数额全部纳入该账户。当然,对原告因提起本次环境公益诉讼已实际支出的合理费用应优先扣除。除此之外,全部用于环境的恢复和治理所需,接受公众和政府的监督。同时,可以考虑支付一定比例的获赔数额作为对环境公益诉讼原告的奖励,此种奖励措施有利于鼓励公众积极参与到环境公益诉讼事业中来。

(八)建立环境责任保险制度

环境责任保险最早出现于 20 世纪 60 年代,它随着环境污染事故的大量出现和公众环境意识的提高应运而生,其具有强大的分散和转嫁风险功能。众所周知,环境污染发生后,企业面临的往往是巨额的经济赔偿,而鲜有企业能真正有这种支付巨额赔偿的能力,因此就需要建立一种替代性的赔偿机制,对社会来承担一种公共利益的赔偿责任和对受害人承担私益赔偿责任。环境污染责任保险是以企业发生污染事故对第三者造成的损害依法应承担的赔偿责任为标的的保险。2007 年国家环保部发布了《关于环境污染责任保险工作的指导意见》,在我国首次提出开展环境污染责任保险工作,这对加大我国环境保护力度,维护社会、单位和公民合法权益,推进我国生态文明建设具有重要意义。

六、结束语

我国《循环经济促进法》于 2008 年正式颁布。该法再次提出"促进循环经济发展,提高资源利用效率,保护和改善环境,实现可持续发展"的要求,这对我国环境法治建设起到了良好的促进作用;同时表明我国已经非常重视环境与经济协调发展的问题。笔者拟通过本文呼吁社会积极建立环境公益诉讼机制,解决当前经济发展迅速所带来的环境污染等一系列问题,力争保护和改善我们赖以生存的环境,维护公民的环境权益,实现经济的可持续发展。相信不久的将来,类似美国塞拉俱乐部与新墨西哥州格兰德河鲦鱼的案件在我国也能得到有效、妥善的处理。

作者简介

钱春梅,女,北京大学法学学士,六和律师事务所专职律师。擅长基础设施和建筑房地产纠纷,婚姻家庭继承权纠纷,工伤及因交通事故引起的人身损害赔偿纠纷等。

公司与证券类

有限责任公司股权转让的章程设计

赵箭冰　俞琳琼

【摘要】　股权转让是有限责任公司股东退出公司或实现投资收益的重要途径。我国现行法律对有限责任公司的股权转让作出了原则性的规定,同时,赋权公司章程对股权转让规则作出自由规定。本文对公司章程设计股权转让的实体性和程序性规定作了初步的探索。

【关键词】　有限责任公司　股权转让　章程设计

一、有限责任公司股权转让的基本理论及我国立法概况

(一)有限责任公司股权及股权转让的一般理论

股权是指"股东在公司设立或增加注册资本时向公司缴纳或增加出资,让渡出资财产的所有权而取得的对公司的权利,也称为股东的权利或股东权"[①]。作为一种独立的民事权利,股权具有如下特征:体现在取得股权的主体上具有广泛性,自然人、法人或国家只要履行出资义务就可以成为股东取得股权;体现在股权权能上具有多样性,可以分为共益权与自益权:共益权包括股东会的出席权和表决权、选举权、公司章程及账册的查阅权、要求法院宣告股东会决议无效的请求权、对公司董事或监事提起诉讼权等,自益权包括股利分配请求权、优先购买权、同意权、剩余资产分配请求权等。体现在股权行使上具有一定的程序性和间接性,股权的行使需遵循法定或约定的程序,不得恣意行使。股东一般需要通过股东会或者其他间接形式行使股权,经由表决程序形成股东整体意志再作用于公司达到其目的,这也充分体现了公司控制权与所有权相分离的治理模式。

"股权转让是指股东将其对公司所有之股权转移给受让人,由受让人继受

---

① 江平,孔祥俊.论股权.中国法学,1994,1:76.

取得股权而成为公司新股东的法律行为①"。作为一种民事法律行为，股权转让行为兼具债权行为特性和准物权行为特性。

"所谓债权行为，是指以债的发生、变更或消火为目的的民事行为，如买卖行为。"②股权转让行为的债权行为特性主要体现在股权转让协议的签订过程中，股权转让双方需就拟转让股权的数量、价格、付款期限等权利义务达成一致的意思表示。

"所谓物权行为，是以发生物权变动为目的的民事行为，即以物权的设定、转移、变更或消灭为目的的法律行为。……准物权行为，是以物权以外权利之转移、变更或消灭为直接内容之法律行为，……如股东权等让与行为。"③股权转让行为的准物权行为特性主要体现在股权变动的过程中，股权转让协议签订后，受让方并不必然取得股东地位，而须经内部及外部登记之后方可完成股权转让取得股东地位，也即股权转让须经适当履行才能实现，才能发生股权所有权发生转移的法律效果。

根据《中华人民共和国公司法》（以下简称《公司法》）第七十二条规定，有限责任公司的股权转让可以分为两类：一是有限责任公司股东之间相互转让其全部或部分股权，即内部转让；二是股东向股东以外的人转让股权，即外部转让。

公司章程作为规范公司重大事项的基本文件，是公司股东行使股东权利、转让股权的重要依据。

（二）有限责任公司股权转让的基本原则

1.公司股权转让的基本原则——股权对内转让自由原则

"股权自由转让原则是公司制度的灵魂。如果股东不能通过转让股权收回投资，就不会再有投资者采用这种公司形式。"④根据《公司法》第七十二条第一款的规定，有限责任公司的股东之间可以相互转让其全部或者部分股权，也即转让人可以自由决定是否转让股权而不受包括其他股东在内的任何人干涉，其只需遵循一定的转让程序即可实现股权转让。

2.股权转让自由原则的例外——股权对外转让法定限制原则

鉴于股权对外自由转让将不可避免地破坏有限责任公司的人合性，影响公司股东之间的信赖关系，从而影响公司的正常运作，于是，股权对外转让限制原

---

① 施天涛.公司法论（第二版）.北京：法律出版社，2006：254.
② 史尚宽.物权法论.北京：中国政法大学出版社，2000：18.
③ 史尚宽.物权法论.北京：中国政法大学出版社，2000：320.
④ 江平，李国光.最新公司法培训教程.北京：人民法院出版社，2006：121.

则应运而生。该原则的设立一方面可以防止因第三人的加入破坏原有股东间的平衡关系,另一方面可以防止股东之间因持股比例的变化使权利结构倾斜而影响固有的信赖关系,以利于公司的稳定和发展。

3.公司章程有权对股权转让作出特别规定

基于有限责任公司的人合性特点,法律赋予公司股东在公司章程中对股权转让作出特别规定的权利,即,公司章程可以对股权在内部自由转让加以限制,对股权向股东以外的第三人转让制定新的原则和程序,并作出更加明确具体的规定,对此,法律在所不问。《公司法》第七十二条第四款规定:"公司章程对股权转让另有规定的,从其规定。"由此可以看出,我国《公司法》对股权转让采用了法定限制和约定限制相结合的原则,即允许公司章程排除《公司法》的适用,赋予了公司股东对股权转让具有较大的自由选择权,保证公司股权设置、流转符合公司股东的意图。

(三)我国有限责任公司股权转让的立法概况

1.股权内部转让

纵观域外股权内部转让立法模式,主要具有两种立法例,即自由主义模式和限制主义模式,前者的典型代表是日本,后者的典型代表是法国、德国等。我国股权内部转让的立法模式经历了从"自由主义"向"限制主义"的转变。我国旧公司法第三十五条第一款规定:"股东之间可以相互转让其全部或者部分出资。"对有限责任公司股权内部转让未做任何限制,明显借鉴日本有限公司法的自由主义立法模式。此种立法例在我国公司实践中产生了较多问题,受到了学界的诸多质疑。我国新《公司法》对其进行了修正,从第七十二条第一款规定[1]和第四款规定[2]可以看出,原则上股权在股东之间可以自由转让,但公司章程有权对股权内部转让加以限制,可见,我国新《公司法》采用的是约定限制模式。

2.股权对外转让

我国新《公司法》第七十二条第二款、第三款规定了股权对外转让制度[3],该

---

[1] 《公司法》第七十二条第一款规定:"有限责任公司的股东之间可以相互转让其全部或者部分股权。"

[2] 《公司法》第七十二条第四款规定:"公司章程对股权转让另有规定的,从其规定。"

[3] 《公司法》第七十二条第二、三款规定:"股东向股东以外的人转让股权应当经其他股东过半数同意。股东应就其股权转让事项书面通知其他股东征求同意,其他股东自接到书面通知之日起满三十日未答复的,视为同意转让。其他股东半数以上不同意转让的,不同意的股东应当购买该转让的股权;不购买的,视为同意转让。经其他股东同意转让的股权,在同等条件下,其他股东有优先购买权。两个以上股东主张行使优先购买权的,协商规定各自的购买比例;协商不成的,按照转让时各自出资的比例行使优先购买权。"

规定较旧《公司法》有相当大的进步，表现为：第一，规范了同意表决权的方式，由原来规定的"全体股东过半数同意"修改为"其他股东过半数同意"，明确了实践中对于拟转让股东能否行使表决权的不确定性，同时提高了股权对外转让所涉公司剩余股东的同意条件；第二，新增同意权行使的期限为 30 日，防止剩余股东怠于行使同意权和优先购买权，从而使拟转让股东错过股权转让的最佳时机，避免给损害转让股东利益的行为留下缺口；第三，明确了股东强制购买的前提是其他股东半数以上不同意转让，而旧《公司法》仅规定不同意转让之股东应当购买股权，并未涉及是否需要股东过半数同意或者不同意，新《公司法》该规定可以有效避免了实践中的纠纷；第四，新增两个以上股东主张行使优先购买权的情形处理。

二、现行法律规定在有限责任公司股权转让中存在的问题

（一）有限责任公司股权对内转让

由于现行法律对股权在股东之间的内部转让未加任何限制，因此，公司股东可以向其他股东自由地、秘密地转让其持有的公司股权。这会导致公司股东之间原有的权利义务发生变更，甚至会导致公司控制权的重大调整，直接影响公司的经营管理和战略发展目标的实现，对股东之间的信赖关系和公司的稳定构成较大的风险。如果公司章程未能对此作出明确具体的规定，则一旦发生争议或纠纷，股东之间就此缺乏解决的依据，会造成公司的重大损失。

（二）有限责任公司股权对外转让

1. 关于股东的同意制度

《公司法》第七十四条第二款规定："股东向股东以外的人转让股权，应当经其他股东过半数同意。……"然而，《公司法》并未明确"其他股东过半数同意"是按照其他股东"人数"的过半数还是按照其他股东"出资比例"的过半数。上述规定的不周延性，既导致了表决机制中的"股东人数主义"与"资本比例主义"的冲突，也造成了人们对于"其他股东过半数同意"的不同理解。基于有限责任公司既有资合的性质，也有人合的性质，因此，学界有观点认为：从资合的性质讲，应当按照出资比例来行使表决权；但也有观点认为：从人合的性质讲，股东会应按照股东人数行使表决权。

上述观点各有理由，从一方面看，法律允许章程可以限制股东向股东以外的人转让其股权，正是有限责任公司人合性的体现。鉴于股东向股东以外的人转让其股权涉及公司股东合作伙伴的变化，影响到公司内部关系的稳定，因此

应当认为全体股东均有同等权利自由选择合作伙伴,其出资比例在所不问,无需遵循按出资比例行使表决权。从另一方面看,对于公司事项包括股权转让的决定,由此产生的利害与股东持股数额多少直接相关,所以,应当由股东按照出资比例行使表决权决定。尽管目前学界和实务界的主流观点均认为应按照股东人数的比例行使表决权,但就法律规定而言,其不确定性给章程的自由规定预留了空间。

2. 关于股东的优先购买权制度

(1)"同等条件"的具体标准不够明确

我国新《公司法》第七十二条规定了"同等条件"作为股东优先购买权行使的条件之一,但关于"同等条件"的确定标准,我国民商事立法并没有明确规定。为此理论界对该问题做了探索,主要有三种观点:一是"绝对同等说",该说认为优先购买权人购买股权的条件应与出让股东和第三人订立的合同内容绝对相同、完全一致,即全部合同条件均等同[①];二是"相对同等说",该说认为只要优先购买权人提供的实质条件不比第三人的条件对于出卖人更为不利,则应认为符合同等条件的要求,即优先购买权人购买的条件与其他买受人条件大致相同即可[②];三是"折中说",该说认为买卖合同中涉及出卖人利益的是价格条件和价款支付的条件。因此,价格和价款支付条件是所要求的同等条件[③]。

笔者认为,"折中说"更符合立法初衷。该说既可以避免出让股东轻易地以次要条款的差别来否定优先购买权人的权利从而导致公司法赋予股东的优先购买权形同虚设,又可以避免设定的标准过于具有弹性不容易把握从而导致股权转让不能。鉴于立法者之所以为股东优先购买权的行使设置"同等条件"的限制,其主要目的在于最大限度地保护出让股东转让股权应得的经济利益,又兼顾公司人合性特点。在公司实践中,股权转让合同中对出让股东来说最能体现经济利益的是股权价格条件、价款支付方式和价款支付期限。因此,股权价格条件、价款支付方式和价款支付期限一致即可认定为"同等条件",股权价格条件建议应当扩大为包括对股权转让价格条款具有影响的价外因素,通过金钱或市场价格折合成金钱计入股价中。

(2)股东优先购买权能否部分行使存在争议

学界关于股东优先购买权能否部分行使存在较大争议。有的学者对股东

---

① 曹理.论新公司法中的有限公司股权外部转让制度.辽宁教育行政学院学报,2006,1:23—26.

② 许尚豪,单明.优先购买权制度研究.北京:中国法制出版社,2006:33.

③ 郭明瑞.论优先购买权.中央政治管理学院学报,1995,5:3;王福祥.论优先购买权.法制与社会发展,1995,2:40.

部分行使优先购买权持肯定态度①,其理由是:其一,有限责任公司人合性的要求。有限责任公司的人合性要求公司股东间具有很强的合作性和信赖性。当股东对外转让股权时,在新老股东间能否建立起良好的合作关系,将对老股东的利益产生重大影响。为维持公司之人合性,立法赋予老股东优先购买权,以便其选择是否接受新股东的合作。其二,基于老股东对公司所做贡献的承认。当股东发生变化时,应当优先考虑老股东既得利益的维护,其中便包括对公司的控制权列入优先考虑范围。其三,有限责任公司股权是可分物,为股权部分转让提供了理论支持。其四,在公司实践中,经常存在权利人行使优先购买权目的在于取得公司的控制权的情形,实际上,股权转让的标的物此时已经变为随特定比例股权而存在的公司控制权,在公司控制权方面,法律是优先保护老股东的既得利益的。所以,老股东对优先购买权是全部行使还是部分行使,完全可以自行选择,不应受制于受让方取得公司控制权的利益。

有学者对股东部分行使优先购买权持否定态度②,其理由在于:其一,尽管从“法不禁止即自由”的私法规则角度推论,股东对优先购买权是可以部分行使的。但我们应注意到,公司法在本质上虽属于私法,但现代公司法含有鲜明的公法色彩或公法因素,对其未规制的事项不能一律采用“法不禁止即自由”的解释规则。其二,尽管保障老股东对公司的控制权是股东优先购买权制度的设置初衷之一,但并非立法者为达此目的而无视出让股东合法权益的保护。如果允许权利人部分行使优先购买权,则可能会对出让股东构成侵害,因此,单纯从保护老股东对公司的控制权角度出发而推出股东就可以部分行使优先买权,则存在逻辑推理错误。其三,有限责任公司的股权尽管可以分割转让,但“可以”不等于“必须”,在股东行使优先购买权的场合,法律并未强制要求转让方将其股权分割转让。

笔者认为,在现行法律制度下,股东不能部分行使优先购买权。理由是:一方面,优先购买权的设置具有限制股权受让主体的实质,而部分优先购买权仅是对受让股权数量进行了限制,有悖于立法目的。现实中,大部分股东部分行使优先权的目的在于获得公司的控制权,不利于公司的人合性。另一方面,部分行使股东优先购买权,将会影响具有控股或持一定比例股权要求的受让人购买股权,或者导致股权由控股股权变为非控股股权造成股价缩水,导致交易失败,最终威胁到出让股东的合法权益。

---

① 王欣新、赵芬萍.再谈有限责任公司股权转让法律问题.人民法院报,2002-7-19.
② 伍坚.股东优先购买权制度比较研究//公司法律评述(2004年卷).上海:上海人民出版社,2005:47.

（3）股东优先购买权的行使主体不够明确

《公司法》对于优先购买权的行使主体规定为："其他股东"。据此，经股东表决同意转让的股权通常会出现如下几种情形：第一，经过表决，其他股东全部同意转让股权。这样其他股东对该转让的股权就都有同等条件下的优先购买权。第二，经其他股东表决，有过半数的股东同意转让股权，有少部分股东不同意转让股权或者没有答复。第三，经其他股东表决，没有达到过半数股东同意，但是不同意的股东又因为不购买该股权而被视为同意转让。第四，部分或全部股东在法定期限内对是否同意转让股权没有给予答复，根据法律规定视为同意转让。现行《公司法》尚未对上述各种不同情形下的股东是否全体或者部分享有优先购买权作出明确具体的规定。

针对前述后三种情形之下的股东是否享有优先购买权的问题，学界存在不同看法。第一种观点持否定态度，认为前述三种情形所涉股东不积极行使权利被视为同意转让已经丧失了机会，无权享有优先购买权。"如果赋予已经同意转让的股东以优先购买权，那么有违于法律本旨，无异于允许股东反复无常，有害于交易快速便捷地进行"[①]，"在转让方征求意见时已经表示同意转让的股东，其同意即意味着对购买权的放弃，如果股东在表示同意后又主张优先购买权，不仅违反诚实信用，而且对受让人也有失公平，不利于加速流转和维护交易安全"[②]。第二种观点持肯定态度，认为前述三种情形所涉股东因其股东身份依然享有优先购买权，既然法律并未将权利主体限定为反对转让的股东，出于维护公司人合性的需要，应肯定前述三种情形所涉股东依然享有优先购买权[③]。第三种观点持折中态度，认为若其他股东行使优先购买权导致公司实际控制权发生变动，则前述三种情形下所涉股东依然可以行使优先购买权。"在股东同意程序通过之后，若没有异议股东行使优先购买权则同意股东自不得主张优先购买权，但若有异议股东行使优先购买权则同意股东基于维持持股平衡的考虑亦可同时主张优先购买权"[④]。

笔者同意第二种观点。虽然股权转让基于当事人的表决或法律规定认定为同意转让，但是都存在部分或全部其他股东不同意转让股权或对股权转让的事项未发表意见的现象。而公司法对行使优先购买权的主体就规定为"其他股东"，也就是转让股权的股东以外的其他全体股东，并没有要求一定是同意转让

① 江平，李国光.最新公司法理解与适用.北京：人民法院出版社，2006：230.
② 钱卫清.公司诉讼——公司司法救济方式新论.北京：人民法院出版社，2004：179.
③ 王欣新，赵芳萍.再谈有限责任公司股权转让法律问题.人民法院报，2002（7）：19.
④ 伍坚.股东优先购买权制度比较研究//公司法律评述（2004年卷）.上海：上海人民出版社，2005：39.

股权的股东。并且既然有限责任公司具有人合属性，那么对于股权转让事项持消极和不支持态度的股东也可以利用优先购买权来维护公司的人合性。从《公司法》第七十二条第二款和第三款的不同规定来看，第二款规定的"不同意的股东应当购买该转让的股权"是其他股东的一项义务而不是一项权利；而在第三款中将优先购买权单列为一款，则显然是一项特定的权利，其立法主旨应理解为涵盖了全体其他股东。据此，其他股东无论是否同意转让，无论是否购买转让股权，无论是否对同意或购买转让股权作出表示，均不影响其独立地享有优先购买权。

（4）多个股东行使优先购买权的解决途径不合理

根据《公司法》第七十二条第三款的规定："两个以上股东主张行使优先购买权的，协商确定各自的购买比例；协商不成的，按照转让时各自的出资比例行使优先购买权。"但《公司法》第七十二条第一款又同时规定了股权在公司内部可以自由转让，股权转让方可与受让方自由达成协议，行使自由处理的权利。在股权对外转让的情形下，主张股东优先购买权的内部股东如果按各自的出资比例受让，则股权的对外转让就演变成了股权内部转让，此时，依照股权对外转让的规则，股权出让方必须将股权按比例转让给其他股东，丧失了与其他股东自由交易的选择权，不仅对股权转让方显失公平，从法律规定上看也显得相互矛盾。

3.转让股东履行通知义务的规定不明确

《公司法》第七十二条第二款规定："股东应就其股权转让事项书面通知其他股东征求同意。"据此，转让股东应当向其他股东发出书面通知。而《公司法》第七十二条第三款又规定了其他股东享有优先购买权。据此，在实务中，转让股东是否还需要再一次以书面方式通知其他股东行使优先购买权，就容易出现争议。尽管笔者理解，根据现行规定仍然需要再一次书面通知，但该规定对于转让股东而言，承担的义务较重，且容易造成交易期限的过长，导致交易不成的风险增大。

基于在适用《公司法》第七十二条第一款、第二款、第三款的规定中存在诸多具有不确定性的问题，因此，依照《公司法》第七十二条第四款的规定，在公司章程中对股权转让作出明确具体的规定，就成为公司股东依法行使股东权利，避免在股权转让过程中出现争议和纠纷，保证公司稳定和正常运行的重要前提条件；也是公司法律事务的重要内容。

三、有限责任公司章程对股权转让的实体性设计

(一)有限责任公司股权协议转让的章程设计

1.股权的内部转让

内部股权转让时,章程可以规定赋予其他股东同意权或者优先购买权。虽然公司法提倡在股权进行内部转让时并无限制,但是也可以根据公司的实际运营情况,在章程中对内部股权转让设置一定的规则。如约定,届时其他股东也一样可以比照股权外部转让的规则行使同意权或者优先购买权。尤其要注意,一般而言,股东优先购买权在股东内部转让时是不存在的,因为并不影响公司人合性。但是,如果涉及公司实际控股权的转移,则在章程中对此做出特别约定不失为保护原有股权比例结构下各股东尤其是小股东现有利益的方式。章程可以规定,若股权转让后将导致控股股权的转移,则其他股东可以按照股权对外转让的规则行使同意权或者优先购买权。

当股权内部转让导致出现"一人公司"的情形即公司股权全部集中于一位股东名下时,该股东可以依照自己意愿重整公司使之符合"一人公司"的法定条件或者寻找其他合作者作为股东加入公司。但是鉴于一人公司的特殊性,为了保障公司的存续性,防止公司在股权转让后违反法律的强制性规定,因此,建议在章程中规定以下内容:若公司股东采取分期缴纳注册资本的方式设立公司,并在股权转让前尚未全部缴清注册资本,则股权转让时受让股东应当及时缴清全部注册资本;若股权转让后公司变更为一人公司,导致公司原注册资本低于法定的一人公司最低注册资本额时,则该差额部分在股权转让后由受让股东增资予以补足。

2.股权的外部转让

(1)根据公司的股权结构合理设计股权转让的股东同意制度

针对有限责任公司其他股东对向外转让股权的同意制度,公司股东可以根据股权结构和对公司未来的规划自主选择在章程中规定适用"股东人数主义"或者"资本比例主义"。相对而言,按出资比例行使表决权对大股东有利,其完全有权以自己所占较大份额否定其他股东对外转让股权的动议,使小股东的股权转让至大股东名下,从而维护公司的稳定,加强大股东的控股地位。按照股东人数行使表决权则对小股东有利。

因此,章程相应地可以表述为:股东向股东以外的人转让股权,应当经其他股东按照出资比例过半数同意;或者:股东向股东以外的人转让股权,应当经其

他股东按人数过半数同意。

此外,公司章程还可以提高同意股东的比例,例如,将过半数同意规定为经三分之二以上多数同意等。

(2)合理设计有限责任公司股权转让的优先购买权制度

①在章程中明确"同等条件"的判定标准

针对股东行使优先购买权时法律对"同等条件"未予明确的现状,章程可以规定"同等条件"的判定标准。

首先,股权转让价格同等。在优先购买权人行使优先买权时,第三人与拟出让股东先就股权转让确定或初步确定了价格条件,股东购买股权的价格必须与拟受让第三人购买价格完全相等。此问题在章程中约定较为复杂,建议考虑以下因素:其一,拟出让股东与其他股东就转让股权的交易价格已经达成协议,此后其他第三人又要用高于此价格来受让股权时,拟出让股东不得以原交易价格不是同等为由否定交易的效力。其二,如果优先购买权人以欺诈、胁迫或乘人之危等手段,使得拟出让股东降低出卖价格,从达到所谓的"同等价格",此时该种行为无效,且优先购买权人丧失优先购买权。其三,当拟出让股东与其他股东就股权的价格不能协商一致时,拟出让股东不得以等于或低于优先购买权人的出价,将股权出让给第三方,否则该交易价格可以视为同等价格。其四,拟出让股东以欺诈、胁迫或乘人之危等手段或者与第三人恶意串通来达到所谓的"同等价格"或"不同等价格",以此否定优先购买权人的先买权时,该种行为无效。

其次,股权转让价款支付条件同等。支付条件包括支付方式、支付时间和地点以及支付期限。拟受让第三人以现金方式支付,购买股权的股东除非经过转让股权股东同意,不得以土地使用权、房屋、知识产权等作价支付,更不得以债权转让方式履行;支付时间可以分为即时支付和远期支付,这其中存在着资金在时间上的收益和风险的承担;一次性付款还是分期付款,其收益和风险大小也当然不同。付款期限影响拟转让股权股东债权实现时间,股东购买股权的付款期限原则上应与拟受让第三人在股权转让合同中约定的付款期限相同,为保障股东的优先购买权,在不实质影响拟转让股权股东债权实现情况下,受让股权股东的付款期限不得迟于非股东付款期限30天。另外,从交易的安全方面考虑,对支付价款提供担保是避免拟出让股东利益损失的一种常见和有效的方式。有无担保对拟出让股东意义重大,所以有无提供担保也可视为同等价款支付条件之一。

再次,股权转让合同中约定的违约责任同等。基于违约责任的大小和方式对于合同双方切实履行合同义务起到重要的督促和惩罚作用,因此,股权对外转让中,转让股东与第三人约定的违约责任和行使优先购买权的股东与转让股东约定的违约责任应当基本一致。如果后者约定的违约责任较轻,将会导致行使优先购买权的股东轻易违约,从而导致转让股东丧失交易机会,受到损失,也影响了股东之间的信赖关系。根据我国《合同法》第一百一十一条规定:"当事人可以约定一方违约时应当根据违约情况向对方支付一定数额的违约金,也可以约定因违约产生的损失赔偿额的计算方法。"因此,在章程中还可以规定,行使优先购买权的股东与转让股东约定的违约责任应与转让股东与第三人约定的违约责任相同,同时,还需规定具体的关于违约金或者违约产生的损失赔偿额的计算方法。

②在章程中明确规定多个股东行使优先购买权的具体规则

首先,在章程中明确多个股东行使优先购买权时按照何种出资比例认购。这里必须要解决的问题是各自的出资比例是股权转让时股东各自的实缴出资比例还是认缴的出资比例。新《公司法》对于股东的出资采用折中资本制度,即股东可以在首次缴纳法定比例的出资后,在规定期限内缴纳其他出资。鉴于实缴出资能够比较真实和确切地反映出股权转让时股东的出资情况和股权持有情况,又鉴于公司法对股东的收益权和股权增减方面的问题采取的原则是以实缴出资为基础[①],因此建议在章程中规定多个股东行使优先购买权应该按照转让时实缴的出资确定购买比例。

其次,在章程中明确多个股东行使优先购买权时按照股权内部转让的规则进行。现行法律规定下,多个主张优先购买权的股东,可以协商确定各自的购买比例;协商不成的,按照转让时各自的实际出资比例行使优先购买权。这种设计方案虽然体现了股权的平等性,严格遵循了"一股一权"原则,看似公平,但实际上扩大了股东间出资额的差异,使强者愈强,弱者更弱,忽视了有限责任公司的人合性特征。同时,鉴于优先购买权的实现其实质是股权内部转让,按比例购买的规则直接剥夺了出让股东在内部转让股权中对受让人和股权数额的自由选择权。鉴于公司内部股东之间受让股权,并不影响公司的"人合性",无需股东优先购买权制度来调整。因此,建议在章程中规定,数个其他股东同时主张行使股东优先购买权的,仅可排除股权对外转让。在排除对外转让股权后即形成股权的内部转让,该转让适用股权内部转让的规则(如股权自由转让、拍卖中价高者得等)。

---

① 见《公司法》第三十五条规定:"股东按照实缴的出资比例分取红利;公司新增资本时,股东有权优先按照实缴的出资比例认缴出资。但是,全体股东约定不按照出资比例分取红利或者不按照出资比例优先认缴出资的除外。"

③在章程中明确优先购买权是否可以部分行使

方案一：从大股东角度出发，可在章程中明确规定优先购买权可以部分行使。鉴于股东优先购买权的立法本意旨在特别保护公司老股东的利益，维持有限责任公司的人合性及正常运营。股权的价值与数量密切联系。从资本多数决角度出发，股权的价值不仅仅体现在股权收益上，还体现在对公司实际控制上。因此，从保护公司老股东尤其是大股东角度而言，在章程中可以规定允许受让人部分受让，即优先购买权可以部分行使。

方案二：从小股东角度出发，可在章程中明确规定优先购买权不得部分行使。实践当中，交易第三方收购所转让之股权在某种程度上并不单单是为了进入公司获得收益，还有可能是为了取得公司的实际控制权，达到绝对控股的目的。此时，所转让的标的表面上看是股权，实际上却是为了公司的绝对控制权。如果允许股东部分收购所转让的股权，那么交易第三方因不能实际取得对公司的控制很可能放弃对剩余股权的收购。这时，如果老股东也不收购剩余部分，那么拟出让股东尤其是小股东便达不到退出公司的目的。但如其坚持退出，公司便要进行清算，导致公司僵局。因此，从保护公司小股东角度而言，在章程中可以规定优先购买权不得部分行使。

方案三：从股权转让后公司实际控制权是否转移角度出发，可在章程中规定优先购买权可以部分行使，即当股东向股东以外的第三方转让股权时，其他股东对非控股股权不得部分行使优先购买权；而对控股股权，其他股东则可以部分行使优先购买权。

④可在章程中规定同意权与优先购买权择一行使的原则

优先购买权制度的设立是为了保护老股东的期待利益，即保护其对公司股权结构的稳定、控制权的平衡以及预期利益分配的期待，赋予其他股东以同意权，作出是否优先购买的选择。因此，当他们明确表示放弃优先购买权时，我们可以推知，这是他们经过慎重考虑做出的最有利于自己的选择，他们对股权对外转让可能的利益损害已经默许，对其再次进行保护已无必要，且缺乏法理依据。赋予股东优先购买权的同时也带来了高昂的交易成本。为此，在制度设计上应尽量规避不必要的成本增加。股东可在章程中明确规定同意权与优先购买权择一行使的原则，如：有限责任公司股东在对外转让股权时，应当经其他股东过半数同意。股东应就其转让事项书面通知其他股东。不同意之股东在同等条件下有优先购买权。同意股权转让的股东自同意之时不再行使优先购买权。其他股东自接到拟出让股东通知之日起30内未答复的，视为同意转让，自期间届满之日起不再行使优先购买权。

(3)根据需要合理设计股东指定购买人制度

当其他股东不同意将股权转让给第三人而又无力购买时,不得不容忍自己不了解或者不信任的人加入公司,并有可能不利于公司的发展。为了维护有限责任公司的人合性及公司股东之间良好的信赖与亲密关系,从而有利于公司的发展及保护公司股东的利益,也为了拟出让股东收回投资和资源的充分流转,可以在章程中规定,如果其他股东中有不同意公司股权转让给股东以外的受让人时,该不同意股东或者全体其他股东可以指定其他人购买拟转让股权。据此,其他股东中无论是否同意股东转让股权,均可选择自己信任与满意的公司或合作伙伴加入公司,有利于保持股东之间的信赖关系,维护公司的稳定与发展。

(二)有限责任公司股权非协议转让——特殊情形下的股权转让章程实体性设计

1.基于婚姻关系变化的股权转让

股权的本质属性是财产权,可以作为夫妻共同财产的客体在离婚时被分割。如果夫妻双方均为公司股东,章程可以约定比照股权内部转让进行处理,或者章程规定此时夫妻一方应退出,并按普通的股权转让程序由仍然保留股东资格的一方收购股权。如果未在股东名册上登记的一方欲就夫妻共有股权的一半要求成为公司股东,又不违反法律对有限责任公司人数的强制性规定时,则章程可就该种情形作出规定,如:欲成为公司股东的一方必须向董事会提出书面申请,征求其他股东同意,董事会应当在三十日内召开临时股东会议讨论是否同意其申请,这时夫妻另一方有表决权,因为其最了解另一方加入后是否会对公司的人合性造成影响。如果其他股东过半数同意的,可以允许其加入公司成为公司股东。但其他股东过半数不同意的,另一方不得强行加入公司,也不得强行要求其他股东购买该股权,除非其他股东同意。另一方也不得向第三人转让该股权,因为此时另一方不具备股东的主体资格。这时只能要求在股东名册上登记的一方支付另一方与应得股权相当的金钱或其他财物。但如果其他股东在三十日内没有答复的可以视为同意该申请。

2.基于继承发生的股权转让

《公司法》第七十六条规定:"自然人股东死亡后,其合法继承人可以继承股东资格;但是公司章程另有规定的除外。"据此,股权可以作为遗产被继承,但是享有继承权并不等于继承人当然取得股东资格。继承权要转化为公司的股权或者说继承人要取得股东资格,应当履行《公司法》规定的股权转让程序。因此,可以在章程中明确:在继承开始后,继承人应就欲取得公司股东资格向其他股东发出书面申请,其他股东应在接到书面申请三十日内决定是否主张行使优先购买权,由决定行使优先购买权的股东与继承人协商价格,协商不成的,用上文提到的方法确定价格。如果其他股东满三十日未作表示的,视为同意该申请。如果继承人因继承股权取得股东身份,并不想参与公司经营,只希望取得与继承股份价值相当的货币,而公司的其他股东又不同意购买该股权。此时继承人可依《公司法》第七十二条的规定向第三人转让股权,或者拍卖该份额,拍卖时其他股东仍享有优先购买权。如果继承人只愿意享有自益权而放弃共益权的,应当允许,这时其他股东不得主张优先购买权。继承人的表决权可以由其他股东协商或按持股比例分配。

3.基于法院强制执行发生的股权转让

《公司法》第七十三条规定:"人民法院依照法律规定的强制执行程序转让股东的股权时,应当通知公司及全体股东,其他股东在同等条件下有优先购买权。其他股东自人民法院通知之日起满二十日不行使优先购买权的,视为放弃优先购买权。"基于法院强制执行发生的股权转让具有其特殊性,在人民法院依照法定的强制执行程序对被执行股权"予以拍卖、变卖或以其他方式转让"之前,公司的其他股东无从了解股权转让价格等股权转让事项,无法在股东同意程序中轻易表态,并且在法院强制执行股东的股权时,其他股东无权拒绝该股东的股权被强制执行。由于该种股权转让的前述特殊性,故无法在章程中作出任意性条款的设置。

4.基于赠与发生的股权转让

鉴于有限责任公司的股权兼有财产和人身的双重属性,因此,股权同时具有财产权和人身权。股东可以自由处分财产权,但人身权是与股东个人能力、资历、信誉、人格切实相关。股权的赠与可能会影响到公司经营的连续性和稳定性,涉及受赠人的能力、资历、信誉、人格是否能达到公司的要求,所以股东欲将自己的股权赠与他人要受到相应的限制。当然法律并不排除受赠人可以依照公司章程或股东间的协议而取得股东的资格。

在进行章程设计时,需要注意:①由于赠与合同中没有价格的约定,所以在其他股东主张优先购买权时,要确定股权的价格,可参考下文"股权转让价格因素的确定"中股权价格的确定办法处理。②如果受赠人因接受赠与取得股东身份,并不想参与公司经营,只希望取得财产收益权,而公司的其他股东又不同意购买该股权。此时,受赠人可以依《公司法》第七十二条的规定向第三人转让股权,或者拍卖该份额,拍卖时其他股东仍享有优先购买权。③如果受赠人只愿意享有自益权而放弃共益权的,应该允许,这时其他股东不得主张优先购买权。对于受赠人的表决权可以由其他股东协商或按持股比例分配。

据此,章程可以对该种情形作出明确规定:股东向第三人赠与股权时,必须提前三十日将赠与事项书面通知其他股东,其他股东有优先购买权,其他股东自接到书面通知之日起满三十日未答复的,视为放弃优先购买权。

5. 导致股东人数超限的股权转让

当股权转让导致有限责任公司股东人数超过 50 人时,不能一概认为股权转让合同无效,应作具体分析:

因继承、遗赠等无偿转让导致有限责任公司股东人数超过 50 人时,需依法变更公司组织形式以符合法律之规定。据此,章程可以规定以变更公司组织形式的方式允许各继承人、受遗赠人都成为公司的股东:①若公司符合股份有限公司设立要件,则经股东会代表三分之二以上表决权的股东通过,可以变更登记为股份有限公司,原公司的权利与义务关系,由变更后的公司概括承受;②若公司不符合股份公司的设立要件,经股东一致同意,也可以变更登记为合伙企业;③若股东仍愿意继续维持有限责任公司的存在形式,则可以考虑设立信托制度或者代理制度,从而将公司的名义股东控制在 50 人以内。或在此期限内将股东人数变为等于或低于 50 人。

因有偿转让导致有限责任公司股东人数超过 50 人时,转让合同无效。但是并不直接导致公司解散的法律后果,只是其转让合同不受法律保护。对此,章程可以规定,已变更公司登记的,应在一定期限内(比如 30 日内)要求该公司将股东人数确定在法定范围内,以体现有限责任公司的人合性和封闭性。公司不变更股东人数的,章程可以规定对公司注销、解散或变更公司形式的解决途径。

6. 基于异议股东回购请求权发生的股权转让

《公司法》第七十五条规定了异议股东回购请求权制度①,即赋予了对重大决议持异议的股东退出权。异议股东回购请求权的行使,其本质仍然属于一种特殊形态的股权转让。基于该法条的强制性规定并未给予公司章程以自由规定的空间,因此,一旦发生法律规定的情形,则应当依照其规定处理有关纠纷。然而,在此种情形下,如果公司的其他股东愿意以合理的价格收购异议股东的股权,则未有法律作出禁止性的规定。因为对于异议股东而言,此举同样可以实现法律所保障的权益。对此情形,公司章程就可以对其他股东收购异议股东的股

---

① 《公司法》第七十五条第一款规定:"有下列情形之一的,对股东会该项决议投反对票的股东可以请求公司按照合理价格收购股权:(一)公司连续五年不向股东分配利润,而公司该五年连续盈利,并且符合本法规定的分配利润条件的;(二)公司合并、分立、转让主要财产的;(三)公司章程规定的营业期限届满或者章程规定的其他解散事由出现,股东会会议通过决议修改公司章程使公司存续的"。该条第二款规定:"自股东会会议决议通过之日起六十日内,股东与公司不能达成股权收购协议的,股东可以自股东会会议决议通过之日起九十日内向人民法院提起诉讼。"

权作出规定,例如,是按照内部股权转让的方式由异议股东自行选择其他股东进行交易,还是按照对外股权转让的方式由其他股东按比例收购其股权等等。

四、关于有限责任公司股权转让的章程程序性设计

(一)有限责任公司股权转让中价格的确定

股权转让中,股东或者拟转让第三方最为关心的莫过于股权转让价格。如何确定股权转让的价格,不仅关系到其他股东能否真正合理地行使优先购买权,也关系到股权转让方的合法权益能否得到有效的保障,关系到股权转让能否顺利完成。但是,确定股权转让价格是一个极为复杂的过程,需要综合考虑多种因素,诸如公司股权中应包含着公司发展过程中所形成的投资风险因素、通货膨胀因素、技术进步因素以及无形资产因素等,而并非简单地以各项资产值相加即可确定,其在一定程度上代表着公司在一定时期内通过股东投资所形成的股权整体。

鉴于目前我国《公司法》对于有限责任公司股权转让价格并没有做出明确规定,则实践中转让价格完全依靠转让人和受让人自行协商确定,在尊重产权交易意思自治的同时,不可避免地为股东滥用股权转让留下了漏洞。

鉴此,为了保护公司股东的合法权益,防止股权转让方与第三人恶意串通故意抬高股权转让价格,从而变相剥夺股东优先购买权,同时也为了维护有限责任公司的稳定和人合性,可以由公司章程针对该问题做出一定干预,对转让价格的形成作出程序性的规定,以维护各方的利益平衡。

例如,在章程中可以作出如下规定:股权对外转让价格由转让人与受让人协商确定,当股权转让的价格明显高于公司相应净资产价值时,其他股东有权提出异议,并可以主张按照公司相应净资产价格收购该转让的股权,或委托评估机构评估,按评估机构的评估价格进行转让。

(二)有限责任公司股权对外转让流程中的章程设计

由于股权对外转让涉及多个主体,程序复杂,时间较长,所以,应采取要式形式进行。章程可以相应地明确转让程序步骤,界定具体步骤的时间要求。

第一阶段:拟出让股东与拟受让第三人签订股权转让合同。该阶段,拟出让股东先与第三方受让人展开协商,初步确定转让价格等其他条件,并形成书面文书。

第二阶段:拟出让股东书面通知其他股东征求意见,即为股东行使同意权之前的通知。该阶段,拟出让股东需要向公司董事会或执行董事提出书面申

请,并通知其他所有股东,说明拟转让的理由、受让人的姓名或名称、住所、转让股权的份额及其价格等情况,并附经股东会决议通过即可生效的股权转让协议。由于股权的转让需要经股东会表决同意,其他股东有优先购买权,因此,在转让前应当在一定的期限前通知公司和其他股东,以利公司和其他股东知悉相关情形,以便决定是否同意转让和行使优先购买权。此阶段所拟出让股东的通知义务即是要将其在此时与第三方订立协议的全部内容即一份"完整"的初步的股权转让协议,通知给公司和其他股东。

第三阶段:公司董事会在收到拟转让股权的通知后,在章程规定的期限内(例如十日)依法召集临时股东会,就该股权转让的申请做出决议。股东过半数不同意转让的,拟出让股东不得对第三人履行转让协议,此时不同意对外转让的股东必须购买该股权,否则视为同意转让,据此,公司应当在收到转让股东的通知后的三十日内向转让股东发出拒绝通知,并在通知中指定受让股东。指定受让股东则应当在收到转让股东的通知后三十日内向转让股东请求股东转让股权。未指定受让人或者未提出请求的视为同意转让。

如果其他股东过半数同意转让,或者依法被视为同意转让(其他股东没有在规定期限内答复,或者不同意转让的股东没有购买拟转让的股权),则无论是否同意转让,其他股东均对拟转让股权拥有优先购买权。此时,如果章程中没有规定同意权和优先购买权可以合并通知或者择一行使,拟转让股东应再次向公司和其他股东发出行使优先购买权的书面通知。拟出让股东要将股权转让协议的细节在通知中告知其他股东,同时,在通知的期限内将股权转让协议的更改及时通知其他股东。而其他股东在此期间内亦要时刻关注协议具体内容的变化,可充分行使股东的查阅权。如其他股东不行使优先购买权,拟出让股东可履行与第三人的转让协议。

对于其他股东行使优先购买权的期限,现行法律并无规定,结合《公司法》第七十二条第二款关于"其他股东自接到书面通知之日起三十日未答复的视为同意转让"的规定,可以认为,一般情况下股东优先购买权的行使期限也应是三十天,对此,可以在章程中予以明确规定。该过程中,如转让给第三方的条件降低,则需要再履行新一轮的通知及其他股东作出决定的程序。如其他股东行使优先购买权,与转让方达成协议,则以同等条件购买转让股权;如其他股东不行使优先购买权,则转让方自行与第三人达成协议。无论何种情形,在规定的期间届满后,拟出让股东才可将最终的股权转让协议确定,并在规定的时间内,将其完整、详尽地通知给公司。此时,根据工商部门的要求,公司股东会还应当作出关于同意股权对外转让并放弃优先购买权的书面决议,该决议作出的期限也应当在章程中作出规定。此外,章程还应规定,对于在股权转让中,已经同意转让和视为同意转让股权且未行使优先购买权的股东,在股东会决议中投票反对、弃权或接到通知未参加股东会也未委托代表参加会议的股东,视为同意转让股权并放弃优先购买权。

第四阶段:履行必要的审批手续。这主要是指股权转让中的一些特殊情况。如中外合资或中外合作的有限责任公司股东转让股权的,要经过中方股东的上级政府部门审批等。

第五阶段:公司内部变更登记。具体包括注销原股东的出资证明书,向新股东签发出资证明书,并相应修改公司章程和股东名册中有关股东及其出资额的记载。

第六阶段:工商部门办理股权变更登记。

对于上述阶段中的具体流程和履行期限,公司章程均可以作出明确的规定。

(三)股权转让的完成标志

从整体上来看,股权转让是一个动态过程,确定股权转让是否完成,在某种意义上来说就是寻找股权转让质变临界点的过程。

根据《公司法》第七十四条的规定①,股权转让当事人只要满足了《公司法》第七十二条、第七十三条规定的要求,即完成了股权转让。公司内部变更登记行为,即"注销原股东的出资证明书,向新股东签发出资证明书,并相应修改公司章程和股东名册中有关股东及其出资额的记载"等行为发生在"转让股权后",并不能作为股权转让完成的标志。又根据《公司法》第三十三条规定:"公司应当将股东的姓名或者名称及其出资额向公司登记机关登记;登记事项发生变更的,应当办理变更登记。未经登记或者变更登记的,不得对抗第三人。"因此可以得出:公司内部变更登记只是公司在得知股权转让完成之后应尽的法定登记义务,而工商股权变更登记只是使股权转让获得对抗第三人的效力,上述两者均不构成对股权转让自身效力的任何影响。所以,拟出让股东与拟受让方(拟受让第三方或行使优先购买权的老股东)一旦签订正式的股权出让合同,则股权转让即告完成。对此,也可以在公司章程中加以明确,作为股权转让过程中的重要依据。

---

① 《公司法》第七十四条规定:"依照本法第七十二条、第七十三条转让股权后,公司应当注销原股东的出资证明书,向新股东签发出资证明书,并相应修改公司章程和股东名册中有关股东及其出资额的记载。"

参考文献

［1］史尚宽.物权法论.北京:中国政法大学出版社,2000.

［2］施天涛.公司法论(第二版).北京:法律出版社,2006.

［3］江平,李国光.最新公司法培训教程.北京:人民法院出版社,2006.

［4］许尚豪,单明.优先购买权制度研究.北京:中国法制出版社,2006.

［5］钱卫清.公司诉讼——公司司法救济方式新论.北京:人民法院出版社,2004.

［6］赵旭东.商法学教程.北京:中国政法大学出版社,2004.

［7］时建中.公司法与公司章程在公司治理中的协调.中国发展观察,2006,2.

［8］王欣新,赵芬萍.再谈有限责任公司股权转让法律问题.人民法院报,2002;7;19.

［9］曹理.论新公司法中的有限公司股权外部转让制度.辽宁教育行政学院学报,2006,1.

本文曾荣获浙江省省直律师协会"2011律师实务理论研讨会"二等奖、2011浙江省律师协会"首届浙江律师论坛"二等奖。

作者简介

赵箭冰,男,浙江师范大学哲学学士,浙江大学法学硕士,中国政法大学民商法学博士研究生,六和律师事务所合伙人,二级律师。主要从事投资(包括外商投资)、房地产、金融、公司等法律事务。

俞琳琼,女,西安交通大学经济法学硕士,六和律师事务所专职律师。主要业务方向为民商事、投融资、建筑房地产、公司等法律事务。

境内自然人境外股权投资之上市审核研究

朱亚元

【摘要】 最近几年来,国内企业发行上市审核项目中大量涌现境内自然人境外股权投资问题,中介机构对此情况的认识和处理方法不尽相同。本文以此为研究对象,详细分析论证了境内自然人境外股权投资的动因、我国关于境内自然人境外股权投资的法律规制现状、境内自然人境外股权投资存在的法律风险、关于境内自然人境外股权投资之上市审核等多个方面的内容,认为目前企业上市实务中迫切需要法律法规对境内自然人境外股权投资进行统一、明确的规范。期待本文的研究能对关注此问题的各方人士有所裨益。

【关键词】 股权投资 境外投资 上市审核

伴随着中国经济的改革开放和外商投资企业政策的完善与实施,外商投资企业这一特殊的企业类型遍布全国。与之相伴随,在最近几年的中国国内发行上市审核项目中,涉及外商投资企业的项目特别是境内自然人境外股权投资的项目大量涌现。

本文所称的境内自然人境外股权投资,是指持有中华人民共和国居民身份证或护照等合法身份证明文件的境内居民个人(包括虽无中国境内合法身份,但因经济利益关系在中国境内习惯性居住的特殊个人),以返程投资为目的在中国大陆境外设立或者控制特殊目的公司,或者并非以返程投资为目的而持有境外公司的股权。

在本人经办的发行上市项目中,也大量出现了此类情况。为此,本人对最近几年的中国国内已发行上市项目进行了专题分析,发现同类情况普遍存在,大量的审核反馈意见关注于因境内自然人境外股权投资而引发的拟上市公司境外股权的真实性、是否属于返程投资且是否办妥返程投资的外汇登记、实际控制人的认定、拟上市公司外商投资企业法律地位的合法性及其享受税收优惠政策的合法性等重要问题。而中介机构对此情况的认识和处理方法不尽相同,上市实务中迫切需要法律法规对境内自然人境外股权投资进行统一、明确的规范。

因此,分析研究企业上市审核中涉及的境内自然人境外股权投资问题,解决因此而引发的困惑上市审核的重要事项,有着丰富而紧迫的现实意义。

一、境内自然人境外股权投资的动因

(一)境内自然人境外股权投资的概况

改革开放以来,中国已经成为举世瞩目的引进外资大国。经济快速发展的同时,中国着力实施"走出去"战略,中国业已成为令世界关注的迅速崛起的对外直接投资来源地。

越来越多的企业经营者认识到,境外投资可以为企业带来更多的机会和竞争优势,例如:完善产业链、储备资源、提升企业品牌,强化企业的竞争优势;可以在世界范围内进行业务重组、布局和转移生产基地,规避各种贸易及非贸易壁垒;可以合理调控经营收入,灵活利用不同国家和地区之间的税收差异合理避税。

正是基于上述多种原因,境内自然人通过各种形式和手段,纷纷进行境外股权投资。这些投资活动所形成或者控制的企业,其中有相当一部分又通过返程投资以及其他各种方式投资于中国境内。

境内自然人境外股权投资主要有两种方式,一是境内自然人直接出面设立、收购所谓境外公司或者离岸公司,二是通过委托持股、信托持股等方式进行隐名投资。

(二)境内自然人境外股权投资的动因

境内自然人境外股权投资热潮的形成,源于企业经营者的客观需求,源于境内外法律和经济环境的共同推动,其内在动因主要如下。

1.中国外商投资优惠政策的利益驱动

改革开放之后,为了吸引外资,促进本国经济发展,中国通过持续性的法律法规和政策,赋予了外商投资企业众多的优惠,包括了税收优惠、优先资源配置等,形成了外商投资企业与内资企业之间明显的竞争地位的差异。在此利益驱动下,一部分境内经营者就有寻租优惠政策的动力,通过各种方法在我国港澳台地区、离岸中心(如维尔京群岛、开曼群岛、萨摩亚等)设立、收购、控股境外公司,并通过该等境外公司以外商投资的方式投资于境内,从而获得外商投资企业的优惠政策。

2.中国境内相关法律规定的模糊与缺位

多年来,对于境内自然人境外股权投资行为,我国尚未形成统一且明确的法律规定和监管,存在法律规定的模糊与缺位情况。这种状况不仅使得境内自然人很难准确、全面地理解和把握境外股权投资的法律监管要求,助长了境外股权投资的盲目性和冲动性,而且也为境外股权投资打开了方便之门。只要投资者不因股权投资而申请汇出外汇或者不直接申请将境内资产投资于境外,就很难涉及中国政府审批或者管理问题。

同时,在外商投资企业审批管理方面,早期的审批理念和法规政策基本不顾及境外投资方的股权结构、资金来源等真实、细致背景,很大程度上使得境内自然人境外股权投资之目的非常便于实现。

3. 为境内外上市进行重组的需要

境内自然人境外股权投资的另一个重要原因是为了满足境内外上市进行重组的需要。为实现境外上市,相当一部分境内企业的实际控制人需要设置境外融资平台,或者设立境外公司进行上市必需的资产、业务重组。而在境内上市过程中,有的拟上市企业的实际控制人需要收购原先真实的境外投资者持有的拟上市公司股权,或者通过收购拟上市企业之境外非个人投资者的股权的方式间接实现同样目的。为了不产生过多的税收成本而维持外商投资企业的性质等各种原因,拟上市企业的实际控制人往往通过境外股权投资并返程投资来完成上述事项。

4. 境外投资环境的宽松和吸引

境内自然人境外股权投资一般都选择在我国港澳台地区或者离岸中心。选择港澳台一般是因为其与内地的经济和人脉关系密切,且委托持股和信托持股在上述地区为法律所允许,因此可以非常便利地选择亲友、交易伙伴等特定对象进行隐名股权投资。而选择离岸中心的原因则是众所周知。这些离岸中心不仅拥有便捷的公司注册和维护法律法规,严谨高效的银行、资产、信息等的保密制度,而且离岸中心政府一般只通过征收登记费和管理费来获得收入,其他税种(如所得税)则并不征收,经营和维护成本非常低廉。此外,离岸中心往往同时又是离岸金融中心,可以为投资者提供理想的经营条件和环境。

我国港澳台地区或者离岸中心良好的境外投资环境,吸引了众多的境内经营者前往进行股权投资,然后其又运用上述便利条件和优势对境内进行投资。

二、我国关于境内自然人境外股权投资的法律规制现状

面对境内自然人境外股权投资的热潮,我国的法律法规尚未形成明确、系统的管理体系。

迄今为止,我国关于境内自然人境外投资的主要法规包括:

(1)《境外投资项目核准暂行管理办法》(2004 年 10 月 9 日国家发展和改革委员会令第 21 号)。

该《管理办法》第 2 条规定,本办法适用于中华人民共和国境内各类法人及其通过在境外控股的企业或机构,在境外进行的投资(含新建、购并、参股、增资、再投资)项目的核准。第 26 条同时规定,自然人和其他组织在境外进行的投资项目的核准,参照本办法执行。

该《管理办法》第四条规定,国家对境外投资资源开发类和大额用汇项目实行核准管理。因此,境内自然人进行境外股权投资的,需要遵守该《管理办法》。同时,如果从事上述《管理办法》第 4 条规定的资源开发类和大额用汇类项目的投资的,则需要发改委(国家级或省级)的核准。

(2)《关于境内居民通过境外特殊目的公司融资及返程投资外汇管理有关问题的通知》(汇发〔2005〕75 号)。

75 号文第 1 条规定:本通知所称"特殊目的公司",是指境内居民法人或境内居民自然人以其持有的境内企业资产或权益在境外进行股权融资为目的而直接设立或间接控制的境外企业。

本通知所称"返程投资",是指境内居民通过特殊目的公司对境内开展的直接投资活动,包括但不限于以下方式:购买或置换境内企业中方股权、在境内设立外商投资企业及通过该企业购买或协议控制境内资产、协议购买境内资产及以该项资产投资设立外商投资企业、向境内企业增资。

本通知所称"境内居民自然人"是指持有中华人民共和国居民身份证或护照等合法身份证件的自然人,或者虽无中国境内合法身份但因经济利益关系在中国境内习惯性居住的自然人。

本通知所称"控制",是指境内居民通过收购、信托、代持、投票权、回购、可转换债券等方式取得特殊目的公司或境内企业的经营权、收益权或者决策权。

分析上述规定,可以明确:该规定仅适用于境内居民自然人到境外投资设立或控制特殊目的公司融资及返程投资的情形。即境内自然人需要在设立或控制境外特殊目的公司之前,到所在地外汇管理机关申请办理境外投资外汇登记手续,取得《境内居民个人境外投资外汇登记表》。若境内居民自然人投资的公司不是以返程投资为目的而是一般的实业投资则不适用该规定。

(3)国家外汇管理局综合司关于印发《国家外汇管理局关于境内居民通过境外特殊目的公司融资及返程投资外汇管理有关问题的通知》操作规程的通知(汇综发〔2007〕106 号)。

作为 75 号文的操作规程,汇综发〔2007〕106 号文对于境内居民自然人的范围进行了细化解释:除持有中华人民共和国居民身份证或护照等合法身份证件的自然人外，"主要包括以下三类（不论是否持有中华人民共和国合法身份证件）：①在境内拥有永久性居所，因境外旅游、就学、就医、工作、境外居留要求等原因而暂时离开永久居所，在上述原因消失后仍回到永久性居民的自然人；②持有境内企业内资权益的自然人；③持有境内企业原内资权益，后该权益虽变更为外资权益但仍为本人所最终持有的自然人。

根据上述文件的规定，可以明确的是：无论是汇发〔2005〕75 号还是汇综发〔2007〕106 号，所规制的都只是境内自然人境外投资设立或控制特殊目的公司的情形，而并未对境内自然人进行境外实业投资做出相关规定。

（4）《个人外汇管理办法》（中国人民银行令〔2006〕第 3 号）及国家外汇管理局关于印发《个人外汇管理办法实施细则》的通知（汇发〔2007〕1 号）

《个人外汇管理办法》第十六条规定："境内个人对外直接投资符合有关规定的，经外汇局核准可以购汇或以自有外汇汇出，并应当办理境外投资外汇登记。"

《个人外汇管理办法实施细则》第十六条规定："境内个人对外直接投资应按国家有关规定办理。所需外汇经所在地外汇局核准后可以购汇或以自有外汇汇出，并办理相应的境外投资外汇登记手续。

境内个人及因经济利益关系在中国境内习惯性居住的境外个人，在境外设立或控制特殊目的公司并返程投资的，所涉外汇收支按《国家外汇管理局关于境内居民通过境外特殊目的公司融资及返程投资外汇管理有关问题的通知》等有关规定办理。"

综合分析上述规定，可以发现，该等规定虽然明确了"境内个人对外直接投资应按国家有关规定办理，并办理相应的境外投资外汇登记手续"，但对何谓"国家有关规定"却并未作具体规定。

（5）国家外汇管理局关于印发《境内居民通过境外特殊目的公司融资及返程投资外汇管理操作规程》的通知（汇发〔2011〕19 号）。

最近颁布的上述规定可以说是迄今为止相对较为完善的关于境内自然人境外股权投资的法律规制。除了继续完善针对返程投资的管理外，上述 19 号文还规定：境内居民个人通过不属于汇发〔2005〕75 号文件所指'特殊目的公司'性质的境外企业对境内进行直接投资，在如实披露其境内控制人信息并被标识为"非特殊目的公司返程投资"后，如申请将该境外企业转为特殊目的公司，适用本操作规程。

本人认为，这一规定属于中国政府主管机关第一次直接提出"境内居民个人可以设立不属于汇发〔2005〕75 号文件所指"特殊目的公司"性质的境外企业"的意见，而且还通过"申请后适用本操作规程"的方式加大了境内自然人境外股权投资的法律规制范畴，体现了政府主管机关加强境内自然人境外股权投资管理的导向。

从效用上看,境内自然人境外股权投资后,往往都需要返程投资并期待正常合法的外汇汇入汇出。而上述 19 号文对"特殊目的公司"的返程投资和"非特殊目的公司"的返程投资都规定了较为合理、简便的外汇登记手续。完成该等外汇登记手续后就能获得合法的外汇汇入汇出和对于境外股权投资的法律地位的确认。因此,我们有理由相信,"申请后适用本操作规程"的方式可以在较大程度上有效管理境内自然人境外股权投资行为。

此外,上述 19 号文在外汇登记审核的"法规依据"上已经不包括前述 106 号文,而且 19 号文规定的"审核材料"和"审核原则"事实上已经覆盖了 106 号文的相应规定。因此我们可以确认,106 号文事实上已经不再适用了。

(6)《温州市个人境外直接投资试点方案》(2011 年 1 月 12 日温州市对外贸易经济合作局公布)。

早于上述 19 号文公布的《温州市个人境外直接投资试点方案》据说"出炉才半月,已遭内部叫停",但是其在相当程度上反映了目前境内自然人境外股权投资的大量现实问题,也可以说是诠释了 19 号文"申请后适用本操作规程"这一规定的出台背景。

该《方案》在"目的与意义"部分指出:开展个人境外直接投资试点,有以下几方面的现实意义:……二是有利于加强个人项下跨境资本流动管理。从当前境外投资实际情况看,除通过企业进行境外投资外,其实个人通过非规范渠道获取外汇在境外进行投资的行为一直存在。开展个人境外直接投资试点,建立规范化的个人境外直接投资渠道,既有利于加强对个人项下跨境资本流动管理,也有利于维护个人境外投资的合法权益。三是有利于促进境外投资的便利化。由于目前个人境外投资尚无具体操作办法,因此一些个人除通过非正规渠道对外直接投资外,部分个人投资者无奈"变身"通过设立公司对外投资。

该《方案》在"试点的主要任务"部分规定:投资主体资格管理。投资主体需要同时具备以下条件:①持有中华人民共和国居民身份证件并取得因私护照;②具有完全民事行为能力;③18 周岁以上;④拥有温州户籍。

投资项目管理。①对投资者境外项目的真实性合法性进行审查。②对投资者境外投资方式进行审查,投资方式限定为:通过新设、并购、参股等方式在境外设立非金融企业或取得既有非金融企业的所有权、控制权、经营管理权等权益的行为。③设定限制投资的对象和区域:不准投资设立境外特殊目的的公司,涉及我国禁止出口的技术和货物,能源、矿产类境外投资。不准投资与我国未建交国家的境外投资,特定国家或地区的境外投资,涉及多国(地区)利益的境外投资。

投资核准登记管理。制定《温州市个人境外直接投资管理办法》及实施细则,规范个人境外直接投资核准登记管理。

很显然,该《方案》是在试图探索建立规范化的个人境外直接投资渠道,以兼顾发展境外直接投资与加强个人项下跨境资本流动管理,争取在全国范围内率先开展个人境外直接投资试点。

总之,对于境内自然人境外股权投资这一重要的经济活动,我国目前尚缺乏完整、具体、统一的法律法规规制,因而无法有效控制和管理境内自然人境外股权投资存在的众多法律风险。

三、境内自然人境外股权投资存在的法律风险

在缺乏法律法规系统性管理的情形下,伴随着境内自然人境外股权投资的高速发展,大量的法律风险由此产生。主要表现如下。

(一)违法经济活动频发

境内自然人境外股权投资,不仅需要相当的境外股权投资资本,而且一般都是为了返程投资,因此往往需要相当数量的资金。投资者为了在境外获取足够的资金,常常利用地下钱庄等进行非法外汇交易,可能滋生逃汇、骗汇、洗钱等违法经济活动。

(二)利用关联交易转移资金至境外,或者进行利益输送

在离岸中心进行股权投资所控制的离岸公司,其资产负债、股东与董事会构成等信息会得到严格保密,公司无需出示经过审计的账目报表,允许发行不记名股票,股东的身份、董事名册、股权比例和收益分配状况等都无需公开,几乎处于完全没有监控的状态,局外人无从知晓公司股东是谁以及各离岸公司之间的关系。由于境外股权投资的隐蔽性和离岸中心的金融、税收优势,使得境内实际控制人很容易通过事实上的关联交易(比如贸易、股权转让、资产收购等)进行资金转移,为境外输送资金,或者为了上市等的需要向特定方输送利益。

(三)违法举借外债

投资者为了在境外获取足够的资金,不少会进行借贷外债,即向境外机构或者个人借款,用于境外股权投资和返程投资。

《个人外汇管理办法》第二十一条规定:境内个人向境外提供贷款、借用外债、提供对外担保和直接参与境外商品期货和金融衍生产品交易,应当符合有关规定并到外汇局办理相应登记手续。

根据上述规定,本人认为境内个人借用外债应当办理外汇登记手续,否则存在一定的法律风险。但是业已发行上市项目对此持有不同意见。北京市国枫律师事务所《关于广东银禧科技股份有限公司申请首次公开发行股票并在创业板上市的补充法律意见书(二)》①载明:(二)谭颂斌投资银华实业(银禧集团前身)的资金来源及其合法性。根据谭颂斌和谭傍好(香港居民,系谭颂斌姑妈,身份证号码:H085648(9)),分别提供的《情况说明及确认函》,谭颂斌对银华实业的投资系其向谭傍好之个人境外借款,且截至本补充法律意见书出具之日,谭颂斌与谭傍好之间的借款已经全部结清,不存在任何现时及潜在的债权债务纠纷。本所律师认为,谭颂斌投资银禧集团前身银华实业的资金来源不存在违反相关法律、法规和规范性文件规定的情形。

(四)股权风险大量存在

为保证境外股权投资的隐蔽性,不少境内自然人境外股权投资时采用了委托持股或者信托持股的方法,即委托或信托给信任的境外自然人。一般情况下,境内自然人都是基于股权投资所在地的法律确认委托持股或者信托持股的合法有效性而实施该等行为,因此可以适当避免法律风险。但是,由于受托人知悉委托人的投资信息,在面临上市收益等巨大的利益考验时,难免会发生股权利益的纷争。

另外,境外股权投资的资金如果来源于境外借贷、关联方之间的资金往来等情形的,则不仅可能面临因利益诱惑所导致的股权风险,还可能会由于股权投资者的境外债务而引致拟上市公司的股权风险。

四、关于境内自然人境外股权投资之上市审核

面对目前中国关于境外股权投资的法律规制相对较弱的现状,针对发行上市申请中大量存在的境内自然人境外股权投资之情况,如何准确认识和处置由此引发的关乎上市审核的行为和事实,已经成为上市中介机构和政府管理部门的重点关注内容。

根据本人所作的分析研究,上市审核中重点关注的问题主要集中体现在以下几个方面。

(一)拟上市公司外资股权的真实性及其与之相关的实际控制人认定问题

在拟上市公司实际控制人境外股权投资设立公司并持股拟上市公司的项

---

① 摘自深圳证券交易所网站上市公司公告资料。

目中,外资股权的真实性及其与之相关的实际控制人认定问题一般都会成为发行审核的关注点。

北京市天元律师事务所《关于北京嘉寓门窗幕墙股份有限公司首次公开发行股票并在创业板上市的补充法律意见书(一)》①中载明:

自然人田家玉和覃天翔对香港嘉寓出资(发行人外资股东之一)的资金来源:根据香港君合律师事务所2009年10月23日出具的法律意见:香港嘉寓2004年4月设立时发行股份为1股,由田家玉以1港元认购;2007年1月25日,香港嘉寓的股本增加至1万股,田家玉持有7200股,恒凯信集团有限公司(下称"恒凯信")持有2800股;2007年1月26日,香港嘉寓的股本增加至1750万股,田家玉持有1260万股,恒凯信持有490万股。自2007年1月26日至2008年7月23日,恒凯信持有香港嘉寓490万股股份,系受覃天翔委托代持。2008年7月23日,该等股份转由覃天翔持有。在该等代持系以合法目的作出的前提下,该等代持不违反香港法律,对恒凯信和覃天翔具有法律约束力,并可强制执行。目前香港嘉寓的股本为1750万股,其中田家玉持有1260万股,覃天翔持有490万股,二人对香港嘉寓的持股符合香港法律。

根据覃天翔的确认,恒凯信对香港嘉寓的投资约1750万港元系由其实际出资,该等资金系其个人累积所得。

综上,经本所律师核查,本所律师认为,香港嘉寓设立时田家玉以1港元认购1股;覃天翔对香港嘉寓1750万元投资资金系其个人累积所得。

本案经办律师肯定了境内实际控制人在香港股权投资并代持股的合法性。据此,我们可以确认该等外资股权的真实性及其与之相关的实际控制人认定问题。

(二)拟上市公司外商投资企业法律地位的真实性问题及与之相关的税收优惠合法性问题

在涉及境内自然人境外股权投资的发行上市项目中,如何正确理解外方股东的真实性问题是一个当然的关注要点,由此还必然涉及拟上市公司的外商投资企业税收优惠合法性问题。

广东信扬律师事务所《关于广东万和新电气股份有限公司首次公开发行人民币普通股股票并上市的补充法律意见书(一)》②对此类问题发表了意见:

"关于香港万和的设立、出资来源、历次股权变更或增资、历年分红是否符合外资、外汇、税收等相关法律法规。

① 摘自深圳证券交易所网站上市公司公告资料。
② 摘自深圳证券交易所网站上市公司公告资料。

（1）本所律师核查了香港万和设立时相关的外资、外汇管理法规，包括但不限于国家外汇管理局分别于 1989 年 3 月 6 日及 1990 年 6 月 26 日颁布实施的《境外投资外汇管理办法》和《境外投资外汇管理办法实施细则》等法律法规，上述法律法规中未有明确对境内自然人利用非来源于境内的外汇从事境外投资的审批或程序性规定。

（2）由于香港万和自成立至今未进行过分红，因此，香港万和的历任股东并无因该等投资行为而获取来源于境外的所得。

（3）经查，香港万和的个人投资者卢楚隆、卢楚鹏已于 2010 年 7 月 26 日向国家外汇管理局佛山支局递交关于要求补办境内居民境外投资外汇登记的申请报告，该等报告详细陈述了上述香港万和的历史沿革、出资来源以及香港万和境内投资情况。2010 年 7 月 27 日，香港万和的个人投资者卢楚隆、卢楚鹏补办境内居民个人境外投资外汇登记的申请文件已蒙国家外汇管理局佛山市中心支局出具 2010001 号《受理行政许可申请通知书》受理。受理内容："境外投资外汇登记。"

基于上述情况，本所律师认为，香港万和的设立、出资来源、历次股权变更或增资、历年分红未违反其行为发生当时适用的外资、外汇、税收等相关法律法规的禁止性规定。

很显然，本案经办律师对"境内自然人利用非来源于境内的外汇从事境外投资"是持肯定意见的。

（三）是否属于返程投资及外汇登记完备性问题

不少发行上市项目对于是否属于返程投资存在认识上的差异，与之相关的还涉及外汇登记完备性问题。

广东信扬律师事务所《关于广东万和新电气股份有限公司首次公开发行人民币普通股股票并上市的补充法律意见书（一）》①对此类问题发表了意见：

关于香港万和对万和电器、健康电器、卓威电器的投资是否属于返程投资，是否符合《关于外国投资者并购境内企业的规定》。

根据 2005 年 11 月 1 日起实施的汇发〔2005〕75 号文《国家外汇管理局关于境内居民通过境外特殊目的公司融资及返程投资外汇管理有关问题的通知》，"特殊目的公司"是指"境内居民法人或境内居民自然人以其持有的境内企业资产或权益在境外进行股权融资（包括可转换债融资）为目的而直接设立或间接控制的境外企业"，而"返程投资"是指"境内居民通过特殊目的公司对境内开展

---

① 摘自深圳证券交易所网站上市公司公告资料。

的直接投资活动,包括但不限于以下方式:购买或置换境内企业中方股权、在境内设立外商投资企业及通过该企业购买或协议控制境内资产、协议购买境内资产及以该项资产投资设立外商投资企业、向境内企业增资"。

根据上述规定,鉴于香港万和自成立至今未在境外进行任何性质的股权融资(包括可转换债融资),且未来并无任何境外股权融资(包括可转换债融资)计划,因此,香港万和不属于特殊目的公司,其对于万和电器、健康电器、卓威电器的投资不属于返程投资。

此外,国浩律师集团(广州)事务所《关于广东安居宝数码科技股份有限公司申请首次公开发行股票并在创业板上市的补充法律意见书(九)》[①]提出了同样的观点。

(四)境内自然人特殊目的公司外汇补登记的法律风险问题

根据上述19号文的规定,境内自然人境外股权投资控制的特殊目的公司如申请外汇补登记的,可能面临被行政处罚的法律风险,并因此而影响发行审核。

19号文明确:

按照"先处罚,后补办登记"原则办理特殊目的公司补登记。审核违规要点:

(1)办理特殊目的公司登记之前,境外特殊目的公司是否已经发生实质性资本或股权变动;

(2)返程投资设立的外资企业在办理外汇登记时,是否存在虚假承诺;

(3)2005年11月1日至申请日之间,特殊目的公司直接或间接控制的境内企业是否向境外支付利润、清算、转股、减资、先行回收投资、股东贷款本息等款项(含向境外支付利润用于境内再投资、转增资等)。

对存在上述违规行为的,应移交外汇检查部门处罚后,再补办特殊目的公司登记。

由于19号文将从2011年7月1日起生效,因此,今后的发行项目如果涉及此类问题的,则需要特别注意上述法律风险。

(五)境内自然人境外股权投资与拟上市公司之间关联交易公允性问题

在境内自然人境外股权投资过程中或者与拟上市公司关联交易过程中,经常出现交易定价的公允性问题。比如实际控制人将其境内权益转让给境外公司时,故意降低价格,输送利润给境内公司,以满足境内公司上市业绩的需要。

---

① 摘自深圳证券交易所网站上市公司公告资料。

还有一种常见的情形就是返程投资时的增资价格公允性、非货币出资价格的公允性等。

北京市天元律师事务所《关于北京嘉寓门窗幕墙股份有限公司首次公开发行股票并在创业板上市的补充法律意见书(一)》[①]提出了如下意见:

"请发行人补充披露 2008 年 12 月增资时,香港嘉寓以 1800 万元债权认购发行人 360 万股股权的原因,此项债权的具体构成及形成过程,香港嘉寓对发行人拥有的债权是否真实,此次增资是否合法、有效。请保荐机构和律师发表核查意见。"

(六)股东借款的形成过程及增资的过程

1. 股东借款的过程

2007 年 7 月 5 日,嘉寓集团第三届董事会第四次会议作出决议,批准嘉寓集团向股东香港嘉寓借款,关联董事回避表决。

2007 年 10 月 16 日,香港嘉寓与发行人签订《股东贷款协议》,向发行人提供贷款金额 2,000 万元港币、年利率 3%、贷款期限为放款日后 10 年。上述股东借款于 2007 年 11 月 5 日在国家外汇管理局北京外汇管理部取得外债 36346 号《外债登记证》,债务编号 200711000058914101。

根据 2007 年 11 月 9 日中国农业银行北京市分行特种转账传票记载发行人收到待清算外汇汇入款 2000 万元港币。

本所律师认为,本次股东借款履行了内部决策程序,并向外汇管理部门进行了外债登记,发行人已经实际收到股东借款,因此香港嘉寓对发行人拥有的债权真实、有效。

2. 外债转增资本的过程

2008 年 12 月 10 日,发行人 2008 年度第三次临时股东大会作出决议,同意发行人增发新股 1060 万股,新增股份价格为每股不低于 5 元,由香港嘉寓、顺通日盛、盘龙投资、杰思汉能、中泽信、鸿图投资、海景投资对发行人进行增资,其中香港嘉寓以其对发行人等值于 1800 万元人民币的外币借款作为对价认购 360 万股股份。

2009 年 1 月 5 日,北京市商务局作出京商资字〔2009〕18 号《北京市商务局关于北京嘉寓门窗幕墙股份有限公司增资扩股的批复》,2009 年 2 月 6 日,国家外汇管理局北京外汇管理部作出 ZZ1100002009000006 号核准件,批准香港嘉寓以已登记外债及利息折合 1800 万元人民币认购发行人 360 万股的股份。

---

① 摘自深圳证券交易所网站上市公司公告资料。

2009年2月9日,中准会计师事务所出具中准验字〔2009〕第1002号《验资报告》验证本次增资已经足额缴付。

根据《公司法》第二十七条的规定,股东可以用货币出资,也可以用实物、知识产权、土地使用权等可以用货币估价并可以依法转让的非货币财产作价出资;但是,法律、行政法规规定不得作为出资的财产除外。

经本所律师核查,本所律师认为,法律、行政法规未禁止外债作为出资,香港嘉寓以经商务部门批准并在外汇管理部门登记的外债作为对发行人的增资已经取得发行人股东大会、商务部门、外汇管理部门的批准,经过会计师的验资,并已经办理工商变更登记,本次增资合法、有效。

(七)境外借款设立境外公司或者取得股权(增资、受让)的合法性

关于境外借款设立境外公司或者取得股权(增资、受让)的合法性问题,多数中介机构的意见是肯定的。

国浩律师集团(广州)事务所《关于广东安居宝数码科技股份有限公司申请首次公开发行股票并在创业板上市的补充法律意见书(九)》①提出了如下具体意见:

"请发行人补充说明其实际控制人在香港投资设立德居安公司程序的合法性,并说明德居安广州公司实收资本的来源及其合法性,是否涉及实际控制人在外汇管理方面的违法违规问题。请保荐机构及发行人律师进行核查并发表明确核查意见。"

(八)关于德居安广州实收资本的资金来源及其合法性,以及是否涉及实际控制人在外汇管理方面的违法违规问题

经查阅德居安公司提供的借款协议、银行凭证以及曹家昌的确认文件,并经张波确认,德居安香港对德居安广州的上述出资款的资金来源为:

德居安公司向香港居民曹家昌借款以及南非居民王小健(系张波的朋友)借款。具体情况为:2008年1月,德居安公司与曹家昌签订借款协议,约定德居安香港公司向曹家昌借款4000万元港币,借款年利率为6.5%,借款期限为5年。经查阅银行凭证,并经德居安公司、曹家昌确认,德居安公司实际总共向曹家昌借款3780余万元港币。2008年6月,德居安公司向南非居民王小健借款188376.42美元。根据上述借款协议约定,上述借款目前尚未到期。

德居安公司拥有德居安公司100%的权益,经查阅立信羊城出具的"(2010)

---

① 摘自深圳证券交易所网站上市公司公告资料

羊查字第 19870 号"《审计报告》,截至 2010 年 6 月 30 日,德居安公司的总资产为 6927.89 万元,固定资产为 5204.98 万元,且德居安公司的主要资产为具有增值空间的房产和土地使用权。因此,上述借款期限届满时,德居安公司应具备相应的偿债能力。

根据德居安公司的说明,上述借款期限届满时,德居安公司拟用以下财产按照先后顺序偿还上述债务:①从德居安公司获得的股利或其他形式的利益分配;②通过其他方式取得的收益;③拥有的德居安公司的股权。如前述财产不足以清偿的,德居安公司将通过向当地银行进行商业贷款的途径解决。

对此,德居安公司已承诺,上述借款期限届满时,德居安公司将采取上述措施清偿相关债务,保证发行人不会因此遭受任何损失。

本所律师认为,德居安公司向境外居民取得借款未违反国家外汇管理方面的法律法规,不涉及实际控制人张波违反国家外汇管理方面的法律法规。而且,德居安公司已对债务清偿事宜作出切实可行的安排,确保发行人不会因此遭受任何损失。

(九)实际控制人是否因境外股权投资而存在境外未了负债和境外法律风险问题

鉴于境外股权投资在信息披露方面的特点,中介机构和审核主管部门特别关注实际控制人是否因境外股权投资而存在境外未了负债和境外法律风险问题。该等问题包括大额负债的偿还能力、是否存在违反外汇管理法规等方面的法律风险等。

五、结束语

针对大量涌现的境内自然人境外股权投资问题,我国必须尽快建立、完善系统、明确的管理法规,实现有效的指引和规制。同时,这些管理规范将为企业发行上市的申请和审核工作奠定统一、明确的法律依据,从而促进境内企业上市融资。充分发挥上述两方面的作用,境内自然人境外股权投资将得以健康发展。

本文曾荣获浙江省省直律师协会"2011 律师实务理论研讨会"二等奖、2011 浙江省律师协会"首届浙江律师论坛"一等奖、"2011 华东律师论坛"一等奖。

作者简介

朱亚元,男,浙江大学法学硕士,六和律师事务所合伙人,二级律师。主要服务领域为公司、金融、投资、信托、合同、行政诉讼等法律业务。

海洋渔业、海水养殖企业"春暖"望"花开"

——浙江海洋渔业、海水养殖企业上市问题探究

李　静　徐子越

一、海洋经济下海洋渔业、海水养殖业企业上市前景及政策优势

浙江、江苏、上海，作为长三角地区的两省一市各自在其"十二五规划"中确立了建设海洋经济强省(市)的规划。从海洋经济大省向海洋经济强省转变的战略目标，势必将会把长三角地区的经济发展推向更宏伟的发展。长三角地区区域规划、江苏沿海地区发展规划、浙江海洋经济发展示范区规划三个国家战略规划将催生出一大批受益产业，将为长三角地区的经济发展带来新契机。如何充分利用各自独特的优势，发挥海洋和港口资源优势，建设以临港工业、港口物流、海洋渔业等为重点的海洋产业发展基地，如何引领海洋经济有长足的发展是一个值得我们深入思考研究的课题。

自国务院于 2011 年 3 月正式发文将浙江确立为海洋经济发展示范区以来，已经陆续出台了一系列有关海洋的政策。2011 年 7 月，国务院又正式批准设立我国首个以海洋经济为主题的国家战略层面新区——浙江舟山群岛新区。中央到地方大力发展海洋经济的政策导向十分明显，浙江已经成为了国家发展海洋经济战略的先行区，而舟山又将是浙江海洋经济发展的开发试验区。这对于促进长三角地区的经济发展，确立浙江省大力发展海洋经济的战略定位有着积极的推进作用。

现代海洋渔业、海水养殖业作为海洋经济中的传统资源类产业，在发展海洋经济、地区经济转型之际，将会面临更大的机遇和挑战。

浙江省大部分海洋渔业、海水养殖企业依然维持过去的传统模式经营，往往出现"小、散、乱"的局面，发展规模不大，提升不了自己的竞争力。如何抓住海洋经济的契机，调整产业结构和产品结构，提高养殖水平，促进浙江省海洋渔业、海水养殖产业化进程，是目前首要研究的课题。

　　海洋资源是发展海洋渔业的关键。浙江拥有独特的地理位置、禀赋的渔业资源以及突出的产业基础，所谓"靠山吃山，靠水吃水"，浙江省内的海洋渔业在海洋经济政策庇护下，将彰显出独特的优势。浙江省拥有全国最长的海岸线，约 6696 千米，近海渔场面积约 22.27 万平方千米，近岸浅海养殖面积约 6000平方千米。省内各市如宁波、舟山、台州、温州等沿海城市，海洋渔业资源丰富，海域内盛产百余种鱼、虾、蟹、贝、藻类等海水产品，舟山大黄鱼、三门青蟹、宁波小黄鱼、象山梭子蟹、宁海蛏子等海产品在国内外远近驰名。

　　据统计，近 3 年来，浙江省海洋渔业的发展呈上升趋势。未来大力发展海洋经济应以方向为指引，以浙江省丰富的渔业资源为基础，建设浙江海洋经济强省为目标，中央到地方大力支持海洋经济的政策支撑，浙江省海洋渔业、海水养殖产业的前景一片光明。随着新海洋制度的实施以及受到海洋环境污染、过量捕捞等因素的影响，海洋捕捞数量呈逐渐下降趋势，整个海洋渔业的发展重心自然将放在海水养殖产业上，以上市公司的标准衡量企业各方面的经营发展状况，逐步建立规模化、科技化、产业化的企业经营模式，在海洋经济中独占鳌头。

　　每年浙江省都有几十家企业在我国 A 股市场上市，截至 2010 年 12 月 31日，浙江省在境内上市的公司数量居于全国第三位，共有境内上市公司 186 家，在中小板上市 91 家，数量位居全国第二位，创业板上市有 16 家。但是，目前浙江省内并没有一家海洋渔业、海水养殖企业出现在我国 A 股市场，这不失为一种遗憾，亦实是让人不解。在长三角地区中，也仅有上海地区内的一家海洋渔业、海水养殖上市公司，即上海开创国际海洋资源股份有限公司。

　　浙江海洋渔业、海水养殖行业已呈现"春暖"望"花开"的势头。在中央到地方大力推进海洋经济的政策护航下，浙江以其独特的地理位置和丰富的渔业资源，将迎来浙江海洋渔业、海水养殖企业的辉煌上市之路，翻开海洋经济崭新的画卷。

二、目前海洋渔业、海水养殖业已在 A 股市场上市企业之介绍

股票名	上市时间	发行前股本（万股）	发行股本数（万股）	发行价（元/股）	首日开盘价（元）	发行后总股本（万元）	发行总市值（万元）	募集资金净额（万元）	现股价（元）	现总股本（万股）	总市值（万元）
开创国际(600097)	1997-6-19	8044.9	3500	6.61	15.38	11544.00	23135.00	22155.00	14.45	20259.79	292753.94
中水渔业(000798)	1998-2-12	18900	6300	7.24	14.24	25200.00	45612.00	44317.00	10.87	31945.50	347247.59
好当家(600467)	2004-4-5	15000.00	6000	7.00	11.88	18000.00	42000.00	40360.00	11.88	63360.00	752716.8

续表

股票名	上市 时间	发行前 股本 （万股）	发行 股本数 （万股）	发行价 （元/股）	首日 开盘价 （元）	发行后 总股本 （万元）	发行 总市值 （万元）	募集资 金净额 （万元）	现股价 （元）	现总股本 （万股）	总市值 （万元）
獐子岛 (002069)	2006-9-28	8480.00	2830	25.0	60.89	11310.00	7075000	67332.19	25.50	71111.22	1813336.10
东方海洋 (002086)	2006-11-28	5180.00	3450	7.49	13.10	8630.00	25840.00	24432.13	15.50	24385.00	377967.50
国产水联 (300094)	2010-7-8	24000.00	8000	14.38	14.50	32000.00	115040.00	108307.85	9.37	35200.00	329824.00
壹桥苗业 (002447)	2010-7-13	5340.00	1360	28.98	38.01	6700.00	49266.00	46180.70	34.54	13400.00	462836.00

注：现股价统计截至 2011 年 7 月 8 日收盘。

上述表格中的公司是目前已在 A 股市场上市的海洋渔业、海水养殖业企业。七家企业所处的地理位置，都分布在海洋经济区区域内。其中，山东半岛蓝色经济区 2 家，分别为 600647 的山东好当家海洋发展股份有限公司（以下简称"好当家"）和 002086 的山东东方海洋科技股份有限（以下简称"东方海洋"）；辽东半岛海洋经济区 2 家，分别为 002069 的大连獐子岛渔业集团股份有限公司（以下简称"獐子岛"）和 002447 的大连壹桥海洋苗业股份有限公司（以下简称"壹桥苗业"）；渤海西部海洋经济区 1 家，000798 的中水集团远洋股份有限公司（以下简称"中水渔业"）；南海北部海洋经济区 1 家，是 2010 年在创业板上市的 300094 湛江国联水产开发股份有限公司（以下简称"国联水产"）；长江口及浙江沿岸海洋经济区 1 家，1997 年上市，2008 年通过股权置换方式引入上海远洋渔业有限公司，远洋捕捞成为公司主营业务的 600097 上海开创国际海洋资源股份有限公司（以下简称"开创国际"）。可见，充分利用自己独特的地理位置，能够为企业上市提供优越的外部条件。

从上述表格中明显可以看出，上市能够为企业募集大笔资金，上市后，通过分红扩股的方式，扩大股本，进行再融资，将企业的资金越滚越大，从而进一步增加企业的资产总值。同时上市之后也成就了一批"亿万富翁"，增加了企业股东、发起人的财富，提升了企业知名度和社会地位。但是，企业同时承受着"煎烤"和约束，企业运作经验中的每一个细节须在"放大镜"下接受证券监管部门和公众、机构投资者的"审核"，企业、公司将承受更大的压力，肩负起更重的社会责任。

三、浙江海洋渔业、海水养殖企业的上市法律探索

目前已经成功上市的七家海洋渔业、海水养殖企业中并未出现一家浙江地区内的海洋渔业企业，不得不引起我们的重视和思考。与公司上市的标准、要

求对照,浙江海洋渔业、海水养殖企业与上市的距离是否相差一大截距离？通过研究分析上述七家企业上市过程中的重点问题,结合企业上市必须符合的《公司法》、《证券法》、《首次公开发行股票并上市管理办法》及其他相关的法律法规和行业政策的规定,以及证监会在审核企业上市过程中重点审核的几个方面来化解浙江省海洋渔业、海水养殖企业上市姗姗来迟的困境,帮助企业走上成功上市之路,绝不能错失海洋经济给浙江乃至整个长三角地区经济发展带来的良机。

(一)历史沿革问题

历史沿革问题中较为复杂的就是改制问题,也是证监会在审核企业上市过程十分关注的问题。按照我国法律的规定,首次公开发行股票并上市的公司必须是依法设立且合法存续的股份有限公司。因此,在企业上市之前若公司的组织形式并非股份公司,则须进行改制,即把有限责任公司依法改造成股份有限公司。每个企业根据自身不同的情况,选择的改制模式也不相同。

从实践中企业上市的经验以及上述七家海洋渔业、海产品养殖企业的改制、重组的模式看,主要有三种类型:

第一类是整体变更模式,即通过将有限责任公司经营相关的全部资产、负债及人员全部进入股份公司,有限责任公司整体变更设立为股份公司。有限责任公司从事的全部业务由股份公司承继。国联水产就是典型的整体变更模式。由国联水产有限责任公司整体变更设立为国联水产股份有限公司,且股份公司继承有限责任公司的全部业务,经营相关的全部资产,负债及人员全部进入股份公司,改制设立时不发生资产、负债、人员重组事项。

第二类是派生分立模式,即通过对企业非经营性业务及其资产进行剥离,原公司中非经营性业务及资产全部剥离至派生分立后新设公司,经营性业务及资产全部留在原企业的存续公司。分立的主要目的是为了突出主营业务。大连獐子岛渔业集团有限公司在整体变更为股份公司之前,采用便是此种改制模式。大连獐子岛渔业集团有限公司中非经营性业务及资产全部剥离至派生分立后新设的大连獐子岛海达公用设施服务有限公司,经营性业务及资产全部留在大连獐子岛渔业集团有限公司(存续公司)并承接原公司从事的养殖、加工、运输等经营性业务。分立改制过程中,始终遵循"资产跟着业务走,负债跟着业务、资产走"的配比性和公允性原则,从而确保生产经营的独立性和资产的完整性。同样,山东好当家在2000年也进行了分立。由于分立前发行人的主营业务不突出,阻碍了公司主营业务以及核心竞争力的培育和发展。因此,为集中有限资源发展优势产业,采取派生分立的方式将公司分立为山东好当家海洋发展股份有限公司（存续公司）和荣成邱家水产有限公司（新设公司）。分立后，山东好当家海洋发展股份有限公司将主营业务集中于海水养殖和食品加工业，拥有及承担与海产品养殖和食品加工有关的资产、业务及与该等资产和业务有关的负债。荣成邱家水产有限公司拥有及承担除留存资产及负债以外的其他资产、业务及与该等资产和业务。

第三类是收购置换模式，此种模式典型的就是浙江华立科技股份有限公司通过重大资产重组，将其全部资产及负债与上海远洋渔业有限公司持有的上海开创远洋渔业有限公司100％股权相置换，从而上海远洋渔业有限公司持有华立科技43.02％的股份，成为华立科技的第一大股东，华立科技的主营业务也因此发生了改变，成为一家主营远洋捕捞业务的上市公司。

在七家海洋渔业、海水养殖企业中獐子岛的改制模式很独特，过程也很复杂。从最初设立集体所有制企业大连獐子岛渔业总公司，到设立大连獐子岛渔业集团有限公司的过程，引入了政府以及三个村民委员会的资产，然后再以政府和各村民委员会名义出资各自成立经济发展中心，管理各自的集体资产，从而，各经济发展中心成为有限公司的出资人。然后，再派生分立的模式将有限公司中非营业性资产剥离出去，将存续公司整体变更为大连獐子岛渔业集团股份有限公司。其实，獐子岛的历史沿革，完全是随着我国现代企业制度不断完善，实现政企之间逐步分离，产权逐渐清晰的步伐演变过来。由于海洋渔业、海水养殖业是海洋经济中的传统产业，浙江省很多企业都是从乡镇企业、集体组织等形式的经营模式发展起来，有一定的历史轨迹，因此，浙江的此类企业可以借鉴獐子岛的模式进行改造。"獐子岛模式"已经成为海洋渔业经济模式的典范。无论是历史沿革还是经营管理模式，都值得浙江企业的借鉴与研究，探索一条符合浙江特色的现代渔业发展之路。

无论采取哪种模式进行股改，最终的目的都是要推动企业能够顺利上市，因此，在改制的过程中，需要形成清晰的股权，合理配置企业的资源，区分企业经营性财产和非经营性财产，突出企业的主营业务，规范企业运营，特别要避免同业竞争，减少关联交易，在设计改制方案时需要特别重视，使得改制后企业能够成功上市。

（二）股权结构问题

根据《首次公开发行股票并上市管理办法》的规定，发行人的股权清晰，控股股东和受控股股东、实际控制人支配的股东持有的发行人股份不存在重大权属纠纷。目前，信托持股、工会持股、职工持股、委托持股等情况属于股东的四种瑕疵，是不被允许的。实践中，如果在发行前企业有内部职工持股或者工会持股,通常会采用转让职工股的方式进行清理,同时股权转让过程中,价款是否支付完毕、是否进行了股权转让的备案登记,以确保不存在股份权属纠纷。

山东好当家在设立过程中存在内部持股、工会持股的情况。其在最初股份制改革时,内部职工持股比例达到总股本的16%,符合当时证监会《股票发行审核标准备忘录第11号》规定的内部职工持股比例不得超过总股本的20%的规定。公司派生分立后,职工持股的股份转到了分立后的新设公司荣成邱家水产有限公司,与发行人没有关系。同时,山东省人民政府出具《山东省人民政府关于报送股份有限公司设立及内部职工股有关确认情况的函》同意对山东好当家海洋发展股份有限公司设立及内部职工股批准、发行、托管、清理等有关情况予以确认,从而解决了股权结构的问题。

(三)独立性问题

企业的独立性和持续盈利能力是证监会审核的重点问题,独立性包括财务独立、人员独立、机构独立、业务独立、资产独立。业务独立和资产独立两个方面尤为重要。

业务独立便要涉及同业竞争和关联交易的问题。拟发行人的业务应当独立于控股股东、实际控制人及其控制的其他企业,与控股股东、实际控制人及其控制的其他企业间不得有同业竞争或者显失公平的关联交易。一般会通过改变经营范围、业务重组、股权收购的方式,变更下属公司或者控股股东本身的经营范围,或者将其相同或者相似业务分离转让给无关联的第三方,使得控股股东与企业之间的经营不存在竞争关系。比如国联水产设立后,控股股东湛江市国通水产有限公司对国通水产的主营业务进行更改,不再从事水产贸易,以避免同业竞争。同时,为规范同业竞争、减少关联交易、完善公司内部架构,国联水产有限公司逐步收购关联方所持国联饲料、国联种苗、骏美水产三家子公司部分股权。山东好当家海洋发展股份有限公司为了避免同业竞争,向好当家集团转让了公司持有的其下属子公司荣成荣茂水产开发有限公司70%的股权,同时收购了好当家集团持有的荣东公司55%的股权。此外,拟发行人与控股股东也会作出避免同业竞争的声明、承诺和保证的方式来保证避免同业竞争。

关联交易可以存在,但应当逐年减少,关联交易在主营业务中的比例不能过大。并且,在每笔关联交易中,交易的价格必须公允,决策程序正当。

资产独立的问题,在海洋渔业、海水养殖企业中主要涉及知识产权、土地使用权、海域使用权等无形资产,办理产权变更登记手续,确保无形资产的权属完整。同时,以无形资产作价出资的,必须经过专业的评估机构进行评估出具评估报告。企业需要保证自公司成立之日起即拥有完整的生产、经营、销售等配套设施体系,对经营相关的土地、厂房、机器设备以及商标、专利、非专利技术资产均合法拥有所有权或使用权,具有独立的原料采购和产品销售体结构体系。

(四)持续盈利能力问题与财务问题

独立性与企业的持续盈利能力始终联系在一起,丧失独立性的赢利,其持续赢利能力必然是欠缺的,也将影响企业持续赢利能力的判断。由于海洋渔业、海水养殖企业自身的特殊性,掌控企业的抗风险能力对企业持续赢利能力的独立性和持续赢利能力的把握有重要的意义。

海洋渔业、海水养殖企业的海产品有时候会单一出口到某一国,因此,应当考虑是否会对某一或者某一类、某一国的客户产生特别的依赖,出口国一旦出现任何的政策、价格、质量检验等波动,那么将会给发行人带来严重的损害和风险,影响公司赢利能力的独立性;同时,在产品出口过程中,对于汇率波动对竞争力的影响也要充分考虑,尽量避免出现对某一、某类、某一国客户的依赖,从而影响公司业务的独立性和赢利能力。

养殖业有一个特殊性,水生动物疫病的发生几率会很高,并且,一旦遇到海水污染、疫病等灾害,养殖品种疾病的爆发可能带来严重的后果,因此,海洋渔业、海水养殖企业应当做好充分的防范工作,及时预防、监测、治理,导致病情发生并大范围的扩散、传播,具有预见并能应付赤潮、台风等给企业带来的不利影响,根据企业所处的海洋环境和海水条件进行实地考察论证,谨慎选择适宜养殖的海产品,做好风险预测和防范工作。

在海洋经济下,海洋渔业、水产养殖企业属于农业范畴,按照我国大力发展农业、发展海洋经济以及舟山群岛新区设立后将会有一系列政策的优惠和扶持。浙江省国税局近日已经出台《关于推进海洋经济发展的若干意见》,规定了19条享受税收优惠政策的情形,因此,企业享受这些优惠政策后所反映出的财务数据未必是企业最真实的赢利状况,不能出现过分依赖税收优惠、财政补贴的现象,否则将影响企业赢利能力的判断。

企业上市,是一个让强者更强的过程,"强"的标准是什么?从经营角度看,"强",往往是体现在企业的财务数据上。《首次公开发行股票并上市管理办法》和《首次公开发行股票并在创业板上市管理暂行办法》对企业上市的财务指标作了明确的规定,这只是企业上市的最低门槛。从已上市的7家企业的财务状态看,近三年利润业绩都呈现出连续上涨的趋势,并且增幅比例很高。比如,獐子岛2003年的净利润35438650.40元,2005年上半年的净利润已经是2003年全年的2.2倍,达到了81158900.51元。

养殖企业赢利的关键就是生产技术的核心竞争力。已上市的7家企业中,各企业所拥有的生产技术有一半以上均已达到国际先进、国际领先、国内先进、国内领先水平。各企业纷纷与高校、科研机构形成长期合作共同研发合作关系，进一步提高企业自主创新能力，为企业培育出更多具有国内国际领先水平的优良品种打下坚实的基础。技术上的优势使得企业研发生产的海产品结构良好，形成规模化生产和销售，在品质、销量、市场占有率、技术品牌上均具有强大的竞争力，减少主营业务在国内同行中所面临的同业竞争压力。

浙江省集聚众多海洋科技资源，海洋科技研究已经初具规模。浙江大学、宁波大学、浙江海洋学院、浙江国际海运职业技术学院等高校的科研力量以及浙江东海海洋研究院、国家海洋局第二研究所、中国海洋大学舟山海洋科技研发中心、中科院舟山海洋研究中心、浙江大学舟山海洋中心等一大批科研平台，为海洋渔业、海水养殖企业创造了科技研发的良好平台和环境，促进企业与科研机构之间进行交流合作，培育育产学研一体的模式，提高企业的自主创新和科研能力。

四、结束语

从近几年浙江省整个海洋渔业、海水养殖行业的产量、产值、增长速度以及大力发展海洋经济的国家战略目标、浙江省及省内各市各地区"十二五"规划中对于海洋渔业、海水养殖业产值、产量的规划目标看，浙江省海洋渔业具有很大的发展空间。长三角地区区域规划也明确了要积极推进企业上市公司的态度，因此，企业应当以上市的标准做好日常经营管理和风险范防，为上市做好充足的准备。

在今天，全国发展海洋经济的大环境下，浙江省海洋渔业、海水养殖业已经"春暖"。借着海洋经济的东风，充分利用浙江得天独厚的地理位置和丰富的渔业资源，浙江众多高校、科研机构技术创新力量的支持，抓住海洋经济的契机，顺势起航，总结、借鉴成功上市海洋渔业企业的经验，探索一条具有浙江特色的浙江海洋渔业、海水养殖企业上市之路，以上市的各项要求为企业日常经营管理的标准，规范经营和公司治理，建立产业化、规模化、科技化的经营模式，开启浙江海洋渔业、海水养殖企业的成功上市路。

我们期待浙江省第一家海洋渔业、海水养殖企业的上市公司诞生。

附件：

单位：万吨

	2008 年		2009 年		2010 年	
	渔业总产量	海水养殖产量	渔业总产量	海水养殖产量	渔业总产量	海水养殖产量
浙江省	504.13	84.05	498.7	85.75	461.4	82.6
宁波	93.87	26.66	93.95	27.47	97.78	27.09
舟山	120.75	11.38	123.78	12.74	127.67	12.18
台州	138.72	34.48	134.05	33.4	140.38	35.47
温州	61.79	11.25	60.52	11.87	58.70	10.98

渔业经济总产出 （亿元）	浙江省	宁波	舟山	台州
2008 年	1239.5	211.93	257.57	258.92
2009 年	1235.2	218.83	259.24	268.58
2010 年	不详	225.91	281.98	290.07

注：数据来源于浙江省以及上述各市国民经济和社会发展统计公报、各海洋与渔业管理局资料。

本文曾荣获"2011 年第八届长三角律师论坛"三等奖。

作者简介

李静，男，华东师范大学法学学士、原杭州大学（现浙江大学）工商管理、法学硕士，六和律师事务所合伙人。主要服务领域为公司证券、并购与重组、建筑房地产、投资、金融保险等法律业务。

徐子越，女，宁波大学民商法学硕士，六和律师事务所专职律师。主要从事各类民商事诉讼业务及公司证券、投融资、私募股权、公司破产、注销等非诉法律业务。

建筑与房地产类

从一起码头确权纠纷案谈不动产登记制度

费立峰　钱　骏

【摘要】　我国物权法对不动产物权采取了登记生效主义为主、登记对抗主义为辅的原则。但现实中存在一些特殊的不动产,如码头,其物权的取得不以登记为生效要件。这类不动产物权在变动过程中,由于登记的缺失,导致一物二卖的纠纷难以处理。

【关键词】　码头　不动产　物权　登记

一、基本案情

(一)案情介绍

1995 年 7 月,经原宁波港务局批准,宁波市小港镇 X 村与某制冰厂(以下简称制冰厂)共同兴建了小港码头。

1996 年,制冰厂负责人吴某将小港码头投入某冻品公司(以下简称冻品公司)。1998 年,建设银行因借款纠纷案起诉冻品公司,在申请执行过程中,双方达成和解协议,冻品公司将码头等财产抵偿给建设银行,法院将执行案件做结案处理。但抵偿协议达成后并未实际履行。后建设银行又将该债权转让给信达资产管理公司。2006 年,信达资产管理公司将该债权又转让给周某,随后,周某又将该债权转让给沈某,即本案当事人。沈某于 2006 年 10 月申请法院恢复执行该债权,同年 11 月,法院作出裁定:小港码头等财产归沈某所有。

1999 年,小港信用社因纠纷起诉冻品公司和小港镇 X 村。在执行过程中,冻品公司、小港镇 X 村、执行担保人制冰厂与小港信用社达成协议,小港镇 X 村、制冰厂将其共有的小港码头抵偿给小港信用社,并在法官主持下到现场办理了交接手续。2005 年,小港信用社将小港码头转让给某化工公司(以下简称化工公司),并进行了交接。随后,化工公司依法缴纳了相关税费,并向港口管理机关办理了《港口经营许可证》,向海事局、消防、工商、税务等部门进行了注册,实际控制该码头并开展经营活动。

2008年3月,化工公司因该码头被撞,起诉侵权人要求其承担修复码头的费用等损失。在诉讼过程中,沈某以自己为码头的所有权人为由,对化工公司的求偿权提出了异议,遂起纠纷。

(二)法院裁判

法院经审理认为,2006年法院已裁定小港码头等财产归沈某所有,该裁定已经生效,且未被撤销,能够直接发生物权变动的法律效力,因此涉案码头应为沈某所有。法院以此认定化工公司不具有诉讼主体资格,驳回其起诉。

二、对本案的评析

根据我国《物权法》第二十八条的规定,因人民法院、仲裁委员会的法律文书或者人民政府的征收决定等,导致物权设立、变更、转让或者消灭的,自法律文书或者人民政府的征收决定等生效时发生效力。本案中,因2006年确有生效法律文书裁定码头之归属,故法院以已生效的裁定作为依据认定小港码头归沈某所有并无不当。但是,如此简单的认定,会导致案件丧失真实的事实基础而导致实质的不公。就本案而言,有以下两方面问题需要引起注意。

其一,2006年的裁定是否正确?

首先,从程序上来看,1998年建设银行与冻品公司的执行案,法院已做"结案"处理。结案即意味着执行终结,因此,沈某受让债权以后,是无法再启动恢复执行程序的。故法院依沈某申请而恢复执行,并作出裁定,在程序上有误。本案沈某所受让的债权,在执行已经终结的情况下,只能通过重新起诉的方式来获得保障。其次,从实体上看,沈某在受让债权时所签债权转让合同,与化工公司在受让码头时所签码头转让合同,两者的法律属性都为合同之债。在此情况下,法院应当通过审查哪份合同已实际履行并已发生物权变动效力来判断码头归属,而并非简单根据合同成立的先后来判断码头归属。本案法院在确权过程中显然忽视了这一点,由此也导致了实体的不公。

其二,如果以此驳回化工公司的起诉,化工公司已实际支付的维修费用,即实际损失如何弥补?

本案化工公司对于2006年法院作出的码头归沈某所有的裁定并不知情。化工公司从2005年受让码头以后,领取了《港口经营许可证》,开展合法的经营活动。其在此基础上所付出的成本理应得到司法保护。就本案而言,化工公司已全部支付了修复码头的费用,即使其非码头所有权人,但其作为经营权人,对于经营财产受到的损失也应得到法律保护。否则,其实际支付的费用无法弥补,也将导致案件结果偏离事实基础,导致实体的不公。

本案系典型的"一物二卖"引发的纠纷。按照现行法律规定,对于此类纠纷的处理,应当是认定两个"买卖合同"均为有效,其中已实际完成交付或登记者,根据物权优于债权原则,取得物权。而本案发生的根源,却在于码头这类不动产在实践中还没有统一的登记制度、登记机关、产权证书。由此导致法院在确权过程中无法判定物权的转移是否已生效。本案在诉讼过程中,化工公司曾提出其已于 2005 年取得《港口经营许可证》,即办理了相关登记,且码头也已交付并由化工公司实际控制,因此已发生物权变动的效力。但是,对于《港口经营许可证》是否可以等同于物权登记的效力,现实中争议很大;而不动产物理意义上的"交付",在目前的理论中,也无法发生物权变动的效力。

由此产生一个问题,即尚未登记的不动产物权应当如何保护呢? 这里有必要对不动产登记的法律定位做一个梳理。

三、不动产登记的法律定位

(一)不动产登记的性质

不动产登记是指经权利人或利害关系人申请,由登记部门将有关不动产物权及其变动事项记载于不动产登记簿的行为,是物权公示的重要手段。对于不动产登记的性质,理论上主要有两种观点。

一种观点认为,不动产登记是一种行政行为,具体为行政确认行为。其主要理由为:①登记是国家专职部门的活动;②登记行为一经产生,即具有行政法上确定力、公定力。这种观点认为,不动产登记是不动产登记机构代表政府对不动产所有权、不动产用益物权、不动产担保物权等进行公示,依法确认不动产物权归属关系并使之具有对世效力的行政行为,体现了国家行政权力对不动产物权的合理干预,同时也是对不动产的一种行政管理。

另一种观点认为,不动产登记是一种民事行为。其主要理由为:①登记的启动,是依当事人的申请,行政机关的意思表示不具有决定意义;②登记行为是交易行为不可分割的一部分,是当事人达到交易目的的核心内容;③根据《物权法》第九条之规定,不动产物权的设立、变更、转让和消灭,经依法登记,发生效力,因此,登记行为实际上是发生了物权变动的民事法律后果。

笔者认为,首先,不动产登记确具有行政行为的某些属性,但却非行政确认行为,或确权行为。《物权法》虽规定,不动产物权的设立、变更、转让和消灭,经依法登记,发生效力,但同时也做了但书规定,即法律另有规定的除外。《物权法》第二十八条至三十一条,即规定了因司法行为或事实行为设立或消灭物权,登记并非生效要件。其次,不动产登记也具有某些民事行为属性,但也绝非纯粹的民事行为。比如,因登记机关过错造成的登记错误,产生的应当是行政诉讼而非民事诉讼。笔者认为,严格来说,不动产登记应当具有民行交叉的双重属性。在我国当前以行政机关作为登记机关的模式下,我们很难将两者完全割裂开来。但就其实质而言,笔者认为,不动产登记并非国家对不动产的行政管理行为,而是产生民事法律效果的事实行为。

(二)不动产登记的效力

讨论不动产登记的性质,实际上是为了说明不动产登记的效力问题。我国《物权法》出台以后,学界对于不动产登记效力的争论得到了平息。通说认为,我国采用了登记生效主义为主,登记对抗主义为辅的原则。《物权法》第九条规定:不动产物权的设立、变更、转让和消灭,经依法登记,发生效力,未经登记,不发生效力。此为登记生效主义的体现。《物权法》第九条同时也规定了但书条款,即"但法律另有规定的除外";进而,《物权法》在第二十八条至三十条规定:因人民法院、仲裁委员会的法律文书、政府的征收决定等,因继承或者受遗赠取得物权,以及因合法建造、拆除房屋等事实行为发生物权变动的,不以登记为生效要件;紧接着,《物权法》第三十一条规定:依照本法第二十八条至第三十条规定享有不动产物权的,处分该物权时,依照法律规定需要办理登记的,未经登记,不发生物权效力。此即登记对抗主义的体现。

但这里仍然遗留了一个问题:根据上述规定,处分第二十八条至第三十条规定的不动产物权时,依照法律规定"需要办理登记的",未经登记,不发生物权效力。但如果在处分上述物权时,对于"不属于"依照法律规定需要办理登记的,又当以何为生效标准、或对抗标准呢?在现实中,大量存在着非登记生效的不动产物权,比如本案的码头,其物权的取得,是因合法建造的事实行为。而在转让过程中,并没有明确的法律法规规定处分码头需要办理登记。在此情况下,对于码头的物权转让,应当如何评判其生效与否呢?

(三)非登记生效的不动产物权的变动,应结合变动的原因行为及事实基础综合评判

这里主要针对"不属于"依照法律规定需要办理转让登记的情况。前面已述,非登记生效的不动产物权,在变动过程中的登记的实质,并非物权变动的生效要件,而仅仅是产生了一种对抗第三人的公示手段。具体到实践过程中,登记仅仅发挥了证据的作用,一方能够提供物权变动的登记证明,则能对抗第三人;不能提供,则无法对抗。也就是说,非登记生效的不动产物权之变动,并不是从登记生效。其物权变动生效的时间,笔者认为应当按照民法的基本原理,

结合物权变动的原因行为及真实的事实基础作为考量。假定这类物权变动过程中并不存在第三人，那么当原因行为合法有效，且事实上完成了物理意义上的交付，则应当判定该物权变动生效；若这个过程中出现了第三人，则应分别判断两个原因行为的效力，以及物理意义上交付的先后顺序，来确定物权的归属。

具体到本案来说，小港镇 X 村与制冰厂在 1995 年经港务局批准，合法建造了小港码头，是为物权的原始取得，该码头为双方共有。其后，制冰厂负责人吴某将码头投入冻品公司，却未经共有权人小港镇 X 村同意，因此，其原因行为应当属于效力待定；随后冻品公司与建行达成抵偿协议，虽然原因行为成立，但事实上却没有实际履行，因此，不能判定码头物权发生了转移；紧接随后的多次债权转让，也都无法达到物权变动的后果，故结合上述因素最终不能认定沈某具有码头所有权。相反，1999 年小港信用社申请执行时达成的抵偿协议，共有权人制冰厂及小港镇 X 村均有参与，因此原因行为合法有效，且各方在法院的支持下到现场办理的交接手续，达到了物权变动的事实基础，故该物权转让应当有效。随后小港信用社将码头转让给化工公司的原因行为也合法有效，且化工公司事实上实际控制了该码头，并以此开展经营活动，得到了国家工商、税务、海事、消防等部门的认可，取得了《港口经营许可证》，对社会公众来说也产生了其为所有权人的公示作用，因此化工公司应当实际取得码头的物权。

四、我国不动产物权登记制度的现状与完善

本案的发生，与我国现行的不动产登记制度是有密切关系的。虽然，我国《物权法》确立了国家实行统一的不动产登记制度，但不可否认，物权法所确立的登记制度仅仅是"原则性"、"框架性"的。就目前来看，我国不动产登记制度仍存在许多的问题。

（1）对登记的定位并不明确。比如，虽然物权法明确了登记生效主义与登记对抗主义的原则，但对于大量无法登记的不动产，现有法律体系及司法实践中均没有统一的认定标准，只能通过司法实践中的个案分别评判。而由于司法实践中对于"登记"盲目崇拜，导致相同案例的判决结果大相径庭，甚至法官在评判时刻意回避权属问题，忽视了物权的真实状态。因此，我们应当进一步明确不动产登记的中立作用，以及明确在没有登记时的物权评判标准，将大量无法登记的不动产物权纳入评判的范围，这也是出于交易安全的考虑。

（2）缺乏统一的法律依据与登记机关。就目前来看，除土地、房地产领域已有了明确的关于登记的依据之外，关于其他不动产的登记尚缺乏统一的依据。而我国现行的不动产登记机关包括土地管理部门、房产管理部门、农业部门、林业部门、铁路部门、邮政部门、军队等。登记机关众多，登记类别多样，各职能部

门在管理过程中又相互交叉、冲突、推脱等。这导致大量未登记的不动产无法取得产权登记，或已登记的不动产却无法达到证明产权的效力。因此，我国急需制定一部统一的不动产登记的法律，以明确的具体的登记部门及其职责、权限、流程，登记的作用等等，发挥登记应有的"公示"作用。

（3）登记的范围不明确。这个问题源于现实中到底有多少种不动产物权很难说清楚，正因为如此，《物权法》只做了原则性规定。但也因为如此，导致现实中大量具有财产性质的不动产物权得不到有效的保障，也难以发挥应有的财产作用。如本案的码头，在浙江省当前大力发展海洋经济的背景下，对码头的产权登记，不仅可以有效保护权利人的物权，还能使其通过将码头抵押等方式获取融资，极大的发挥不动产的财产价值。因此，我们有必要对现实中的具有财产属性的不动产进行有效的清理、分类，将尚无法登记的不动产纳入登记范围。鉴于不动产的无法穷尽，建议设立相应的兜底条款，以尽量扩大保护的范围。

五、结束语

在当前不动产登记制度不完善的情况下，司法机关在判定不动产物权归属时，不应盲目崇拜"登记"的效力。对于尚未登记的不动产物权的变动，在评判过程中应当结合物权变动的原因行为及真实的事实基础综合考量，以实现实体的正义。

参考文献

[1] 文志敏.不动产登记行为定性分析——从理论与实践的双重维度.房地产行政管理，2011.3 上半月刊·综合版.

[2] 斯海明.试论司法实践中不动产登记原则的例外——以"一房三卖"纠纷诉讼案为例.经济研究导报，2011(1).

[3] 姚虹.论不动产登记制度之完善.学术交流，2011(3).

[4] 欧阳希,何前驱.浅议不动产登记制度.财经政法咨询，2009(4).

[5] 李海波.不动产登记立法的必要性与紧迫性.房地产行政管理，2010(9).

本文曾荣获浙江省省直律师协会"2011律师实务理论研讨会"二等奖。

作者简介

费立峰，男，法学学士，六和律师事务所合伙人。擅长公司、合同、担保等法律业务及刑事法律业务。

钱骏，男，英国伦敦大学法学学士，六和律师事务所专职律师。主要从事公司证券、金融、投资等法律业务。

建筑施工企业关于民工劳动纠纷风险的防范

沈佳敏

【摘要】 我国建筑企业用工普遍存在违法性,在工程的层层转包、分包过程中,因工地民工引起的劳动纠纷大量存在,而建筑企业在发生劳动纠纷后往往要承担赔偿责任。本文通过对相关法律规定的分析,并提出相应的建议,以期对目前建筑施工企业在应对劳动纠纷时的不利地位起到一定的帮助。

【关键词】 分包 内部承包 违法性 风险控制

目前,我国建筑企业用工存在不稳定性,尤其是工地民工的流动性大、工作的危险系数高等因素的存在,从而引发的劳动纠纷越来越多,而且在民工提请劳动争议仲裁后,企业败诉的也越来越多。这表明了建筑企业员工越来越多地懂得如何利用法律武器来维护自己的切身利益。同时,从另一方面也说明了部分建筑企业没有具备应有的管理知识和法律知识。

一、建筑施工企业在转包、分包中的责任承担

根据《合同法》、《建筑法》的规定,建设、建筑工程的发包人可以与总承包人订立建设、建筑工程合同,总承包人经发包人同意,可以将自己承包的部分工作交由第三人完成。禁止承包人将工程分包给不具备相应资质条件的单位,禁止分包单位将其承包的工程再分包。也就是说,建设、建筑工程最多只能有两级承包人,并且这两级承包人都必须是具备相应资质条件的单位。但是,目前我国建设、建筑市场非常不规范,很多承包人将工程转包给自然人,即所谓的大包工头,大包工头将工程转包给中包工头,中包工头再将工程转包给小包工头。这些大小包工头不具备承包建设、建筑工程的相应资质条件,也不具备《劳动法》规定的用工主体资格,多数小包工头其实没有任何资本金,本身也是用劳动换取报酬的劳动者。在这种情况下,小包工头找来的工人(多数是农民工)的劳动关系处于不明确状态。违法分包的工程合法承包人认为,这些工人不是本企

业招用的,而是包工头招用的,所以这些工人的用人单位不是本企业,而是包工头,因而对这些工人拒不承担用人单位的义务。由于劳动关系在劳动保障权益保护中处于龙头位置,农民工的工资、工伤赔偿、超时加班加点、社会保险、劳动保护等其他权益保护都以明确劳动关系为前提,因此,规范建设领域农民工的劳动关系是一个十分重要而且急迫的问题。

2004年5月1日《最高人民法院关于审理人身损害赔偿案件适用法律若干问题的解释》正式实施,在其第11条第2款首次就发生安全事故后的责任分担作出特别规定:雇员在从事雇佣活动中因安全生产事故遭受人身损害,发包人、分包人知道或者应当知道接受发包或者分包业务的雇主没有相应资质或者安全生产条件的,应当与雇主承担连带赔偿责任。

2004年9月10日劳动和社会保障部、建设部劳社部发〔2004〕22号发布《建设领域农民工工资支付管理暂行办法》中第十二条规定,工程总承包企业不得将工程违反规定发包、分包给不具备用工主体资格的组织或个人,否则应承担清偿拖欠工资连带责任。

2005年,国家劳动和社会保障部又出台劳社部发〔2005〕12号《关于确立劳动关系有关事项的通知》,自2005年5月25日实施。该通知第四条再次作出特别规定:建筑施工、矿山企业等用人单位将工程(业务)或经营权发包给不具备用工主体资格的组织或自然人,对该组织或自然人招用的劳动者,由具备用工主体资格的发包方承担用工主体责任。

2009年3月,浙江省高级人民法院出台《关于审理劳动争议案件若干问题的意见(试行)》,该意见第八条规定,劳动者与不具备合法经营资格的用工主体因用工关系发生争议的,应当将其出资人或开办单位作为当事人。第十一条规定,在建设工程层层转包、分包中,作为实际施工人的自然人与其招用的劳动者发生劳动争议的,最近的上一层转包、分包关系中具备合法用工主体资格的单位应作为当事人;也可视案情需要,将实际施工的自然人及违法转包人、分包人作为共同当事人。

列举上述这么多规定,无非就是要说明一点,在发生劳动纠纷时,建筑施工企业往往难以逃脱相应的责任。所以,建筑施工企业在将工程转包、分包给不具备用工资质的包工头前,要有风险防范意识。

二、内部承包模式中的企业责任

另外,在我省还存在另外一种较为常见的承包模式——内部承包模式,这种模式也被称为"浙江模式"。这种承包合同中通常会约定由内部承包人自行招聘员工,安全事故责任概由内部承包人负责。但是,这种约定仅是承包人和施工企业之间的内部约定,它违反了法律关于保护企业职工和工地民工的相关规定,对发生安全事故或者产生劳动纠纷的民工而言应当是无效的。民工有权请求与之形成事实劳动关系的企业承担相应的劳动法责任。这不仅是民工的权利,更是企业的义务。

根据 2005 年劳动和社会保障部发布的《关于确立劳动关系有关事项的通知》第四条的规定,建筑施工企业将工程或经营权发包给不具备用工主体资格的组织或自然人,对该组织或自然人招用的劳动者承担用工主体责任。因此,若内部承包人不具备用工主体资格,不论员工是由施工企业还是内部承包人招聘的,也不论内部承包合同如何约定,用工主体均是施工企业。另外,《劳动合同法》第九十四条规定,个人承包经营违反本法规定招用劳动者,给劳动者造成损害的,发包的组织与个人承包经营者承担连带赔偿责任。这也说明施工企业具有不可避免的责任。再者,从《合同法》的角度看,施工企业的内部员工招用的劳动者,且持有公司项目部的章,招用的劳动者又在该施工企业承包的工程中劳动,从劳动者的角度看也类似于一种表现代理或者职务代理的行为。

内部承包人一般为建筑企业的职工,不像建筑企业那样具有雄厚的经济实力,即使施工企业根据内部承包合同起诉内部承包人且胜诉,其损失往往也很难挽回。

三、建筑施工企业劳动纠纷风险防范

那么,建筑施工企业怎样才能有效减少和避免可能败诉的劳动纠纷呢?因分包和转包给不具备用工资质的个人本身就是违法的,对于这种因违法行为导致的风险,最好的办法就是禁止。若非要进行转包和分包,也要选取有实力、有信誉的组织或个人,同时还应加强对施工工程质量和安全的监督管理。

另外,作为建筑施工企业的管理人员还可以考虑从以下几个方面着手应对。

(一)人事行政方面的预防

(1)人事部门要合理利用《劳动合同法》的相关规定,与企业员工签订劳动合同。不管这个员工是临时员工,还是长期员工,都必须严格按照《劳动合同法》的规定签订劳动合同。对于工地中从事特殊工作的人员,施工企业要充分利用工时制度(标准工时制、综合计算工时制、不定时工时制)。对于提供某项劳务从而在工地工作的人员,企业应与其签订劳务合同,分清劳动关系与劳务关系,将对建筑企业非常有利。

(2)建立劳务分包制度。大部分建筑工程都是由建筑施工企业承包,然后将工程转包、分包给包工头或没有资质的施工队,其双方之间有简单承包合同,有些甚至没有承包合同。而包工头在揽下工程后又招用农民工,在工程结算时,由公司将工程款支付给包工头,再由包工头发给农民工,而且农民工平常也直接听从包工头的管理和支配。这里就存在一个重要的问题:包工头没有用工资质。那么,按照相关法律的规定,在发生劳动纠纷时就要由建筑施工企业来承担责任。在这里,可以在将工程分包出去之前,要求承包人与工地民工签订劳务合同,使劳动者与包工头之间建立雇佣关系,而不是与建筑企业建立劳动关系。或者,直接将劳务分包给专业的劳务分包企业,以减少建筑企业在这方面存在的风险。

(3)建立岗位责任制度。要明确工地管理人员和相关部门责任人的职责,避免安全事故发生而产生劳动纠纷。若发生劳动纠纷而产生败诉费用,可由部门负责人、岗位责任人(指项目部负责人、包工头等实际承包人或施工人)按比例承担。

(4)公司与分包商签订分包合同时便在合同条款中明确规定分包商在使用民工时必须有劳动合同或者劳务合同,以便减少分包单位或个人用工的随意性。

(5)投资设立专业劳务分包企业(可以选取有实力且长期合作的个人或者分包企业共同设立)。舟山当地专业的劳务分包企业较少,且不规范。建筑施工企业具有较为雄厚的经济实力,投资建立专业的劳务分包企业具有一定的可行性。劳务分包企业作为独立的法人,实行独立管理和经营。在建筑施工企业承包工程后,将劳务分包给劳务企业,这样不仅能够避免企业自身行政违法行为,降低因违法行为导致行政处罚的风险,还可以把风险转嫁到劳务分包企业,在发生纠纷时减少企业的诉累。另外,与长期合作的个人和下级分包企业共同出资设立,也可以利用公司的股权构成在经济上对其有一定的限制,一举两得。

(二)经济方面的制约

(1)提取风险保证金。建筑施工企业可在向下一级分包人支付工程款时提取一定比例的风险保证金,待工程结束一定时间后返还。

(2)民工劳动纠纷败诉费用,可按上诉岗位责任制度处理。若部门负责人、岗位责任人无法支付该笔费用的,可在风险保证金里扣除。另外,在签订承包合同时,可以约定在工程施工期间或工程结束一段时间内因包工头雇佣的民工所引发的纠纷,在建筑施工企业按照相关法律规定向民工赔偿后,可以向其下一级分包人追偿,或者在向其下一级分包人支付工程款时扣除。

(三)加强法律教育

对企业行政人事部门的领导、职能部门负责人以及相关工作人员进行法律培训,并进行考核。企业负责处理劳动人事关系的职能部门和相关领导,要严格按照《劳动合同法》办事,依据《劳动合同法》处理一切可能会引发劳动纠纷的各项工作。

纵观全局,建筑施工企业要在合法用工的前提下,通过规范完善内部规章制度和激励措施,致力于构建和谐劳动关系与增强企业的核心竞争力,这才是关键。

附相关法律法规:

1.《最高人民法院关于审理人身损害赔偿案件适用法律若干问题的解释》

2.《建设领域农民工工资支付管理暂行办法》

3.浙江省高级人民法院出台《关于审理劳动争议案件若干问题的意见(试行)》

4.2005 年劳动和社会保障部发布的《关于确立劳动关系有关事项的通知》

5.《劳动合同法》第九十四条

作者简介

沈佳敏,男,温州医学院法学学士,六和(舟山)律师事务所专职律师。擅长领域有保险合同纠纷、道路交通事故人身损害赔偿纠纷、医疗损害赔偿纠纷以及其他民商事诉讼和非诉业务。

金融与保险类

论以死亡为给付保险金条件的
人身保险合同的效力

姚利萍　　陈皆喜

【摘要】　本文主要从以死亡为给付保险金条件的人身保险合同的性质出发,结合新《保险法》的规定与《合同法》的基本原理归纳总结该类合同无效的一般与特殊情形,并分析探讨了"未经被保险人同意并认可保险金额"无效情形的适用范围与未成年人死亡保额的最高限额与超出限额部分的处理情况。文末,笔者再次归纳总结该类保险合同无效后的具体法律后果。

【关键词】　死亡保险合同　性质与效力　法律后果

以死亡为给付保险金条件的人身保险合同作为一种特殊的人身保险合同,在法律实务中存在众多有争议的法律问题。而随着新《保险法》的颁布实施,部分法律条款对该类保险合同进行了重大的修订,但实务中该类保险合同的许多问题仍旧存在法律规制的空白。其中,以死亡为给付保险金条件的人身保险合同的性质与效力、未成年人死亡保额、合同无效后的法律后果等问题,理论界与实务界均存在不同的观点与看法。本文笔者结合新保险法的相关规定与《合同法》的基本原理对前述问题提出了个人的浅见。

一、以死亡为给付保险金条件的人身保险合同的性质

本文以死亡为给付保险金条件的人身保险合同(以下简称"死亡保险合同"),是指"以人的生命为保险标的,保险人根据被保险人的年龄身体状况按规定向投保人收取保险费,并于被保险人死亡时,按照保险合同约定的金额向受益人支付保险金的合同,属于定额保险合同的一种"。[①]

---

① 陈宜芳.以死亡为给付条件的保险合同审判实务.人民司法·应用,2008:43.

而所谓的定额保险合同是指保险合同当事人事先在保险合同中约定一定数额的保险金额,并于合同约定的保险事故发生之时或者合同约定的期限届满之时,保险人以合同约定好的保险金额直接给付保险金的保险合同。

死亡保险合同就是典型的定额保险合同之一。较之于财产保险的损失填补原则,死亡保险合同中人的生命价值是无法用金钱进行衡量的,因此死亡保险合同也就不存在保险价值的概念,保险金额的约定无法以保险价值为基础,而是由保险人与投保人协商确定。对于保险金额的约定原则上没有限制,只要双方协商一致即可。[①]

二、以死亡为给付保险金条件的人身保险合同的效力

根据 2009 年 2 月 28 日新修订的《中华人民共和国保险法》(以下简称"新《保险法》")第十三条的规定,"投保人提出保险要求,经保险人同意承保,保险合同成立。依法成立的保险合同,自成立时生效"。除非投保人和保险人对合同的效力约定附条件或者附期限,一般保险合同在合同成立时即生效,这是一般保险合同生效的条件。如果保险合同因为违反了法定或者约定的事项,将导致保险合同在法律上自始不发生效力。死亡保险合同作为一种特殊的合同形式,其无效情形除应适用《中华人民共和国合同法》(以下简称《合同法》)和《中华人民共和国民法通则》(以下简称《民法通则》)的规定外,新《保险法》还有特别的规定。笔者结合三部法律的有关规定,将导致死亡保险合同无效或部分无效的主要情形归为以下两类。

(一)一般无效情形

(1)合同主体不适格。根据《合同法》第九条规定:"当事人订立合同应当具有相应的民事权利能力和民事行为能力"。如投保人为无民事行为能力人或限制民事行为能力人、保险人不具有保险经营资格等,保险合同会因合同主体不适格而无效。

(2)合同内容不合法。《合同法》第五十二条规定:"有下列情形之一的,合同无效:(一)一方以欺诈、胁迫的手段订立合同,损害国家利益;(二)恶意串通,损害国家、集体或者第三人利益;(三)以合法形式掩盖非法目的;(四)损害社会公共利益;(五)违反法律、行政法规的强制性规定"。

(3)合同主体意思表示不真实。如果保险合同的订立不是出于合同主体的自愿,而是受到了威胁或欺骗,那么这样的保险合同属于无效合同。

---

① 李玉泉.保险法(第二版).北京:法律出版社,2003:235.

（二）特殊无效情形

（1）保险合同订立时，被保险人已死亡。

（2）未经被保险人同意并认可保险金额（仅限于投保人与被保险人不是同一人的情形）。

（3）以无民事行为能力人为被保险人而订立的死亡保险合同，但父母为未成年子女投保除外。

（4）投保人对被保险人不具有保险利益[①]等。

（三）"未经被保险人同意并认可保险金额"无效的适用范围

新《保险法》第三十四条规定："以死亡为给付保险金条件的合同，未经被保险人同意并认可保险金额的，合同无效。"仅根据该条款的文字表述来看，不能明确新《保险法》第三十四条规定的具体适用范围。在保险实务中，单纯的死亡保险（即仅以死亡为保险事故的人寿保险）在人身保险业务总量中所占比重较小，实际上是含有死亡、疾病、伤残以及医疗费用等保险责任的综合性人身保险合同（以下简称"综合性人身保险合同"），如生死两全险、意外伤害险等为主。对于后者险种效力认定是否也适用新《保险法》第三十四条的规定存在争议。有观点认为在这些险种中，死亡只是人身意外伤害后的后果之一，因此不能直接适用新《保险法》第三十四条来认定该类险种的整个保险合同的效力。

但笔者认为，鉴于新《保险法》第三十四条属于其分则中人身保险合同第一章的主要内容，而综合性人身保险合同也是人身保险合同的一种，因此该特殊无效情形同样适用于综合性人身保险合同。同时，中国保险监督管理委员会在1999年颁布的《关于对〈保险法〉有关条款含义请示的批复》（保监复（1999）154号）中指出："根据该规定的立法精神，单纯以死亡为给付保险金条件的人身保险合同，如果未经被保险人书面同意并认可保险金额，该合同无效；含有死亡、疾病、伤残以及医疗费用等保险责任的综合性人身保险合同，如果未经被保险人书面同意并认可死亡责任保险金额，该合同死亡给付部分无效。"可见，这一批复同样确认了《保险法》第三十四条的规定同样适用于综合性人身保险合同。

综上，根据《合同法》第五十二条的规定，单纯的死亡保险合同和综合性人身保险合同如果有上述一般无效情形之一的，将导致整个保险合同自始无效。另外，单纯的死亡保险合同出现了上述特殊无效情形之一的，也将导致整个保险合同自始无效；而综合性人身保险合同如若出现上述第2、3种特殊无效情形

---

① 周玉华.最新保险法经典疑难案例判解.北京：法律出版社，2008：86.

之一的,将导致该合同死亡给付部分无效,但不影响其他部分效力的,其他部分仍然有效。同时,根据新《保险法》第十七条、第十九条规定,保险合同中免责条款"未作提示或者明确说明的";采用保险人提供的格式条款有"免除保险人依法应承担的义务或者加重投保人、被保险人责任的"、"排除投保人、被保险人或者受益人依法享有的权利的",该条款不产生效力。

三、以死亡为给付保险金条件的人身保险合同中未成年人死亡保额的最高限额与超出限额部分的处理

(一)未成年人死亡保额的最高限额

根据新《保险法》第三十三条、第三十四条规定:"父母为其未成年子女投保的人身保险,不受前款规定限制。但是,因被保险人死亡给付的保险金总和不得超过国务院保险监督管理机构规定的限额。"同时,2011年4月1日起执行的《中国保险监督管理委员会关于父母为其未成年子女投保以死亡为给付保险金条件人身保险有关问题的通知》(保监发〔2010〕95号)(以下简称《通知》)第一条规定:"对于父母为其未成年子女投保的人身保险,在被保险人成年之前,各保险合同约定的被保险人死亡给付的保险金额总和、被保险人死亡时各保险公司实际给付的保险金总和均不得超过人民币10万元。"

因此,根据新《保险法》与《通知》来看,父母为其未成年子女投保死亡保险合同时,该未成年人的死亡保额总和不得超过人民币10万元。

(二)未成年人死亡保额超出限额部分的处理

根据《通知》的强制规定,笔者认为,从保险合同的角度来看,由于新《保险法》规定未成年人死亡保额总和不得超过保监会规定的限额,如果超过,属于违反法律禁止性规定,超过部分应为无效。保险公司按10万元的标准承担身故保险责任。但对于导致超过部分无效的法律后果,保险公司与投保人之间须按过错程度承担赔偿责任。一般认为,保险公司作为专业经营保险的公司,造成无效的过错大于投保人,因此应当承担较重的赔偿责任。

四、以死亡为给付保险金条件的人身保险合同无效后的法律后果

合同无效是指不发生保险合同有效情形下的法律后果,而并非指不发生任何法律后果。[①]根据《合同法》第五十八条的规定,不论属于法定无效或者是约定

---

① 吴定富.《中华人民共和国保险法》释义.北京:中国财政经济出版社,2009:94.

无效,保险合同一旦确定无效,只是导致保险合同不能履行,即不能实现当事人缔约目的,但仍旧会产生以下法律规定的后果:

(1)合同不得履行。死亡保险合同一旦被确认为无效,则合同尚未履行的不得履行,正在履行的停止履行。

(2)返还财产。由于合同被确认无效后,即不再发生当事人预期的法律效果,当事人双方根据原先合同所获得的财产缺少了合法的法律依据,应当认定为不当得利,依法应当返还。不当得利返还制度旨在使合同恢复到合同订立前的状况,而非对违反合同义务的违约责任的认定,更不是对当事人主观状态的否定性评价。合同在认定无效前已经履行了,则无论是否有过错,任何接受财产方都有义务返还财产。如果合同无效是由于一方过错导致的,有过错一方应当赔偿对方因此所受到的损失;如果双方均有过错,则双方按照过错的大小、责任的主次及轻重,分别承担经济损失中与责任相适应的份额。①

(3)死亡保险合同确定无效后,除了引发上述民事责任外,有可能引起刑事责任、行政责任或其他责任。如根据新《保险法》第一百八十一条规定,违反《保险法》规定,构成犯罪的,依法追究刑事责任。

作者简介

姚利萍,女,北京大学法律硕士,六和律师事务所专职律师。主要擅长保险、公司、民商事等诉讼及常年法律顾问服务、非诉讼法律事务。

陈皆喜,男,华东政法大学法学硕士,新加坡国立大学法学硕士,六和律师事务所专职律师。主要办理建筑房地产、公司、金融、涉外相关非诉讼法律事务与常年法律顾问服务。

---

① 周玉华.最新保险法经典疑难案例判解.北京:法律出版社,2008:87.

商业银行代理保险业务相关规定解读

——暨关于《商业银行代理保险业务监管指引》等规定的专项解读

姚利萍　　叶伟琼

【摘要】 商业银行代理保险业务是指商业银行接受保险公司委托,在保险公司授权范围内,代理保险公司销售保险产品及提供相关服务,并依法向保险公司收取代理费用的经营活动。商业银行因其网点广、客户多等特点已成为保险公司主要销售渠道之一,通过银保渠道销售的寿险保费收入占人身保险收费总量近50%,银保渠道对中国保险业业务发展起到了相当重要的作用;同时,银行销售保险产品也成为银行业增加中间业务收入的主要来源之一。但是,银行代理保险业务发展过程中,销售人员销售误导、将保险产品宣传为存款产品、账外违规支付手续费问题也比较严重,中国保险监督管理委员会、中国银行业监督管理委员会相继单独或联合发文对商业银行代理保险业务进行了规范,并于2011年3月7日联合制定颁布了《商业银行代理保险业务监管指引》对商业银行代理保险业务中保险公司与商业银行的合作方式进行了较全面系统的规定。本文主要是在对中国保险监督管理委员会、中国银行业监督管理委员会2011年来制定的相关规定进行整理和梳理的基础上,就《商业银行代理保险业务监管指引》关于保险公司相关规定进行解读。

【关键词】 商业银行　保险公司　兼业代理　监管指引　解读

商业银行因其网点广、客户多等特点已成为保险公司的主要销售渠道之一,通过银保渠道销售的寿险保费收入占人身保险收费总量近50%,银保渠道对中国保险业业务发展起到了相当重要的作用;同时,银行销售保险产品也成为银行业增加中间业务收入的主要来源之一。但是,银行代理保险业务发展过程中,销售人员销售误导、将保险产品宣传为存款产品、账外违规支付手续费问题也比较严重,中国保监会、中国银监会相继下发文件对保险公司、商业银行在银行保险代理业务中的行为进行指导和规范,近年来分别于 2006 年 6 月 15 日联合下发《关于规范银行代理保险业务的通知》(保监发〔2006〕70 号)、于 2010年 1 月 13 日联合下发《关于加强银行代理寿险业务结构调整促进银行代理寿险业务健康发展的通知》(保监发〔2010〕4 号)、于 2011 年 3 月 7 日联合下发《商业银行代理保险业务监管指引》(保监发〔2011〕10 号)(以下简称"《监管指引》")。本文主要通过对前述相关文件进行整理,对中国保险监督管理委员会和中国银行业监督管理委员会联合下发的《商业银行代理保险业务监管指引》相关内容进行解读。具体内容如下。

一、关于商业银行网点与保险公司合作的数量限制

《关于规范银行代理保险业务的通知》(保监发〔2006〕70 号)规定"每个兼业代理机构可以与多家保险公司建立代理关系"。

《关于加强银行代理寿险业务结构调整促进银行代理寿险业务健康发展的通知》(保监发〔2010〕4 号)规定"取得保险兼业代理资格的代理银行可以与多家保险公司建立代理关系,代理银行应当根据自身业务发展情况和风险管控能力确定合作的保险公司数量"。但中国银监会于 2010 年 11 月 1 日下发的《关于进一步加强商业银行代理保险业务合规销售与风险管理的通知》(银监发〔2010〕90 号)第十三条规定:"商业银行每个网点原则上只能与不超过三家保险公司开展合作,销售合作公司的保险产品。如超过三家,应坚持审慎经营,并向当地银监会派出机构报告。"

《监管指引》未对商业银行网点与保险公司合作的数量限制进行规定。

二、关于合作期限

《监管指引》第 9 条规定"单一商业银行代理网点与每家保险公司的连续合作期限不得少于一年",同时,"合作期间内,如果一方出现对双方合作关系有实质影响的不利情形,另一方可以提前中止合作"。

三、关于商业银行网点的兼业代理资格

《关于规范银行代理保险业务的通知》(保监发〔2006〕70 号)规定"商业银行代理保险业务,其一级分行应当取得保险兼业代理资格"。

《关于加强银行代理寿险业务结构调整促进银行代理寿险业务健康发展的通知》(保监发〔2010〕4 号)规定"每个营业网点在代理寿险业务前必须取得《保

险兼业代理业务许可证》,同时要获得法人授权"。

《监管指引》第 11 条第 1 款第 1 项明确规定:"每个营业网点在代理保险业务前应当取得中国保监会颁发的经营保险代理业务许可证,并获得商业银行一级分支机构(含省、自治区、直辖市和计划单列市分行)的授权。"

综上,根据《监管指引》,保险公司应委托取得经营保险代理业务许可证并取得一级分支授权的商业银行网点开展保险代理业务。

四、关于商业银行销售人员和保险公司银保专员资格

(一)关于商业银行销售人员的资格

《关于规范银行代理保险业务的通知》(保监发〔2006〕70 号)仅是规定"2006 年 10 月 31 日以后,销售投资连结类产品、万能产品,以及监管机构指定的其他类产品的银行代理销售人员,必须通过保险代理从业人员资格考试,取得《保险代理从业人员资格证书》",对于销售其他保险产品,允许未取得《保险代理从业人员资格证书》的银行代理销售人员进行销售。

《关于加强银行代理寿险业务结构调整促进银行代理寿险业务健康发展的通知》(保监发〔2010〕4 号)和《监管指引》均明确规定银行销售人员,应当符合中国保监会规定的保险销售从业资格条件,取得中国保监会颁发的《保险销售从业人员资格证书》。同时,《监管指引》规定投资连结保险销售人员应至少有 1 年以上保险销售经验,接受过不少于 40 小时的专项培训,并无不良记录。

(二)关于保险公司银保专员的资格

《关于规范银行代理保险业务的通知》(保监发〔2006〕70 号)和《监管指引》均明确规定保险公司银保专员,应当取得中国保监会颁发的《保险销售从业人员资格证书》。《监管指引》同时规定保险公司银保专员每年应接受不少于 36 小时的培训。

五、关于兼业代理协议的主要条款

《监管指引》第 15 条规定:"保险公司和商业银行签订的代理协议应当包括但不限于以下主要条款:代理产品种类,代理费用标准及支付方式,单证及宣传资料管理,客户账户及身份信息核对,反洗钱,客户信息保密,双方权利责任划分,争议的解决,危机应对及客户投诉处理机制,合作期限,协议生效、变更和终止,违约责任等。"

六、关于兼业代理协议的签订主体

《关于加强银行代理寿险业务结构调整促进银行代理寿险业务健康发展的通知》(保监发〔2010〕4 号)规定:"各保险公司、代理银行的保险兼业代理合同原则上由总公司与总行签订;省级分公司与省级分行签订保险兼业代理合同的,必须分别取得保险公司总公司和代理银行总行的授权;省级以下的保险公司、银行分支机构不得签订保险兼业代理合同。"

《监管指引》也做了相同规定,并要求保险公司和商业银行的一级分支机构应在代理协议签订后及时向总公司和总行进行备案。

同时,《监管指引》对保险公司与区域性商业银行代理保险业务作了新的规定,允许业务开展地的保险公司一级分支机构与区域性商业银行总行签订代理协议。

综上,兼业代理协议原则上应由保险公司总公司与商业银行总行签署;保险公司和商业银行的一级分支机构(含省、自治区、直辖市和计划单列市分公司、分行等)在事先取得总公司和总行书面授权后,可以签订兼业代理协议,但应在签订后及时向总公司和总行进行备案;对于区域性商业银行,保险公司在业务开展地的一级分支机构可以与区域性商业银行总行签署兼业代理协议。

七、关于代理手续费的支付

(一)关于支付方式

《关于加强银行代理寿险业务结构调整促进银行代理寿险业务健康发展的通知》(保监发〔2010〕4 号)和《监管指引》均明确规定代理费用应通过转账支付。同时,《关于加强银行代理寿险业务结构调整促进银行代理寿险业务健康发展的通知》(保监发〔2010〕4 号)明确规定"不得现金支付手续费"。

综上,保险公司应通过转账方式支付代理手续费,不得采用现金方式支付代理手续费。

(二)关于支付和接受主体

《关于加强银行代理寿险业务结构调整促进银行代理寿险业务健康发展的通知》(保监发〔2010〕4 号)规定"代理手续费要通过保险公司省级分公司对代理银行统一转账支付,具备条件的要实现保险公司总公司集中统一向代理银行总行支付,省级分公司以下的保险公司分支机构不得向银行支付手续费",但该通知未对商业银行分支机构接受手续费进行明确规定。

《监管指引》第 21 条规定:"保险公司向商业银行支付代理费用,应当通过保险公司一级分支机构向代理商业银行一级分支机构或至少二级分支机构统一转账支付,具备条件的要实现保险公司总公司集中统一向代理商业银行总行支付;委托地方性商业银行代理保险业务的,应当由保险公司一级分支机构向地方性商业银行总部或一级分支机构统一转账支付。"

综上,①保险公司总公司和一级分支机构可以作为代理费用的支付主体,一级分支机构以下的分支机构不得作为支付主体;商业银行总行、一级分支机构和二级分支机构可以作为代理费用的接受主体,二级机构以下分支机构不得作为接受主体;②代理费用由保险公司总公司向商业银行总行支付;或由保险公司一级分支机构向商业银行一级分支机构或二级分支机构支付;委托地方性商业银行代理保险业务的,应当由保险公司一级分支机构向地方性商业银行的总部或一级分支支付。

八、关于代理费用

(一)代理费用应以协议约定为限

《关于规范银行代理保险业务的通知》(保监发〔2006〕70 号)、《关于加强银行代理寿险业务结构调整促进银行代理寿险业务健康发展的通知》(保监发〔2010〕4 号)和《监管指引》均明确规定保险公司不得在账外直接或者间接给予商业银行及其工作人员合作协议约定以外的利益。

另外,《关于规范银行代理保险业务的通知》(保监发〔2006〕70 号)规定"保险公司不得以任何名义、任何形式向代理机构、网点或经办人员支付合作协议规定的手续费之外的其他任何费用,包括业务推动费以及业务竞赛或激励名义给予的其他利益"。《监管指引》第 22 条规定"保险公司应当按照财务制度据实列支向商业银行支付的代理费用,不得账外核算和经营;商业银行应当加强代理费用集中管理,从代理费用中列支代理保险业务销售人员的业务激励费用"。

综上,保险公司不得向商业银行或其销售人员支付合作协议约定的手续费以外的其他任何费用;保险公司与商业银行不得在合作协议中约定业务推动或业务竞赛、激励等名义的费用,对于商业银行销售人员的激励费用由商业银行在代理费用中列支。

(二)禁止给予协议约定以外利益,禁止商业贿赂

《监管指引》第 23 条明确规定,保险公司及其工作人员不得以包括支付现金、各类有价证券、报销费用、提供旅游等名义给予商业银行及其工作人员合作

协议约定以外的利益；商业银行及其工作人员也不得以任何方式向保险公司及其工作人员索要合作协议约定以外的利益。

《关于加强银行代理寿险业务结构调整促进银行代理寿险业务健康发展的通知》（保监发〔2010〕4 号）第 11 条也明确规定："严禁保险公司通过各种手段在账外暗中向代理银行及其销售人员支付现金、各类有价证券，或者报销费用，提供旅游等，一经查实将严肃处理，涉嫌犯罪的，将按规定移交司法部门处理。"

九、关于销售模式

（一）禁止保险公司人员驻点

中国银监会《关于进一步加强商业银行代理保险业务合规销售与风险管理的通知》（银监发〔2010〕90 号）第 12 条规定："商业银行不得允许保险公司派驻银行网点。"

《监管指引》第 26 条也明确规定："商业银行不得允许保险公司人员派驻银行网点。"

（二）根据保险产品确定销售区域，投资连结保险产品禁止柜台销售

中国银监会《关于进一步加强商业银行代理保险业务合规销售与风险管理的通知》（银监发〔2010〕90 号）第 14 条规定："投资连结保险等复杂保险产品应当严格限制在理财服务区、理财室或者理财专柜等专属区域内销售"。

《监管指引》第 27 条明确规定："商业银行应当根据保险产品的复杂程度区分不同的销售区域。投资连结保险产品不得通过商业银行储蓄柜台销售。"

十、关于保险公司客户回访要求

中国银监会《关于进一步加强商业银行代理保险业务合规销售与风险管理的通知》（银监发〔2010〕90 号）第 18 条规定："商业银行应当督促保险公司按照监管规定在保险合同犹豫期内，对代理销售的保险期间在 1 年以上的人身保险新单业务进行客户电话回访，并要求保险公司妥善保存电话回访录音，视实际情况需要，可以要求保险公司对客户进行面访，并详细做好回访记录。"

《监管指引》第 40 条规定："保险公司应当对通过银行渠道销售的一年期以上的人身保险产品投保人进行犹豫期内回访。"但《监管指引》对保险公司回访方式并未进行明确规定。

作者简介

姚利萍,女,北京大学法律硕士,六和律师事务所专职律师。主要擅长保险、公司、民商事等诉讼及常年法律顾问服务、非诉讼法律事务。

叶伟琼,男,华东政法大学文学学士、法学学士,六和律师事务所专职律师。主要为银行、保险公司、医药化工企业等类型企业提供常年法律顾问服务及相关非诉讼服务。

"第三者"、"车上人员"在机动车辆第三者责任险中的角色转换和司法认定

孔建祥

【摘要】 "第三者"、"车上人员"在机动车辆保险合同中有严格规定，相关保险法等法律法规中也有明确规定。但是，第三者和车上人员的地位在机动车辆保险中也不是一成不变的，特殊情况下在第三者责任险中的角色会转换的，实践中也容易混淆，司法认定有时也有一定难度。本文试图对此作一个初步分析，以便在保险理赔和司法索赔中能提供借鉴作用，具有一定的参考价值。

【关键词】 第三者 车上人员 车辆保险 角色转换 司法认定

一、"第三者"的概念，哪些人是第三者责任保险中的"第三者"以及第三者责任保险的概念和理赔

(一)保险法中"第三者"

保险法中"第三者"的概念定义为：指除被保险人与保险人以外的，因保险车辆的意外事故致使保险车辆下的人员或财产遭受损害的受害方，可以是人身损害或者财产损失两方面。因此，在保险合同中一般均约定：第三者是指除投保人、被保险人、保险人以外的，因保险车辆发生意外事故遭受人身伤亡或财产损失的保险车辆下的受害者。

在保险合同中，保险人是第一方，也叫第一者；被保险人或使用保险车辆的致害人是第二方，也叫第二者；除保险人与被保险人之外的，因保险车辆的意外事故致使保险车辆下的人员遭受人身伤亡或财产损失，在车下的受害人即是第三方，也叫第三者；也有特例是同一被保险人的车辆相互之间发生第三者责任险意外事故时，相对方均不构成第三者。

（二）第三者责任保险

第三者责任保险是指被保险人或其允许的驾驶人员在使用保险车辆过程中发生意外事故，致使第三者遭受人身伤亡或财产直接损毁，依法应当由被保险人承担的经济赔偿责任，保险人负责赔偿，简称"三责险"①。经保险人事先书面同意，被保险人因按规定所列原因给第三者造成损害而被提起仲裁或者诉讼的，对应由被保险人支付的仲裁或者诉讼费用以及其他费用，保险人负责赔偿②，赔偿的数额在保险单载明的责任限额以外另行计算，但最高不超过责任限额的 30%。

《中华人民共和国保险法》第六十五条相关规定：保险人对责任保险的被保险人给第三者造成的损害，可以依照法律的规定或者合同的约定，直接向该第三者赔偿保险金③。责任保险的被保险人给第三者造成损害，被保险人对第三者应负的赔偿责任确定的，根据被保险人的请求，保险人应当直接向该第三者赔偿保险金。被保险人怠于请求的，第三者有权就其应获赔偿部分直接向保险人请求赔偿保险金。责任保险的被保险人给第三者造成损害，被保险人未向该第三者赔偿的，保险人不得向被保险人赔偿保险金。因此，第三者责任保险是指以被保险人对第三者依法应负的赔偿责任为保险标的的保险。

（三）除外责任

然而，在一些保险险种里面，将某些第三者受到保险车辆事故损害造成的损失，作了除外责任对待。即便这些受害人是第三者，即便受到交通事故的损害，即便被保险人应该为此承担民事责任，保险公司也不承担这部分的保险赔偿责任。例如，在第三者责任保险中，对私家车、个人承包车辆而言，如果造成了被保险人家庭成员人身或者财产损失，或者身在保险车辆内部无论何人的人身财产损失等，都不在第三者责任保险赔偿范围内。

如王女士驾龄刚满 4 个月，最近购买了一辆新车用作家庭日常代步工具。为锻炼车技，王女士找来自己的妹妹当陪练，但由于倒车时不慎，油门当刹车，结果将妹妹撞伤了，花了几千元治疗费。事后王女士想到自己购车时给车辆投保了全险，其中也包括商业第三者责任险，便到投保的保险公司要求索赔，可让

---

① 《中华人民共和国保险法》第五十条：保险人对责任保险的被保险人给第三者造成的损害，可以依照法律的规定或者合同的约定，直接向该第三者赔偿保险金。责任保险是指以被保险人对第三者依法应负的赔偿责任为保险标的的保险。

② 第五十一条：责任保险的被保险人因给第三者造成损害的保险事故而被提起仲裁或者诉讼的，除合同另有约定外，由被保险人支付的仲裁或者诉讼费用以及其他必要的、合理的费用，由保险人承担。

③ 《中华人民共和国保险法》第六十五条。

王女士没有想到的是,保险公司以"自家人不属于第三者"为由拒绝了她的赔偿请求,即保险合同条款中所谓"第三者"排除了4种人,即保险人、被保险人、被保险人的家庭成员、本车发生事故时的驾驶员及车内人员。

王女士的妹妹显然属于被保险人的家庭成员,故不属于保险法上的"第三者",因此不在保险公司的理赔范围之内。这样规定是为了防范某些用心不良的人骗保或者对家庭成员实施伤害甚至谋杀而设定的,不仅在车险中,在其他责任险中也有类似规定,以避免道德风险。既然事先合同有明确约定,就应该遵守。为避免如王女士妹妹的类似风险,可以通过投保其他意外伤害险来得到相应的保障。当然,也有学者认为家属不应排除在"机动车第三者责任险"赔付范围之外。

(四)国外第三者的规定

参考英国、法国等国家保险法的法律规定,所谓第一者、第二者应该是指保险人、被保险人,但是保险车辆的实际驾驶人员视同等于被保险人。除却这些人以外的其他人,都被视为"第三者"。在投保人与被保险人并非同一人的情况下,投保人如果也不是保险车辆的驾驶人员,那么投保人也属于第三者范畴之内。而私人车辆的被保险人及其家属成员都不属于保险法上的"第三者"。

二、第三者责任保险的作用

以往有关部门将第三者责任险实际上列为强制保险险种对待,一般不买第三者责任险,机动车便上不了牌也不能通过年检,因此,必需购买第三者责任险,相当于一种强制险种在要求、管理。在机动车交通强制保险出台后,第三者责任险已成为非强制性的保险,变成是一种商业保险,由车主自行购买。尽管第三者责任险并非强制购买,但是三责险是最为重要的,且不应该以自有车辆的价值来作为投保的参照物,不管开的是一般的普通车辆还是高档的豪车,均建议尽量买高三责险保险金额。

目前,我国的职工年均收入、年可支配收入和消费支出每年都在提高,一旦发生交通事故,尤其是死亡事故,赔偿额越来越高。因此,购买更高金额的三责险就相当有必要了,即使车主开的只是普桑这样的老旧车,从费率的角度来看,投保较高额度的三责险也并非花费很多,有必要尽量购买更高保额的三责险。有人从平安车险的费率表来计算对比,为一辆五座以下非营业客车投保5万元的三责险,费用是639元,如果将投保额度提高到50万元,费用也只是1463元,增加了一倍多一点,但保额却大幅度提高了,对第三者、驾驶员和车主有了更多的保障。因为交强险在对第三者的财产损失和医疗费用部分赔偿较低,目前经过提高后也仅为 12.2 万元,但很多交通事故中,第三者的损失远远不止这一金额,所以,可考虑购买较高额度的商业第三者责任险作为交强险的补充,一般至少购买 50 万保险金额的三责险;如条件容许,可以购买 100 万甚至更高金额的三责险。

三、车上人员在保险法中的概念及赔偿责任

(一)车上人员责任险

车上人员责任险是指发生意外事故,造成保险车辆上人员的人身伤亡,依法应由被保险人承担的经济赔偿责任,保险人负责赔偿。投保了该保险的汽车在使用过程中,发生意外事故,致使保险车辆上人员的人身伤亡,依法应由被保险人承担的经济赔偿责任,以及被保险人为减少损失而支付的必要的、合理的施救和保护费用,保险人在保险单所载明的该保险赔偿限额内计算赔偿。车上人员分驾驶员和其他副驾驶室和后座的一般乘客。

(二)责任免除

发生交通事故后,是否只要是车上的人员都能得到赔偿呢?

一般保险合同中均有责任免除的约定:①违章搭乘人员的人身伤亡。②车上人员因疾病、分娩、自残、殴斗、自杀、犯罪行为造成的人身伤亡或在车下时遭受的人身伤亡。因此,一般保险合同中均有:由于以下原因引起的损失,保险人不负责赔偿:①凡由于违章搭乘直接导致事故发生,造成人员伤亡,保险人不负赔偿责任。违章搭乘人员是指客货混载或超核定载客数载客等情形。如在一辆普通的敞开式货车上,车厢里装载了货物,上面又违章搭乘了装卸人员,因车辆紧急刹车,车厢里的人员因惯性跌落马路上,因头部着地而造成死亡,此时,该车上的人员非保险法上的"车上人员",造成的损失保险公司也不负责赔偿。但如果这个乘客是正常乘坐,被摔下,则应该按照第三者责任险给予赔付。如,受害人甘某因驾驶员操作不当导致其从被保险车辆上摔下而后被该车碾压致死,甘某不是投保人,也不是被保险人和保险人,其是由于保险车辆发生意外事故,被该车辆碾压致死,他从车上摔下落地的那一刻起,就不应是"本车车上人员"了,属于"因保险车辆发生意外事故遭受人身伤亡或财产损失的受害者",应属于第三者,故属于保险合同中的第三者责任保险范围①。②由于驾驶人的故

---

① 邱铨常,赖春阳:交通事故中从车上摔下人员是否属于交强险的第三者? http://gzzy.chinacourt. org/public/detail. php? id=19430.

意行为或本车上的人员因疾病、分娩、自残、殴斗、自杀、犯罪行为所致的人身伤亡，以及车上人员在车下时所受的人身伤亡。车上人员因在车下，此时已经发生了角色转变，变成非车上人员，其所受的人身伤亡不在车上人员险赔偿范围之内，应该考虑适用第三者责任保险赔偿范围。

(三) 责任限额

车上人员每人责任限额和投保座位数由投保人和保险人在投保时协商确定。投保座位数以保险车辆的核定载客数为限。保险事故发生时，如车上人员伤亡数多于投保座位数，保险人仅承担其中的投保座位数部分的赔偿责任。核定载客数是指汽车行驶证所载明的载客数。一般分驾驶员、副驾驶员和其他后座人员。因平时均是驾驶员一个人自己开车居多，因此，一般驾驶员位置投保车上人员险金额较高，其他座位因总是少于驾驶员位置乘坐几率而投保金额可以适当降低点，但节约不多，建议还是至少与驾驶员位置保险金额一致。

(四) 赔偿处理

车上人员的人身伤亡的赔偿范围、项目和标准按规定的赔偿范围、项目和标准以及保险合同的约定赔偿，每人赔偿金额不超过保险单载明的每人责任限额，赔偿人数以投保座位数为限。此时的保险索赔一旦发生纠纷则是保险合同纠纷，非第三者责任保险索赔的人格权、生命权、健康权纠纷，而却要以投保人为原告主体资格起诉解决，因投保人才是与保险公司是合同相对方，是赔偿车上人员损失的直接责任方，在赔付了车上人员后再向本方的保险公司要求理赔。同时，前提条件是已经从对方肇事车辆方要求赔偿了交强险及三责险，再来补充要求本方保险公司赔偿。

四、车上人员与第三者的角色转换及司法认定

"车上人员"与"第三者"本是不相干的两方，互不干涉；但有时两者的角色却可以进行互换，当然得具备一定的条件。对于是"车上人员"还是"第三者"，应当以空间标准确定。按常规，"车上人员"应理解为坐在车子上的人员，是不特定的，上车即为车上人员（乘客），下车即不是车上人员（乘客），变成"第三者"[①]。

判断因保险车辆发生意外交通事故而受害的人属于"第三者"还是属于"车

---

① 陶成，杨敬会.下车取行李被撞伤的乘客能否认定为"第三者责任险"中的"第三者"：http://www.110.com/ziliao/article-142051.html.

上人员",必须以该人在交通事故发生当时这一特定的时间是否身处保险车辆之上为依据,在车上即为"车上人员",在车下即为"第三者"。同时,由于机动车辆是一种交通工具,任何人都不可能永久地置身于机动车辆之上,故涉案机动车辆保险合同中所涉及的"第三者"和"车上人员"均为在特定时空条件下的临时性身份,即"第三者"与"车上人员"均不是永久的、固定不变的身份,两者可以因特定时空条件的变化而转化。①

(一)从"车上人员"转换为"第三者"

(1)假如一位乘客本来坐在车上的,是属于车上人员,因路上车辆暂停休息,该乘客私自下车,因尚走在车辆边上的马路边,驾驶员启动车辆因看不见而没有注意到,发生了交通事故,造成该"乘客"受伤,此时,该"乘客"已经从原"车上人员"转变为"第三者",已经是非本车乘客,保险公司应该按照第三者责任险的有关条款给予赔偿。

如2010年11月初,广州车主张先生驾车带着两位朋友刘某、曹某去外地游玩。到达目的地后,张先生在刘某尚未完全下车时,便将车辆启动,使得正在下车的刘某跌落车外,造成重伤;而未关闭的车门又将另一位已下车朋友曹某带倒,造成其手臂骨折。事故发生后,张先生赶紧将伤者送往医院,并为此先后支付了近6万元的医疗费。交警部门现场勘查后认定,张先生对此次事故负全部责任,承担所有医疗费用及其他相关费用。由于张先生为自己的车辆投保了车损险和第三者责任险两个险种,于是张先生向保险公司提出理赔申请。但保险公司经过研究认为,由于伤者与车主同为车上人员,所出的保险事故应当属于车上责任险的理赔范围,而不属于第三者责任险的理赔范围。但张先生并未投保车上人员责任险,所以保险公司不予赔付。对于保险公司的说法,张先生无法接受,于是将保险公司告上法庭。法院受理后认定,曹某受伤属于三责险的理赔范围,保险公司应予理赔;而刘某受伤并不在三责险理赔范围内,其损失应由车主自行承担。对于曹某来说,虽然其在发生事故之前乘坐张先生驾驶的车辆,但这并不影响此时其为"第三者"的身份。当他在张先生车上时,是属于车上人员;下车之后,就应当是"第三者"了,而不属于"本车人员"。因此法院判决保险公司应当按照第三者责任险的条款给予赔付。然而伤者刘某属于"车辆行驶中或车辆未停稳时非正常下车的人员",因此属于三责险理赔范畴之外。

又如张某是五河县朱顶镇河口村农民,于2007年5月20日,乘坐陈某驾驶的皖C×××××号大客车从浙江打工返回,到河口村时,下车到车体边箱

---

① 汪洋.浅议机动车保险合同中"车上人员"与"第三者"的界定.中国法治网:http://www.law.cnnewsbencandy.php? fid-5-id-18704-page-1.htm.

旁取行李,被对面何某驾驶的皖×××××××号拖拉机撞伤。事故经公安交警部门认定,陈某和张某共同承担事故的同等责任,何某承担事故的同等责任。肇事车辆均在保险公司投保了第三者责任险。张某被送入当地医院抢救,后转入蚌埠医学院手术治疗,现经司法鉴定被确定为植物人状态、无民事行为能力。张某之妻作为法定代理人,将陈某、何某及其车主和保险公司告上法庭。本案在审理中,对原告张某的"第三者"身份产生分歧,作者认为,因原告已下车,不论是否还有行李在车上,他都不是车上人员了(乘客),本案中张某已下车,不能获得机动车车上人员责任保险(乘客险)赔偿,应当属于"第三者",保险公司应该按照第三者责任险进行赔偿。①《最高人民法院公报》2008年第七期也有类似案例公布。②

(2)如果驾驶员不是被保险人,他在驾驶汽车的过程中因发现故障,停下车来又钻到车子底下或者站在边上修车,结果因车辆停车制动失灵而自行滑动,把驾驶员自身的腿给碾断了。在这种情形下,此时,驾驶员从"车上人员"就变成是被"保险车辆下"的人员,请问此时他属不属于本车的"第三者"呢? 或者,驾驶员被其他来车因与本车发生碰撞而给撞了,此时是否也为本车的第三者呢? 再或者,保险车辆因驾驶员的违章把别的车辆撞坏了,别的车辆和人身遭到损坏和损害,请问在这种情形下,此"别人"并非在"保险车辆下",能不能算本车"第三者"呢?

①根据保险合同,三者险条款中,一般均约定:保险车辆造成下列人身伤亡或财产损失,不论在法律上是否应当由被保险人承担赔偿责任,保险人均不负责赔偿:(一)被保险人及其家庭成员的人身伤亡、所有或代管的财产的损失;(二)本车驾驶人员及其家庭成员的人身伤亡、所有或代管的财产的损失;(三)本车上其他人员的人身伤亡或财产损失。(四)……这些约定均排除了被保险人、本车驾驶人员及其家庭成员的人身伤亡、所有或代管的财产的损失和本车上其他人员的人身伤亡或财产损失。

②但此时,前述驾驶员已经从"车上人员"转变为非"车上人员",其处于非驾驶状态,虽然被自己的车辆因自行滑动而碾压,此时,是否应该被认定为第三者,应该按照第三者责任险给予赔偿? 如果是被来车因与本车发生碰撞而受伤,是否也是"第三者"了呢? 如有一被雇佣驾驶员,本身不是被保险人,他在驾驶汽车的过程中因发现故障,停下车来站在车边的地上修车,结果因来车与自身车辆发生碰撞,把驾驶员撞出10多米远,身体遭受严重损害,向本方保险公

---

① 陶成,杨敬会.下车取行李被撞伤的乘客能否认定为"第三者责任险"中的"第三者":http://www.110.com/ziliao/article-142051.html.

② 最高人民法院公报.2008年第七期.

司索赔，保险公司认为因虽是驾驶员但非驾驶状态，不是本车上人员，但也非本车的第三者，因而不给予赔偿。起诉到法院后，法院分析认为，其虽为本车的驾驶员，但因非驾驶状态，已非本车上人员，不能按照车上人员给予赔偿，但因在车下，是被来车与本车撞的，应该属于第三者，按照第三者责任险赔付。

③前述驾驶员，如果是站在车上修车呢？如有一案例，驾驶员是站在车厢踏板上，在修理车头里面的配件，结果被来车碰撞，保险公司也不赔，后起诉到法院，案件经过调解，最后赔付了一半车上人员险。在这种情形下，此时，驾驶员并未从"车上人员"变成被"保险车辆下"的人员，尚与车辆有接触，应该还属于车上人员，无非处于非驾驶状态而在车上修车，这时，也应该被认为是车上人员而非第三者。

④前述驾驶员，如果完全站在车下修理，而不是与车辆有接触，则应该算作第三者，发生事故，则应该按照第三者责任险给予赔偿。

（二）从"第三者"转变为"车上人员"

如果车辆行驶在途中有人拦车要搭车，此前在此过程中因停车避让不及而发生事故，把该人撞伤了，则应该属于本车的第三者；但如果此时该人刚好上车，在此后突然被后车追尾而发生事故，因该人已经从车下人员上车转变为车上人员，则其受伤后应该按照车上人员责任险给予赔偿。

在机动车三责险中，原则上把肇事车辆看成"第二者"，这把被保险人、其雇佣的司机、其允许的驾驶人员，以及车上的人员财产、车辆行驶中或车辆未停稳时非正常下车的人员，吊车正在吊装的财产等都包括在内，除此之外的人和物才是"第三者"理赔的范围。但也有以上特殊情形下会发生角色的转变，应该按照实际案例，认真研究分析，从法理和立法本意去确定其此时的角色，以给予明确的定位，同时，也为依法保障被害人的合法权益。同时，保险公司应严格适用此类情形，不得无限制地随意给予照顾认定为第三者而得到较高额度的赔偿。

参考文献

[1]周兴中.如何界定机动车第三者责任险中的"第三者".中国法院网：http://wenku.baidu.comview6f2b652d7375a417866f8f1b.html.

[2]张传军，李军.家属不应排除在"机动车第三者责任险"范围之外.检察日报：http://www.jcrb.com/n1/jcrb1053/ca547612.htm.

[3]陶成，杨敬会.下车取行李被撞伤的乘客能否认定为"第三者责任险"中的"第三者"：http://www.110.com/ziliao/article-142051.html，2009年7月23日.

[4]邱铨常，赖春阳.交通事故中从车上摔下人员是否属于交强险的第三者？http://

gzzy. chinacourt. org/public/detail. php？ id＝19430.

[5]汪洋.浅议机动车保险合同中"车上人员"与"第三者"的界定.中国法治网：http://
www. law. cnnewsbencandy. php？ fid-5-id-18704-page-1. htm.

[6]劲榆.如何购买第三者责任险.中财网：http://www. cfi. net. cn/p20110717000016.
html.

作者简介

孔建祥,男,中国农业大学信息与电气工程学院本科毕业,工学学士,浙江
大学电力系统及其自动化、中国政法大学民商法学在职研究生,六和律师事务
所专职律师,二级律师。擅长办理知识产权、建筑与房地产、公司法、合同法等
诉讼和能源项目等投融资非诉讼业务。

知识产权类

论专利诉讼中的合法来源抗辩

黄伟源

【摘要】 本文通过对我国专利侵权诉讼中合法来源抗辩的法理基础、我国专利法相关法律条款历次修正的阐述,以新修改后的我国《专利法》第七十条为依据,分析了专利侵权诉讼中合法来源抗辩的构成要件,提出了关于如何认定专利侵权诉讼中合法来源抗辩成立的观点。

【关键词】 专利侵权 善意第三人 合法来源 抗辩

专利诉讼中的合法来源抗辩,指的是以生产经营为目的的专利侵权产品的使用者或销售者,在专利侵权诉讼中提供证据证明,其使用或销售时不知道其所使用或销售的是专利侵权产品,其所使用或销售的专利侵权产品合法来源于其他经营者,从而欲使自己被免除专利侵权赔偿责任的抗辩。专利侵权诉讼中的合法来源抗辩直接的法律依据来源于我国 2008 年修改后的《专利法》第七十条的规定,该条规定:"为生产经营目的使用、许诺销售或者销售不知道是未经专利权人许可而制造并售出的专利侵权产品,能证明该产品合法来源的,不承担赔偿责任。"上述条文的规定表明,如上述抗辩成立,提出合法来源抗辩的抗辩人可以免除赔偿责任,但仍应承担除赔偿责任以外的其他侵权责任,特别是停止继续使用、销售的行为的责任。本条规定意在保护专利权的同时,维护交易安全,保护善意使用或销售专利侵权产品的使用者或销售者的合法权益。专利侵权诉讼中的合法来源抗辩,在司法实践中大量地为被控侵权者所提出,已成了我国专利法的一项重要制度。

一、我国专利诉讼中的合法来源抗辩的法律规定

我们知道,在大量的专利侵权案件中,真正实施侵权行为的是侵权产品的制造者,但同时,由于侵权产品的制造行为比较隐蔽,难以发现,专利权人发现自己的专利被他人侵权,往往是通过市场上的侵权产品的销售与使用行为才得以发现。加上由于很多商业企业的经营行为不规范,商品流通渠道多、环节多,

专利权权利人要找到真正的侵权产品的生产源头往往比较困难,故在专利侵权诉讼中,大多数情况下专利权人只能根据我国《专利法》第十一条的规定起诉专利侵权产品的使用者或销售者,追究使用者与销售者的侵权责任。而大部分侵权产品的销售者、使用者直到被专利权人起诉后才得知自己从正规渠道购买而使用或销售的商品是侵犯他人专利权的产品。这样,就出现了以下的问题,如何追究这种不知道是侵权产品却从事侵权产品销售或使用的行为,这种行为是不是与直接制造行为一样承担侵权的民事责任呢？根据我国民法学的理论,上述行为人属于侵权行为中的善意第三人,我国保护善意第三人的理论指出,如果行为人在为民事行为时主观上出于善意,并付出了相当的代价,只是因为其他原因而使行为具有违法性,则根据公平原则,该善意行为人的权利应当得到合理保护,所以理论界将上述侵权产品的使用人或销售人又称为善意第三人。因此,我国2008年修改后的《专利法》第七十条赋予了善意第三人免予赔偿的抗辩权利,所以,抗辩人在专利侵权诉讼中提出的合法来源抗辩又称为善意第三人的抗辩。

我国专利法中对于专利侵权中合法来源抗辩的规定,也经历了一段过程,1985年4月1日起施行的《专利法》第六十二条规定:"使用或者销售不知道是未经专利权人许可而制造并售出的专利产品的,不视为侵犯专利权。"这一条明确规定了对善意第三人的保护,认为只要能证明自己不知道所使用或销售的产品是侵权产品,就可以不承担侵权责任,其行为不构成侵权。这一条后来被认为扩大了对善意第三人的保护,其未规定使用者或销售者对专利侵权产品来源的披露义务,导致专利权人处于一种无可奈何的境地,对于应当承担侵权责任的违法制造者难于找到,而容易找到的侵权产品的使用或销售者却又无法追究其侵权责任,容易给专利产品的非法制造者钻空子,不利于保护专利权人应有的合法权益。2000年我国《专利法》第二次修正时,对上述内容作了修正,并将其列为《专利法》第六十三条的第二款,该款规定:"为生产经营目的的使用或者销售不知道是未经专利权人许可而制造并售出的专利产品或者依照专利方法直接获得的产品,能证明其产品合法来源的,不承担赔偿责任。"这一条款确立了专利侵权案件中善意第三人应承担的民事责任,即规定了上述行为构成侵权但承担除赔偿责任外的其他侵权责任,并严格规定了构成要件为主观善意加上证明产品合法来源。根据修改后的条文,销售者和使用者仅仅以"不知道"为理由尚不足以免除其赔偿责任,还必须证明其销售或者使用的产品有合法的来源。这样,就使得与"地下"制造者串通一气的销售者、使用者难于推卸其侵权责任,而且有利于专利权人找到真正制造侵权产品的根源,直接制止侵权行为并可以获得赔偿。2008年我国《专利法》第三次修正时,对上述相应内容作了小的修正，并将其单独列为《专利法》第七十条，该条规定："为生产经营目的使用、许诺销售或者销售不知道是未经专利权人许可而制造并售出的专利侵权产品，能证明该产品合法来源的，不承担赔偿责任。"此次修改增加了许诺销售行为人也列为善意第三人。对于前述以生产经营目的使用、许诺销售或者销售不知道是未经专利权人许可而制造并售出的专利侵权产品，能证明该产品合法来源的行为人，可以根据上述条款的规定，对于被控侵权行为提出合法来源抗辩，免除其民事赔偿的责任。

二、专利诉讼中的合法来源抗辩的构成要件

根据我国《专利法》第七十条的规定，专利侵权诉讼中的合法来源抗辩应当具备下列要件：

（1）抗辩人的使用、许诺销售或者销售行为的目的在于"生产经营"，如果其行为目的不在于生产经营，而在于科学研究和实验或其他目的的，其不能提出合法来源抗辩，其所提出的抗辩应当属于我国《专利法》第六十九条规定的"不视为侵犯专利权"的抗辩。

（2）抗辩人仅限为使用、许诺销售或者销售行为人，不包括制造和进口专利产品的行为人。也就是说，抗辩人所从事的行为仅限于为生产经营目的的销售或者使用专利产品或者依照专利方法所直接获得产品的行为，不包括制造和进口专利产品的行为。我国《专利法》对专利产品的制造提供的保护是一种"绝对保护"，任何未经许可的制造行为都是直接侵犯专利权的行为。进口专利产品行为的性质与制造专利产品的行为类似，也是属于直接侵犯专利权的行为，因此我国《专利法》也没有将上述两种行为列入本款规定的范围之内。这表明，专利侵权产品的制造者、进口者不能以不知道其制造、进口的产品是他人受保护的专利产品为理由，请求免除其赔偿责任。

（3）抗辩人的主观方面必须是善意，也就是说其不知道其使用、许诺销售或者销售的是未经专利权人许可而制造并售出的专利侵权产品。我国法律概念上的包括客观情况不可能知道和应当得知而实际并不知道两种情况。从我国侵权行为法理论来说，行为人的主观方面有两种，一种是故意，另一种是过失，如果行为人明知其行为侵犯他人权利，仍然进行该行为，则行为人是故意侵权，毫无疑问应当承担侵权责任；如果行为人应当知道其行为将侵犯他人权利，然而由于疏忽大意而没有知道，则主观状态为过失，也应当按其过错承担侵权责任。从纯法律理论上来讲，每一个商品的使用者、销售者都具有合理的注意义务，都应当事先核实其使用、销售的产品是否为未经专利权人许可而制造的侵权产品，否则就有"过失"，因为专利权是国家通过专利公报的方式公开公示的，

任何公众都可以很方便地获得专利权的信息。但同时,从现实商业行为中来看,要求每个商品的销售者或使用者去一一核实其所获得的产品的专利状态,去了解是否侵犯他人专利权几乎不可能,也不现实。因此,根据本条的规定,只有排除了"明知"的主观状态,属于"不知"和"应知而不知"主观状态下的行为,均可以认定为善意。也就是说,只有专利权人有证据表明使用者或销售者明知属于侵权产品的情况下仍使用或销售的行为,才应当承担赔偿责任。

(4)抗辩人需要证明其产品的合法来源。抗辩人证明其产品的合法来源的目的在于,让使用者或销售者披露真正的侵权产品的制造者,让专利权人有途径找到侵权产品的源头,找到真正的侵权产品的制造者,让向未经专利权人许可而制造专利产品的制造者来承担侵权赔偿责任,有效打击专利侵权行为。抗辩人没有提供充分的证据证明其侵权产品的合法来源的,合法来源抗辩不成立。

三、司法实践中如何认定专利诉讼中的合法来源抗辩成立

根据前述的合法来源抗辩成立的要件,笔者认为,对于前两项要件,涉及的是抗辩主体与主观目的的问题,是合法来源抗辩的基础,不难理解与认定。合法来源抗辩认定的关键在于后两个要件,即主观善意与合法来源证明的成立要件。

首先,对于主观善意的问题,也就是说使用者、销售者不知道是侵权产品的主观认定的问题。因为不知道是一种消极事实,使用者、销售者无法举证证明,而且根据前述的缘由我国法律没有规定使用者、销售者具有审查相关产品是否属侵权产品的义务,因此,在现实的司法实践中,抗辩人只需口头提出我根本不知道所使用或销售的产品属于专利侵权产品即可。对于主观善意的举证责任应由专利权权利人来提供反证,通过反证来证明使用者或销售者对侵权产品的主观"明知"心理状态。而我国法院对权利人指控使用者、销售者明知的审查相比较而言则较为严格。在通常情况下,很多专利权权利人会在诉前通过公证方式固定侵权产品使用者或销售者侵权行为的证据,然后向使用者或销售者发律师函或警告函,在法庭上权利人就以此来证明被告明知侵权产品而继续使用、销售的事实。但笔者认为,律师函或警告信函只是证明被告收到告知其使用或销售的产品属于侵权产品的通知,但是,律师函或警告函中所指称的侵权产品在法律上是否真正侵权,是否落入了你的专利的保护范围,作为使用者或销售者来说难以判断。同时,如果获得专利保护的是产品的某个部件,整个产品的使用者、销售者更是客观上无法判断其产品是否侵权。因此,仅凭一封信函就要求使用者或销售者停止使用或销售被你认为是侵权的产品,对使用者、销售者

十分不公平,会给其产生经济上的损失。而如果被原告指定的侵权产品一旦被认定为非侵权产品,作为使用者、销售者因原告的发函而停止使用与销售造成的损失由谁来承担。因此,笔者认为,判断侵权产品的使用者、销售者是否明知侵权应结合案情进行分析,应当从严审查证明他人知道被控侵权产品系未经授权而生产、销售的证据,专利权人的发函只能作为初步证据使用,应结合其他证据来认定,比如供货方的同一型号产品是否已被司法或专利、工商行政机关认定为侵权产品,专利权利人在发函警告时是否提供了上述有效的证明材料。对于其他的证明被告明知的证据,可以是被告因使用、销售被控侵权产品曾司法、行政机关处理过的法院裁判文书、行政机关处罚决定书等。同时,在判断抗辩人是否明知的主观状态时,法院还应考虑被控侵权产品与合法专利产品的价格比和被控侵权产品是否属于明显仿制专利产品等因素,进行综合判断。

其次,对于侵权产品合法来源的证明,笔者认为,产品合法来源就是指被控侵权产品是从正规合法渠道,以正常合理价格购进,具有合法的购销合同。合法来源的证明包括合法的购销合同、正式发票、付款凭证、销售源的营业执照、运输合同、正常的出入库凭证等能证明侵权产品的使用者、销售者是通过"合法渠道",以"正常的价格"购进侵权产品的证据材料。

对于侵权产品合法来源证据的审查,笔者认为应当加强抗辩人的举证责任,对其提供的证据应当从严把握,特别要注重对下列两方面的证据审查:①证据的真实性、证明力审查;②证据所针对侵权产品的关联性、同一性审查。对抗辩证据的真实性、证明力的审查,包括对购销合同签订的时间、约定的价格是否合理,所提供的发票、付款凭证是否真实,是否提供了供货方的营业执照,供货方主体的成立时间以及上述证据是否具有证明待证事实的证明力等各方面进行审查,相比较而言,购销合同、正式发票、付款凭证等具有较强的证明力,至于收款收据、出库单、入库单、证人证言等,考虑到这些证据多是由一方当事人出具的单方证据,缺乏社会公信力,上述证据的证明力,法院一般应不予采信。对抗辩证据的关联性、同一性的审查,应当审查:发票、付款凭证与购货合同、运输合同、出入库凭证等证据是否能形成一个完整的证据链,所提供的上述证据能否证明发生的就是涉案侵权产品的购销行为,比如说购销合同、发票所涉及的产品是否与涉案侵权产品具有同一性,供货方的营业执照的经营范围是否包括了涉案产品等。

笔者认为,对于具有正常和真实的供货合同、销货发票、付款凭证、出入库单据、供货方正常的主体资格等有效证据,且这些证据均唯一地针对涉案专利产品,这些证据能形成一个完整的证据链的,应当认定已证明了涉案产品的合法来源。反之,如果所提供的证据无法形成一个完整的证据链的,不能认定抗辩人提供了侵权产品的合法来源。

四、结束语

专利侵权诉讼中的合法来源抗辩作为专利侵权诉讼中作为大多数侵权产品销售者所采用的抗辩形式,在法院审查其抗辩证据时,应严格按照我国《民事诉讼法》和最高人民法院司法解释确定的证据规则进行审查,严格依法认定合法来源抗辩。只有这样,法院的专利诉讼活动,在保护专利权人合法权益的同时,也能更好地保护合法来源抗辩人作为专利侵权案件中的善意第三人的合法权益。

参考文献

[1]郑成思.知识产权论.北京:社会科学文献出版社,2007.

[2]程永顺.中国专利诉讼.北京:知识产权出版社,2005.

[3]黄贤涛等.专利战略管理诉讼.北京:法律出版社,2008.

[4]蒋志培.专利商标新型疑难案件审判实务.北京:法律出版社,2007.

[5]刘晓军.侵犯专利权诉讼之抗辩要论:http://www.chinaipmagazine.com/journal-show.asp?id=853.

[6]郑之平.专利侵权诉讼中的合法来源抗辩:http://lvshi.bj.bendibao.comnews2009814/52822.shtm.

[7]杜晶敏.从中间商处进行坚决阻击——知识产权侵权诉讼中合法来源抗辩制度的另一种思路.知识产权保护:http://dcm.ezweb1-2.35.com/congzhongjianshangchujinxingjianjuezuji-70248.html.

本文曾荣获浙江省省直律师协会"2011律师实务理论研讨会"二等奖。

作者简介

黄伟源,男,厦门大学法学学士,浙江大学法律硕士,六和律师事务所副主任、合伙人,一级律师。主要擅长办理公司、专利、商标、版权等有关知识产权、股权并购、房地产项目等诉讼与非诉讼法律事务。

构建海洋经济知识产权保护的综合服务体系

黄伟源　吴　壮

【摘要】　2011 年 2 月 25 日,《浙江海洋经济发展示范区规划》获国务院正式批复,标志着浙江海洋经济发展正式上升为国家战略。《规划》除明确了浙江海洋经济发展示范区建设的总体目标、战略定位、空间布局、基本任务和重点突破之外,更是以 12 处"科技创新"、5 处"核心竞争力"彰显知识产权对海洋经济发展的重要地位。所以,在发展海洋经济、实施知识产权两大国家战略的背景下,构建知识产权保护的综合服务体系无疑是促进和保证我国迈向拥有自主知识产权的海洋经济的首要任务。

【关键词】　海洋经济　知识产权　服务　体系

　　海洋经济是随着人们对海洋资源开发利用的不断深化而发展起来的,目前正处在一个产业类别不断完善,细分、新兴产业快速崛起,各国不断拓展海洋经济发展空间的高速发展阶段。我国"十二五"规划纲要提出推进海洋经济发展,并将其作为转型升级、提高产业核心竞争力的重要内容,可见发展海洋经济是我国解决资源瓶颈、发展模式转型、维护主权完整的重要手段。

　　然而,由于海洋不同于大陆,其自然条件的特殊性决定了海洋资源的开发与利用势必需要大量的高新技术做支撑,掌握前沿的高新技术,也就抢占了开发海洋空间和资源的先机,必然获得巨大的资源和经济效益;而且,在国内外树立一批拥有自主知识产权的品牌亦是发展海洋经济、实施国家知识产权战略的战略重点。由此可见,知识产权对海洋经济发展而言是举足轻重的。

一、海洋经济发展中的知识产权概述

　　国务院批复的《浙江海洋经济发展示范区规划》在明确战略定位、总体目标的同时,详细释明了现代海洋经济的产业体系的架构。下面笔者结合该规划及我国对涉海高新技术的认定,浅析在海洋经济发展体系中,涉及知识产权的主要相关产业及所涉知识产权的权利类型。

（一）港航物流系统设施与设备涉及的知识产权

随着计算机技术、网络技术、光机电算一体化技术的快速发展，现代物流系统的设施与设备的自动化和信息化程度越来越高，现代物流系统的设施与设备所涉及的技术，毋庸置疑都需要知识产权来保护。例如：物流集装单元化的设备、物流搬运装卸、运输设备、仓储货架等及其零部件可以以专利权或商业秘密的形式予以保护；而自动化仓储系统、自动分拣系统、综合物流管理系统等软件属著作权保护范畴。

（二）临海先进装备制造业涉及的知识产权

拥有自主知识产权的高新技术及对涉海装备制造具有重要作用的前沿技术是体现涉海工业现代化水平和综合国力的重要标志。在临海装备制造业中，船舶制造与维修、海洋工程技术及其配套、大型成套设备、重型设备、汽车及零部件等无不涉及对专有技术的权利化或保密性保护。而且，针对临港制造业的企业而言，建立品牌战略，开展和推进自主商标的培育工作，也是对企业知识产权保护的一个重要方面。

（三）海洋能源技术涉及的知识产权

海洋能源技术包括利用潮汐能、波浪能、海浪流能、温差能、盐差能、近海风能等能源发电技术及海洋热能的利用技术，也包括各种利用上述技术进行海洋能源转换的设备、装置和方法，诸如：利用潮流能发电涉及的"低速海水换能器"、浙江大学于2006年研制的叶轮半径为1米的"水下风车"发电装置、盐差能发电的"渗透膜技术"及核电项目设备配套与建设维护的技术等，所有上述技术与设备均涉及知识产权的保护。随着我国利用海洋能源的技术的不断提高，我国拥有自主知识产权的海洋能源发电装置、设备日趋成熟。

（四）海洋生物医药及海洋活性物质产业涉及的知识产权

我国自"863"海洋生物技术计划启动以来，已极大地促进了该产业的发展，目前已经有数十种海洋药物获国家批准上市，已申请国内专利近千余项，知识产权主要集中在抗肿瘤药业和治疗心脑血管疾病类药物及生物镇痛药物的研究与开发方面。另外，海洋生物医药企业也非常重视企业品牌的保护，涌现出一批如"伊可欣"等中国驰名商标。

(五)海水利用产业涉及的知识产权

海水利用产业主要包括海水淡化和利用、海水冷却、海水烟气脱硫和海水源热泵、海水化学资源提取技术等,目前我国已具备设计、制造反渗透淡化装置的能力,跻身世界大型海水脱硫装置建设的国家行列,涌现出如宁波沃富圣龙中央空调有限公司①等一批海水利用产业的高新技术研发企业,并在浓海水制取浆状氧化镁技术方面取得重大突破,国家也将加大海水淡化国产化技术研发,重点突破能量回收装置、高压泵等关键设备及从浓缩海水中萃取和精深利用化学元素技术,拓展海水利用技术在水资源再利用和特种分离领域的推广应用,在产业创新、技术创新、品牌创新的各方面均涉及专利、商标、商业秘密、著作权等知识产权。

(六)海洋勘探开发业涉及的知识产权

海洋勘探开发业包括海洋油气勘探和大洋矿产资源开发,均是现代海洋开发中典型的高技术产业。其中海洋勘探主要涉及海洋非地震物探方法和海洋地震勘探,我国已成功开展长排列大容量震源地震采集、海底地震仪及其他物探方法的联合海试,自主研制出 5 套高频数字海底地震仪(OBS),并开展研发水合物地震识别技术、地球化学探测技术和保真取芯钻具,并在开发自升式钻井平台、浮式生产储油装置及深水水下采收系统等领域取得突破,将拥有自主知识产权的海洋高新勘探开发技术成果转化。

(七)海洋空间利用涉及的知识产权

海洋空间利用技术应用在海洋运输空间、生活和生产空间、储藏和倾废空间及深海军事基地等方面,是一个高新技术产业,涉及很多专业和行业,具有很强的综合性、配套性和知识密集性。如海底抽气的勘探开发中的浮式生产储运系统(FPSO)、浮式独柱平台(SP)、张力腿平台(TLP)等高新技术的应用、引进、继续性开发及成果转化,无一不需要得到知识产权法律制度及服务的保障。

(八)涉海金融服务业、保险服务业涉及的知识产权

《浙江海洋经济发展示范区规划》中明确,引导国内外金融机构在浙分支机构积极发展涉海金融、保险业务,这将会使部分国内外金融及保险机构对涉海

---

① 宁波沃富圣龙中央空调有限公司为 2008 年北京奥运会青岛国际帆船媒体中心研发"地源/海水源热泵中央空调"系统,并在奥运会期间完成任务。

金融或保险产品的商业方法专利①进行申请，主要可能集中在包括金融、保险产品专利、金融、保险产品专利管理在内的系统专利及网络技术及电子技术开发的金融、保险服务与系统方法等。以取得网络经济中的先行者的优势并构筑模仿障碍，同时，各大金融、保险机构也存在对商标、软件著作权、商业秘密等知识产权保护的需求。

（九）滨海旅游业涉及的知识产权

滨海旅游业主要涉及商标、著作权及连锁服务的特许经营等知识产权，加强滨海旅游业的品牌维权意识，实施自主知识产权战略，保障滨海旅游业的健康、有序发展。

（十）海洋监测和探测技术、海洋生态模拟系统技术涉及的知识产权

目前我国在海洋监测和探测方面，已在浮标技术、海洋遥感技术、水声探测技术及观测仪器技术的各个领域取得了长足的进步，在海洋卫星遥感观测、海洋调查观测、海洋环境监测技术和装备方面取得了跨越式的发展，也突破了声学海流剖面测量和声成像关键技术、岸基海表动力环境监测高频地波雷达关键技术；在海洋生态模拟模型的研究方面，涌现出诸如采用零维 NPZD 生物模型对渤海初级生产力年循环进行分析的多种模拟模型。上述高新技术融合了现代高科技成果，应当在战略性的视角下予以保护。

（十一）海水养殖业及水产品加工业涉及的知识产权

由于海水养殖业一直是我国海洋经济的主导产业，因为在该领域技术的专利化成果也是可观的，已拥有"裙带菜单倍体无性繁殖系育苗技术"、"酶法解离紫菜营养细胞育苗方法"、"四倍体鱼的培育方法"、"三倍体对虾育苗方法"等专利；在水产品加工领域方面，先后开发了罐头、鱼糜制品、各种风味小吃等技术，并利用生物化学和酶化学技术，从低值水产品和加工废弃物中研制出综合利用产品，除专利权及被企业保护的商业秘密之外，水产品的品牌保护问题也尤为突出。

---

① 美国专利商标局在美国专利分类码第 705 号中对商业方法专利所作的定义是："装置和对应的方法，用于商业运作、政府管理、企业管理或财务资料报表的生成，它使资料在经过处理后，有显著的改变或者完成运算操作；装置及对应的方法，用于改变货物或服务提供时的资料处理或运算操作。"目前我国对商业方法专利的授权持谨慎态度。

二、构建知识产权保护的综合服务体系在海洋经济发展中的重要意义

我国目前拥有一套完善的知识产权法律制度,包括专利、商标、著作权、植物新品种、集成电路布图及不正当竞争等保护法律制度,但权利人本身对知识产权的保护仍存在法律、专业等障碍,而为自主知识产权提供的服务却不能与法律制度相配套,缺少健全的知识产权服务体系已经对经济社会的发展造成制约。在国家致力于发展海洋经济的背景下,为提升并保护核心竞争力,确保我国在海洋资源开发、利用、保护等方面享有领先地位,就应当构建适应中国经济发展尤其是海洋经济示范区需要的,适合知识产权开发、权利化、保护、运用各环节服务要求的,结构合理的、功能齐备的知识产权综合服务体系。

(一)构建知识产权保护的综合服务体系是发展海洋经济的必然要求

随着全球经济一体化的发展,技术更新、品牌效应的提高日新月异,但我国因在知识产权法律制度方面起步较晚,因此在知识产权的发展道路上存在着很多障碍和阻力。例如,大量国外企业在中国申请专利权保护,使国内企业受到这些权利带来的巨大障碍:①要么缴纳高额的许可使用费用;②要么停止使用这些技术方案,被迫放弃某些业务的开展;③同时出现国内大型企业被诉侵权,支付高额的损失赔偿费用,直接影响企业经营和声誉等。同时也出现知名商标在境外被抢注的现象,如联想商标"Leg-end"在多国已被抢注,联想公司不得已在国外市场启动另一个商标使用,造成不可估量的损失。

虽然国家、各级政府、企业对知识产权的保护意识逐步提升,但目前在"需要保护"、"如何完善保护"这两个问题上,仍存在较大差距。而企业作为知识产权开发、保护、利用的主体也不能在法律和技术的双轨上同步协调发展,这就需要专业的知识产权服务来弥补上述缺陷。如前所述,在海洋经济发展过程中,绝大多数产业都涉及知识产权,而提升和保护核心竞争力也是海洋经济发展的重要任务之一。所以,海洋经济需要保护知识产权,更需要专业的、全面的、系统的知识产权综合服务体来提高知识产权的保护水平,以带动知识产权的全面发展。由此可见,构建知识产权保护的综合服务体系是发展海洋经济的必然要求。

(二)构建知识产权保护的综合服务体系符合《国家知识产权战略纲要》及浙江省"创新强省"战略的指导精神

2007年11月6日,中共浙江省委讨论通过《关于认真贯彻党的十七大精神扎实推进创业富民创新强省的决定》,在全省实施"两创"战略;2008年6月5

日,国务院发布《国家知识产权战略纲要》,正式将知识产权发展上升到国家战略的高度;2009 年 12 月 22 日,结合本省实际,浙江省政府制订并发布《浙江省贯彻国家知识产权战略纲要实施意见》,详尽地明确了实施知识产权战略的总体要求及 30 余条主要目标。值得注意的是,在这三份政策中,均将建立知识产权服务体系作为主要目标之一。由此可见,在海洋经济发展过程中,尤其是在海洋经济各大产业均涉及知识产权保护的背景下,按照国家战略及浙江省"两创"战略的指导精神,构建知识产权的综合服务体系是发展海洋经济的必经之路。

（三）完善的知识产权综合服务体系可以为海洋经济中各产业的技术研发提供专业性、全面性、系统性的保障服务

知识产权综合服务体系一般涉及三个主体:行政服务层,包括政府行政服务、行业协会管理和公共信息服务平台;知识产权中介服务层,包括代理、咨询、法律、交易和融资等法律和技术性服务;企业内部知识产权服务层[1],包括专利申报、分析等。综合服务体系的运作由上述三个主体联动、配合,各司其职,为海洋经济中各产业提供技术研发、技术权利化、成果产业化、资本化提供专业化服务。例如,就专利信息而言,据世界知识产权组织（WIPO）的统计,世界上每年发明成果的 90%～95% 都能在专利文献中找到[2],由此可见,借助于专利文献提供的技术和法律信息,可以缩短科研时间,节省科研经费,但是这种对专利信息的利用,并非企业自身能够实现的,还要借助于行政管理的支持和中介机构的专业背景,才可以在研发立项、专利情报、技术潜力挖掘等方面全局统筹。所以,建立健全知识产权综合服务体系不仅可以提高技术的研发水平,降低研发成本,而且为经济发展中的知识产权保护提供专业性、全面性、系统性的保障服务。

所以,构建知识产权综合服务体系不仅是政策所向,更是经济发展所需,对发展海洋经济、实现转型升级具有重大意义。

三、如何构建海洋经济发展中的知识产权综合服务体系

基于国家的政策导向及海洋经济发展中知识产权保护的迫切需求,构建适合于海洋经济发展的知识产权综合服务体系迫在眉睫,那么如何构建,以什么

---

[1] 唐恒,周化岳.自主创新中知识产权中介服务体系:功能、作用机理及实现途径.科学管理研究,2007,(25,4).

[2] 孙红卫.浅谈专利信息的情报价值.科技情报开发与经济,2006,(5).

为构成要素,如何形成服务网络体系是眼前需要解决的问题。笔者结合法律法规、国家及区域战略、经济发展需求以及知识产权服务的实务特点,提出以六项知识产权"管理"为横向要素,以六个知识产权"支撑"为纵向驱动,"六横六纵"组成海洋经济发展中知识产权保护综合服务网络体系,抛砖引玉,以期对体系的构建、完善有所裨益。

(一)六项"管理"

(1)知识产权的创造管理:指的是知识产权的产出管理,是整个知识产权管理服务的起点。在我国,偏重知识产权后期的成果阶段的管理,忽视科研立项开始时、项目执行过程中、项目结束时的知识产权管理是当前普遍存在的问题[①]。构建知识产权管理服务体系应重视创造管理,主要内容有:①调查项目市场前景,有利于提高技术利用率;②科研立项前对知识产权资料的检索和对专利文献的查新,有利于避免开发重复技术,提高研发效率;③如涉及技术共同研发,应注意签署内容详细的合作合同,重视提供现有专利和技术的情形,并明确技术成果的归属、申请人、实施方等;④项目开发过程中,应注意做好相关科研人员的保密工作,避免知识产权流失;⑤在项目结束后技术成果未权利化之前,避免将项目技术公开,否则将可能造成技术方案因丧失新颖性而不能取得专利权;⑥将创造管理纳入知识产权管理的全过程;⑦制定相应的知识产权创造管理制度和激励机制等。

(2)知识产权的信息管理:知识产权信息管理包括宏观信息管理与微观信息管理两个方面,宏观信息管理包括国家、地区、行业乃至各个企事业单位的宏观知识产权信息管理,诸如国家知识产权服务信息网络的规划与建设、知识产权信息利用意识的宣传、普及和提高;知识产权信息管理规章制度的制订、执行等。微观信息管理指的是知识产权信息资源的管理,包括信息的收集、整理、分析研究、利用等[②]。知识产权的信息管理内容,主要有:①以建立知识产权信息战略数据库为主,持续不间断地收集与技术等有关的相关信息,形成系统的集合体;②以采集背景资料为辅,如涉及行业技术现状、特定技术的发展历史或相关竞争对手的技术动态、投资动向的资料[③];③用统计分析的方法形成专利地图等。

(3)知识产权的制度管理:制订并不断完善知识产权制度,使知识产权的各

---

① 戴志明,李名家,杨俊.浅析我国高等学校知识产权创造管理策略.高等农业教育,2006,(7):21—23.

② 马海群.知识产权信息管理的调控手段分析.世界科技研究与发展,2006年4月.

③ 毛金生,冯小兵,陈燕.专利分析和预警操作实务.北京:清华大学出版社,2009:10.

项管理能够有效地、规范地执行。知识产权制度管理主要涉及：①专利、商标、著作权、商业秘密等保护办法；②职务发明的管理制度及奖励办法；③项目申报程序及审批办法；④知识产权实施、转让、许可等管理办法；⑤知识产权纠纷处理办法；⑥企业相关人员竞业限制协议；⑦知识产权研发管理、信息管理、风险管理、利用管理、规划管理的相关制度等。

（4）知识产权的风险管理：知识产权的风险涉及研发阶段的风险、权利化阶段的风险、利用阶段的风险及纠纷阶段的风险，如研发人员流失致使技术泄密、专利布局不合理导致权利化失败等。应对以上风险，应建立知识产权质量保障体系，聘请专业人员对风险产生原因予以分析、对风险产生的后果及损失予以评估，同时建立风险预警机制，有效避免风险的产生等。

（5）知识产权的利用管理：知识产权的利用管理包括知识产权的成果化运作、知识产权的转让、许可等商业化运作、知识产权融资等资本化运作的管理。在知识产权的利用管理中，需注意以下几个主要问题：①防范各种利用方式所产生的风险，诸如知识产权转让而产生技术秘密被公开的风险；②注意约定后续技术改进成果归属；③重视知识产权评估；④灵活应用以知识产权质押、担保、信托等或知识产权投资的方式提高知识产权的利用率等。

（6）知识产权的战略管理：知识产权战略是一个完整的体系，包括知识产权战略思想、战略目标、战略方案等，其与经营战略直接相关。知识产权战略体系由信息数据库、人才培养、预警机制、评估体系、管理制度、组织机构等多个结构支撑。制定知识产权战略是将管理理论与实践融为一体的过程，应具备以下流程：①启动战略研究并完成前期准备工作；②明确战略主体未来的目标及发展方向；③采用SWOT分析法等分析工具对内外环境进行分析，确定战略目标；④战略方案的最终确定等。

(二)六个"支撑"

（1）以政府主导为支撑。指的是政府及行政机关的政策、财政、公益、保护等作为知识产权保护服务体系的支撑。政府主导支撑主要体现在：①以立法形式确立知识产权战略、"两创"战略，在政策上给予扶持；②通过直接的财政税收给予资金支持，如研究开发补贴和税收优惠；③通过支持风险投资和鼓励金融机构对科技型创新企业投资和贷款实现金融支持；④通过建立知识产权公共服务平台、知识产权交易平台，建立知识产权的各类文本库等强化知识产权服务；⑤解决海洋经济示范区某个行业乃至国家整体产业遭遇的国际关键技术壁垒问题；⑥推进专利技术国际标准化；⑦加大知识产权保护行政、司法的力度等。

（2）以行业协会统筹为支撑。行业协会、商会通过对相关知识产权的统筹、整合等作为知识产权保护服务体系的支撑,其主要体现在:①行业协会、商会整合本行业内的知识产权资源;②根据行业发展的要求,制定知识产权的行规行约并组织实施;③针对行业共性技术,协调海洋经济示范区内企业合理使用;④针对本行业内被恶意抢占的公知技术,且已阻碍企业发展或造成不必要讼累的,行业协会可出面协调或以技术、资金支持企业提起相关的无效或撤销等行政行为等。

(3)以中介机构服务为支撑。相关知识产权中介机构提供知识产权功能服务作为保护服务体系的支撑,主要有:①知识产权代理,专利、商标及版权代理;②知识产权的信息服务,包括专利文献服务、专利分析、专利预警及专利地图制作等;③协助海洋经济主体建立健全知识产权管理体系,包括知识产权创造、信息、制度、风险、利用、战略等各项管理;④从事知识产权法律咨询、诉讼代理等服务;⑤代理涉及知识产权交易、融资的法律服务;⑥从事知识产权的评估、评价、鉴定等服务;⑦为政府、行业协会、企业等提供涉及海洋经济知识产权的项目的全程法律服务等。

(4)以海洋经济主体的自主创新为支撑。海洋经济主体的自主创新支撑主要体现在:①企业通过原始创新、集成创新和对引进专利技术的消化吸收再创新等多种方式实现产业结构转型升级;②发展一批以涉海制造企业为主体的省级甚至国家级技术(工程)中心;③做强一批技术先进、具有国际影响力、竞争力的大企业;④形成数个拥有自主知识产权的大型临海产业集群等。

(5)以科教院所技术为支撑。科研、教学院所研发的技术支撑主要体现在:①科研与教学院所产学研结合式的自主创新,加强海洋科技研发和成果转化应用;②科研、教学院作为海洋经济企业的技术顾问,为企业提供知识产权技术支持;③高校提高对海洋科技教育的资源配置,为海洋经济发展输送技术人才等。

(6)以引进、合作开发为支撑。是指引进国际先进技术、合作开发技术作为知识产权保护服务体系的策略支撑,其主要体现在:①引进国际先进的、前沿的海洋高新技术,实现产业化,并对引进技术进行再改进,形成自主知识产权;②推行跨领域复合型开发,整合各方优势资源,实现协同发展等。

上述六项管理涉及知识产权由产生、权利化、利用及规划的整个过程,六个支撑为实现自主创新方面提供全面的保障支持,以六项管理为横向元素、以六个支撑为纵向驱动,形成知识产权综合服务网络体系,为发展拥有自主知识产权的海洋经济保驾护航。

四、结束语

在国家实施海洋战略的今天,构建海洋经济发展中知识产权保护综合服务体系是一个全新的课题，其内容涉及经济、科学、法律等各个方面，作为从事知识产权法律服务的一员，希望我们粗陋的分析与见解能对体系的构建、完善有所帮助，对海洋经济的推进与发展起到作用。

参考文献

[1]浙江省人民政府：《浙江海洋经济发展示范区规划》，2011年2月。

[2]国务院：《国家知识产权战略纲要》，2008年6月5日。

[3]浙江省政府：《浙江省贯彻国家知识产权战略纲要实施意见》，2009年12月22日。

[4]方庆琯，李锐.物流系统设施与设备.北京：清华大学出版社，2009.

[5]夏清华.中国企业自主知识产权能力建设研究.武汉：武汉大学出版社，2010.

[6]汪琦鹰，杨岩.企业知识产权管理实务.北京：中国法制出版社，2009.

[7]包诠真.我国海洋高新技术产业竞争力研究.哈尔滨工程大学硕士学位论文，2009.

[8]李爱民，张跃进，潘志华.海洋生物技术专利研究.Studty and Research 工作研究，第15卷.

[9]马海群.知识产权信息管理的调控手段分析.世界科技研究与发展，2006.

[10]周渝利.XZ路桥机械公司知识产权战略管理及支撑体系的设计与研究.西南交通大学硕士学位论文，2009.

[11]毛金生，冯小兵，陈燕.专利分析和预警操作实务.北京：清华大学出版社.

[12]李镇西，金岩.银行业知识产权理论与实务研究.北京：中国经济出版社，2008.

本文曾荣获2011年浙江省律师协会"首届浙江律师论坛"三等奖。

作者简介

黄伟源，男，厦门大学法学学士，浙江大学法律硕士，六和律师事务所副主任、合伙人，一级律师。主要擅长办理公司、专利、商标、版权等有关知识产权、股权并购、房地产项目等诉讼与非诉讼法律事务。

吴壮，女，北华大学工学学士，六和律师事务所专职律师。专职从事知识产权诉讼与非诉讼法律事务。

论商标描述性合理使用

李　静　徐子越

【摘要】　在著作权法中,"合理使用"是一个众所周知的概念。在商品经济迅速发展的今天,商标权日益扩大,合理使用制度开始应用于商标法的领域。近年来,合理使用制度成为各国商标权限制的核心内容之一。但是,在我国商标法体系中,无论理论还是立法实践均未形成较为完善的体系,仅在我国《商标法实施条例》中对描述性商标标识的正当使用作出了规定。本论文以商标商业性合理使用为研究背景,重点剖析商标描述性合理使用与商标的"第二含义",结合国内外案例,理论联系实际,进行分析和思考,提出一些不成熟的构想。

【关键词】　商标　描述性合理使用　"第二含义"

　　商标作为生产者或者销售者向消费者传递商品或服务的一种信息,其本身就是财产,具有独立的价值。随着商品经济的发展,商标尤其是驰名商标其功能开始演变,除了具有指示、区别商品或服务来源,保障商品质量的功能之外,其他的功能和价值不断凸现,从识别到表彰,商标背后所隐藏的无形财产已经与商标权人的利益息息相关。商标的价值完全来自它所标记的商品或服务,是由商品或服务质量建立起来的商誉注入而产生。① 可见,商标已经成为体现生产者或者销售者商誉的重要载体。美国商标法权威麦卡锡教授认为:"商誉与其商标标识须臾不可分离,就像连体婴一样,一旦分开两者都会死亡"。② 在实践中,商标权人往往将自己的商标专用权视为一种绝对的私权而排斥他人合理正当地使用,阻碍公众对公有领域的事物进行正当使用。

　　商标法既要保护商标权人的商标专用权,又要维护其他人的合法利益和社会公众的利益。在商标法中规定合理使用制度,当不存在其他不正当竞争的情况且使用人不具有主观恶意,只要能够避免混淆或者混淆的可能,就应该允许

---

① 刘春田. 商标与商标权辨析. 知识产权,1998(1).

② McCarthy J Thomas. McCarthy on Trademarks and Unfair Competiton,2005,4th ed. , § 18. 2.

非权利人对商标的正当使用。

一、商标的分类及使用

商标作为区分商品或服务来源的符号，其显著性对商标权的保护尤为重要。"任何标记或者标记的组合，只要能够将一个企业的商品和服务区别于其他企业，即可以构成商标。"商标的显著性是商标保护的灵魂，其强度不仅直接决定商标是否可以注册，而且还决定商标权利范围大小。[①]

美国的学者和司法实践把商标分为臆造商标（Coined Mark）、任意商标（Arbitrary Mark）、暗示商标（Suggestive Mark）和描述性商标（Descriptive Mark）。一个"臆造"商标是一种独特的创造文字或符号（例如，"柯达"，"富士施乐"）。该类商标与其标示对象不存在任何联系，其他经营者除非出于恶意不会使用，唯一性和独特性使其成为商标垄断权的理想标记。[②] 一个"任意"商标使用的文字或符号的一般内涵和产品没有天然的联系（例如，"Apple"牌电脑，"企鹅"的书籍）。一个"暗示"商标需要使用想象力来把字词或短语与产品联系起来（例如，L'eggs 蛋袜）。一个"描述"商标只是描述了产品或其特征。最后，"通用"商标是一个词或短语通常用来描述整个一类或属的产品或服务（例如，"螃蟹之家"，"可口可乐"）。臆造商标、任意商标、暗示商标的显著性，臆造商标显著性的程度最高，而描述性商标的显著性，通常都是需要经过长期使用，在使用中具有商标的"第二含义"，从而获得显著性。

"使用"对商标来说具有重要的意义：没有显著性的描述性商标经过使用，获得了显著性，可以成为注册商标；而注册商标在使用中发挥商标指示商品来源和区别不同经营者之信息真实性的作用，从而防止消费者被混淆、误导或者欺诈。商标法上的"使用"具有特殊的意义。

"商标使用"的定义在《巴黎公约》和 Trips 协议中均没有涉及。但是"商标使用"的表述在大多数国家或者地区的商标法中都有所体现。例如美国《兰哈姆法》第 45 条[③]，商标"使用"必须是在商业上使用商标，或者与销售，分销或广告的商品或服务有联系。《日本商标法》第 2 条第 3 项，把商标使用分成了三种类型：（一）在商品或者商品的包装上附加标记的行为；（二）将附加标识的商品

---

① 黄晖.驰名商标和著名商标的保护.北京：法律出版社，2001：11.

② 吴汉东.知识产权法.北京：中国政法大学出版社，2004：231.

③ "在商业中使用（use in commerce），指商标以任何方式置于商品或其容器，或与其相伴之展示物或贴附其上之签条或标签上，若商品的自然状态不允许以上使用方式，则将商标置于与商品或商品销售相伴之资料上，且该商品需为商业性销售或运输。"引自：陈明汝.商标法原理.北京：中国人民大学出版社，2003：286.

或商品的包装,售让或交付或为售让或交付而展示或输入的行为;(三)有关商品之广告、价目表或交易文书上附加商标而展示或广告的行为。① 我国台湾地区"商标法"第 6 条也明确,"商标使用"系指将商标用于商品或其包装或容器、电视、新闻纸类广告或参与展览会展示,行销我国台湾地区市场或者外销。《欧共体商标条例》第 9 条②规定了商标所赋予的权利,从中可以总结出商标使用的几种典型方式:①在商品或其包装上缀付;②提供带有该标志的商品,将其投入市场或为此目的的持有或用该标志提供服务;③进口或出口带有该标志的商品;④在商业文书或广告上使用。《英国商标法》第 10 条(4)③通过四个方面,对商标使用进行了定义。

我国《商标法》并没有明确规定商标使用的定义,《商标法实施条例》第三条规定:"商标法和本条例所称商标的使用,包括将商标用于商品、商品包装或者容器以及商品交易文书上,或者将商标用于广告宣传、展览以及其他商业活动中。"司法实践中,对商标使用的方式的扩张解释《北京市高级人民法院关于审理商标民事纠纷案件若干问题的解答》中明确指出在商业活动中,使用商标标识标明商品的来源,使相关公众能够区分提供商品的不同市场主体的方式,均为商标的使用方式。除《商标法实施条例》第 3 条列举的商标使用方式外,在音像、电子媒体、网络等平面或立体媒介上使用商标标识,使相关公众对商标、商标所标识的商品及商品提供者有所认识的,都是商标的使用。此外,对于服务商标的使用方式,亦做了列举④。

可以看出,商标使用一般都是在商业活动中,各国的规定大多有"商业性销售"、"交易"、"商业活动"等字眼。商标使用应该首先结合商标本质的区分功能进行界定。商标的显著性是商标保护的理论基础,侵害商标权实际上就是对商标区分和识别功能的侵害。侵害商标权的行为显然也就是属于商标使用的行

---

① 杨和义.日本商标法的特点//唐光良.知识产权研究(第 12 卷).北京:中国方正出版社,2002:462.

② 译本见:黄晖.驰名商标和著名商标的保护.北京:法律出版社,2001:440—441.

③ 《英国商标法》第 10 条(4)中,将商标使用定义为这几个方面:①把记号配用在货物或货物的包装上;②为了销售而向别人提供或展示其货物时,把其货物送上市场或用作销售的贮备时都配上了这一记号,或者把这一记号用作推销或提供服务时的记号;③把这一记号配用在进口或出口货物上;④在商业文件上或广告上使用这一记号。

④ "在商业活动中,有下列行为之一的,可以认定为服务商标的使用:①在服务场所内外标明其服务商标的;②在服务招牌上标明其服务商标的;③在为提供服务所使用的物品上标明其服务商标的;④在服务人员的服装、鞋帽及标牌、名片、明信片等物品上标明其服务商标的;⑤在服务提供者的财务账册、发票、合同等商业交易文书上标明其服务商标的;⑥利用音像、电子媒体、网络等平面或者立体媒介使相关公众认识到其为服务商标的;⑦其他在商业活动中使用服务商标的行为。"参见北京市高级人民法院印发京高法发〔2006〕68 号《北京市高级人民法院关于审理商标民事纠纷案件若干问题的解答》。

为。"商标使用"通常可以理解为文字或符号紧密结合货物或服务的出售方式，用这种方式使消费者和这些货物或服务联系起来，即商标使用其实就是符号或者标记用于商业活动中并起到区分和识别商品来源的作用。如果符号使用于商业活动中，但该符号没有起到商标的作用，则属于符号使用，而非商标使用。[①]也就是说，即使行为人使用了与商标完全相同的文字、符号或者图案，如果不能起到区分或识别商品、服务来源的作用，那就是属于非商标意义上的使用，则不构成商标侵权。

二、商标描述性合理使用

（一）商标合理使用概述

任何权利都是有限制的，商标权也不例外。商标权作为一项知识产权，其专有性无非是在一个公有领域中划出一块属于私人的领地，不允许他人擅自闯入。那么，这就必须有一个此疆彼界，有一条界线。界线之外，属于公共花园，公众可以自由嬉戏；界线之内属于私家花园，仅供主人游乐，他人欲入此地，则得经权利人允许并接受权利人的进入条件。同样，权利人也不得滥用权利，肆意干涉他人在公共领域内善意合理地活动。正如美国法官 Holmes 所云："商标权只是用于阻止他人将其商品当作权利人的商品出售，如果商标使用时只是为告知真相而并不是要欺骗公众，我们看不出为何要加以禁止。商标不是禁忌。"[②]规定商标合理使用制度是为了维护公共利益，防止商标权人滥用权利。

"合理使用"最早出现在版权法的领域，它是指在特定的条件下，法律允许他人自由使用知识产权人的权利标的，而不必征得权利人的许可，也不必支付任何对价。[③] 随着商品经济发展，商标权日益扩大，合理使用制度开始应用于商标法的领域。许多国家以及国际条约都规定了商标合理使用制度。从 20 世纪90 年代开始，一些涉及商标的地区或国际性公约对商标权合理使用给予了肯定。Trips 协议第 17 条对商标专用权的限制问题作了一个原则性的规定："如说明性词汇的合理使用之类，只要这种例外顾及了商标所有人及第三人的合法利益。"

根据世界各国（地区）的商标立法以及学术界的观点，商标商业性合理使用主要有两种：法定的合理使用或者称为传统的合理使用（classic fair use），我国

---

① 汪泽.什么样的才是商标使用——简评 OWEN 商标权纠纷案件.中华商标,2004(4).

② 傅钢.商标的合理使用及其判断标准——从《商标法实施条例》的有关规定谈起.中华商标,2002(12).

③ 吴汉东.知识产权法.北京:中国政法大学出版社,2004:89.

学者将此称为描述性合理使用或叙述性合理使用(descriptive fair use)。还有一种合理使用则是指示性合理使用,也有人称之为提及的合理使用(Nominative Fair Use)。美国作为商标合理使用制度最为发达的国家,除了《兰哈姆法》第 33 条 b 第 4 项对描述性合理使用作了详细的立法规定外,法官通过判例的形式又增设了三个属于合理使用的情形,在使用他人的商标时可能被视为非侵权。这三类合理使用主要是:①指示性的合理使用;②比较广告的合理使用;③模仿的合理使用①。本文主要对商标描述性合理使用进行剖析和论述。

(二)商标"第二含义"

商标是能够将一个企业的商品或服务与其他企业的商品或服务区别开来的标记。每一个商标都有代表着他们所售出货物或提供服务的来源,它在消费者头脑中形成了独特的产品或服务的来源,这也是商标显著性的表现。

一个识别标志能够受到保护,必须具有显著性,要么,它本身就具有固有显著性;要么,它通过使用具有"第二含义",获得显著性。如果一个特定符号或文字不是固有的独特的具有显著性,那么,只有在证明它已成为独特的具有显著性后,才能得到注册或保护。这种获得显著性被称为商标的"第二含义"。臆造的文字、图形或其组合具有固有的显著性,因而注册后,对其保护力度也较强;经使用而获得显著性的商标,虽可予以注册,但因组成商标的文字、图形或其组合来自公用领域,仅因在"第二含义"上长期使用才使其具备区别商品或服务的来源的作用,故与显著性较强的臆造商标相比,保护力度当然也就逊色多了。根据上述特点,有学者将因使用臆造文字、图形而获得显著性并予注册的商标,称为强商标;将直接采用公用领域的文字、图形,经使用而获得显著性得以注册的商标,称为弱商标。② 非固有显著性的标志必须是有相当的强度或具有"第二含义"才能有资格注册成为商标或作为商标保护。因此,显著性强弱度和"第二含义"商标之间有紧密联系。不具有显著性的符号、识别标志,想要获得优先的所有权就要看该符号、识别标志在何时、何地建立了何种的"第二含义"。

商标的"第二含义"始创于英国,后在美国商标保护的立法实践中广泛运用。美国商标法上,商标"第二含义"是指"一个地名或一个说明性词汇,在某企业生产的商品上作为商标使用一段时间后,产生了除其原义以外的新含义,用户看到这个词,就会自然地把它和某商品联系起来,于是它作为商标就具有了

---

① Baila H Celedonia, Kieran Dovle. Statutory And Nominative Fair Use Under The Lanham Act. http://www.ipfrontline.com/depts/article.asp? id=13558&deptid=4.

② 穆健. 从一起商标侵权案析商标权的限制与平衡. 法律适用,2003(6).

识别性"。① 可以看出,"第二含义"的获得是当这些叙述性的文字、词汇、名称或者图形已经褪去或者失去了其本来的含义,而在公众、消费者心目中已经把叙述性词汇、图形与商品的特定来源相联系,与商品的特定生产者,经销者相联系,甚至完全淡忘叙述性标志的原来含义。因此,从某种意义上说,"第二含义"的构成要素是消费者头脑中对于所谓的商标和产品来源之间的一种精神联想。从消费心理学的角度看,"第二含义"和"获得显著性"实际上是同一回事情。②

因此,"第二含义"商标是指直接表达商品的名称、图形、质量、原料、功能、产地等特点的叙述性文字、图形或其组合,经过长期使用后,产生了原叙述性含义以外的新的含义,从而逐渐演变成了具有指示商品特定来源功能的一种特殊商标。③ 用最简单的话概括就是一些原本没有显著性的文字、词汇或者图形及其组合,在经过长期使用之后获得了显著性,并且在购买者或消费者心目中建立起了与该特定生产者、销售者之间的联系,具有了识别、区分商品来源之功能。

可以看出,与普通商标相比,"第二含义"商标具有以下的特征:①组成商标的文字、图形本来是缺乏显著特征的说明性文字、词汇、图形或者符号。②描述性标志由某经营者长期独占使用;此时的独占使用只是一种事实上的独占使用,并不是法律授权许可的,还未受到法律保护。如果某一叙述性标志或符号一开始就由众多同类经营者共同使用,消费者是不可能把它与特定的经营者相联系,起不到指示商品来源的作用,也就不可能产生"第二含义"。③描述性标志经过长期使用后与特定的生产者联系在了一起,成为指示商品或者服务的来源。

由于描述性标志识别产品的特性或品质,可以广泛适用很多产品和服务,因此,只有当它们获得了已经建立的第二含义,使得消费者把这个词汇或者短语、符号与特定的制造商或服务供应商联系起来。一个商标取得了"第二含义",但它原来的含义并没有消失,仍然可以被一切善意的人使用。普通词汇尤其是描述性词汇是一种公有财产,既不能在这些词汇可以起到区别作用的时候拒绝给予保护,也不能因为保护就不准他人在商品上描述商品的功能、用途、质

---

① Distinctiveness through Secondary Meaning. (trademark law), Plublished by Mondaq Business Briefing ,on 25-APR-06.

② The Psychologicl Foundations of Trademark Law: Secondary Meaning , Acquired Distinctiyeness Genericism, Fame Confusion and Dilution, New York University Department of Marketing; New York University Leonard N. Stern School of Business, April 2000. New York University Law & Economics Research Paper NO. 00-03.

③ 张耕.试论"第二含义"商标.现代法学,1997(6).

量、数量等特点。① 一个商标权利人既然选择了一个公有领域的文字、词汇、符号或者图形作为商标,那么当该商标被他人使用时,商标权人并不能因为把这些公有领域内的词汇或者图形注册成自己的商标,而为其专门所有从而阻隔这些标记在其本来含义范围内善意、正常地使用。

我国《商标法》对商标的"第二含义"给予了肯定的态度,"对于表示本商品的通用名称、图形、型号,仅仅直接表示商品的质量、主要原料、功能、用途、重量、数量及其他特点的标志,经过使用取得显著性特征,并便于识别的,可以作为商标注册。"②但是,根据《商标法实施条例》第 49 条,这种第二含义的商标无权禁止他人正当使用这些标志

(三)描述性合理使用在美国的理论与实践

美国《兰哈姆法》第 33 条 b 第 4 项对商标描述性合理使用作了详尽的立法规定,对商标侵权提出抗辩主要存在下列情形:并非作为商标,使用名称、短语或图案……或者一个短语、图案的描述是对该当事人的商品或服务正当地、诚实地使用,描述仅仅是描述商品或服务或其地理起源。③ 描述性合理使用只能适用于显著性不强的描述性的文字、词汇或者图形符号。商品名称的描述由姓名、地理位置及其他字词或一些诸如颜色,方形、条纹,或其他常见形状的符号组成。众多的竞争对手在他们自己的营销活动中可能会合法地使用这些字词、符号。企业就是通过这样的一个字或符号作为商标或名称。因此,它无权要求绝对地排除他人使用。正如美国一位法官说,英文字母、词汇、阿拉伯数字对于一个人而言,是其在表达思想、感情和真理。空气、阳光和水对他而言,是其通过身体正在享受的事物,这些都不能被他所带走。它们是人类的共同财产,具有利益共享性质,所有人都可以平等地分享,任何人都可以享用这些资源,而不能由任何一方获得专属权。④ 然而,尽管普通法允许所有竞争对手使用描述性短语、字词或符号的普通含义,但并不允许他们以欺诈的目的使用这些文字或符号。

描述性合理使用的目的是允许第三方准确地描述他们自己的商品或服务。任何人都可以在它本来描述意义上免费使用短语,只要这种使用不会导致消费

---

① 黄晖. 商标法. 北京:法律出版社,2004:164.

② 参见我国《商标法》第 11 条。

③ 15 U. S. C. s. 1115(b)(4).

④ Avery & Sons v. Meikle & Co, 81 Ky. 73,90(1883). See also Amoskeag Mfg. Co. v. Spear,2 Sandf. Ch. 599,606-7 (N. Y. Sup. Ct. 1849)(Duer, J). See Christopher D. Olszyk Jr, "KP Permanent Make-UP, Inc. v. Lasting Impression, Inc.: An Analysis of Fair Use Defense ",Delaware Journal of Corporate Law,2005,vol. 30. NO. 3. p. 863-884.

者混淆商品或服务的来源。从总体上看,描述性合理使用是为了阻止商标所有权人垄断或私占一个描述词汇、短语或者符号。Zatarains,Inc. v. Oak Grove Smokehouse,Inc 案①是这种合理使用抗辩的典型案例。原告注册了一个"FISH-FRI"的商标,该商标用于面糊油炸鱼为目的玉米粉上。美国上诉法院第五巡回审判庭发现,虽然该商标是描述性的,但它已获得了必要的第二含义。然而,被告使用的"Fish Fry"在《兰哈姆法》法令下被认为是合理使用。法院指出,他们的抗辩仅适用于涉及描述性用语,并且只是该短语在描述性意义上的使用,而不是其商标意义的使用。② 第五巡回审判庭强调被告的诚意,因为他没有使用这个词的商标意识,并从未试图要将其登记为商标。特别重要的是,法院认为,被告以这样一种方式自觉地包装他们的货物,将任何潜在的混淆减少到了最低限度。指出这些产品商业包装的差异促使地方法院意识到消费者在超市的货架上选购产品时几乎是不可能发生混淆的。③

笼统地说,如果商标是由商标所有人设计,并且仅作为商标存在,没有独立的描述性意义,那么它就不能构成描述性合理使用的抗辩理由。Horphag Research Ltd. v. Pellegrini 一案中,美国上诉法院第九巡回审判庭的判决中指出,被告并无资格以描述性合理使用作为其在原标签中使用"Pycnogenol"标志的抗辩理由,因为争论的这个词语除了是原告的商标外,没有其他的含义。④ 描述性合理使用的抗辩仅适用于被告描述性地使用该短语。Brother Records, Inc. v. Jardine⑤ 一案中,美国上诉法院第九巡回审判庭指出描述性合理使用并不保护被告人,因为他没有使用"海滩男孩"在字典中"经常在沙滩边嬉戏的男孩"的意思,而指的是短语的第二含义,诸如表示将美妙的感觉制录下来的乐队。因此,被告的行为明显不是在第一含义上使用该短语,而是在第二含义上使用,因此描述性合理使用不能成立。

显然,上述判决中并没有要求被告证明其使用商标的行为没有造成混淆或混淆可能性。2004 年 8 月,美国最高法院裁定发现混淆的可能性并不能切断描述性合理的抗辩,混淆可能性的证明责任应当由原告方承担,而不是被告在合理使用抗辩中否定这种混淆的可能性。⑥

KP Permanent Make-Up, Inc. v. Lasting Impression I, Inc 案⑦中,原告

---

① 案例参见 http://www.law.uconn.edu/homes/swilf/ip/cases/zatarains.htm.
② 698.F.2d at 791 (5th Cir. 1983).
③ 698.F.2d at 796 (5th Cir. 1983).
④ 337.F.3d 1036 (9th Cir. 2003).
⑤ 318.F.3d 900 (9th Cir. 2003).
⑥ KP Permanent Make-Up, Inc. v. Lasting Impression, Inc., 543 U.S. 111 (2004).
⑦ KP Permanent Make-Up, Inc. v. Lasting Impression, Inc., 543 U.S. 111 (2004).

(Lasting Impression，Inc)公司和被告(KP Permanent Make-Up Inc)都是化妆行业的竞争者,两公司都生产并销售各自的色素产品。原告拥有联邦注册商标"micro color",在其色素产品上使用。而被告将"micro color"使用在了广告宣传单和色素瓶上。原告起诉,指控被告侵犯其商标。被告则认为,其使用"micro color"词汇是一种描述性合理使用,并没有侵犯原告的商标专用权。地方法院判决认定被告的行为构成描述性合理使用的抗辩。法院根据其持有的调查结果:①原告承认,被告使用了"micro color"只是为了说明其商品,而不是一个商标;②被告的做法是公平、善意的。在作出决定时,地方法院没有审查是否被告使用"micro color"造成了混淆或者可能会造成混淆。

但是,美国第九巡回法院扭转了这一判决,发现地方法院判决有错误,在考虑描述性合理使用抗辩的同时没有考虑到在同一类商品上,被告使用了作为原告"micro color"商标的标记,是否会混淆消费者。因此,裁定被告商标侵权成立。很明显,第九巡回法院采取的立场是如果使用短语、词汇,有可能引起消费者混淆的话,那么这种使用就不能被认定为描述性的合理使用。被告不服上诉法院之裁决,上诉到最高法院。

最高法院根据以往的判例"Shakespeare Co. v. Silstar Corp. of Am 案"①的裁判看出即使存在混淆的可能性,合理使用的抗辩也能成功。因此,最高法院最后撤销了第九巡回法院的裁定,并且审查了《兰哈姆法》法条的措辞结构,为使用商标可能侵犯商标权的行为创立一个法定的理由。接着,按照《兰哈姆法》第 1115 节(b)(4)条款规定的允许第三人善意、合理、描述性地使用他人的名称、短语、图案来描述自己的产品或服务,法院审查《兰哈姆法》的整体结构和措辞,该节要求原告证明被告的行为有可能引起消费者对商品、货物或服务来源的混淆,而并没有要求被告对否定这种混淆可能性进行举证。法院指出,"只有当原告已经取得有可能混淆的证据,被告才有义务作出否定混淆存在的证明。"②

除了美国对商标描述性合理使用有规定外,其他各国(地区)也有不同程度的规定和研究。《欧共体商标条例》第 12 条第 1 款前两项规定了共同体商标所有人无权制止第三方在贸易中使用的情形③;《法国知识产权法典》第 7 卷中 L.

---

① 110F.3d 234，243 (4th Cir. 1997).

② 543 U.S. at 120.

③ a)使用其姓名或地址;b)使用有关商品或服务的种类、质量、数量、用途、价值、地理来源或商品的生产年代或服务的提供年代,或商品或服务的其他特征的指示。中文译本参见:黄晖.驰名商标和著名商标的保护.北京:法律出版社,2001:431.

713-6 条规定了商标注册并不妨碍使用与其相同和近似的标记的情形①。但是，如果造成了混淆或者误导，损害了商标权人的正当利益的，不得援用合理使用制度作为商标侵权的抗辩；日本《商标法》第 26 条②规定了商标权的效力不涉及的范围；德国《商标法》第 23 条第 1、2 项③规定了描述性合理使用的构成要件。这种规定与我国香港地区的规定相似。我国台湾地区"商标法"④也基本采纳了美国的规定模式。

　　各国在描述性合理使用的规定方面还是比较一致的，都要求使用人主观状态是善意使用或者说使用应该符合诚实的惯例。不同的区别主要体现在对描述性合理使用的对象，行为人的使用是否作为商标意义的使用上以及行为人使用商标的行为是否引起或者可能引起消费者的混淆。

三、商标描述性合理使用之判断标准

　　根据《兰哈姆法》以及其他各国地区关于商标立法的规定与实践，描述性合理使用的发生是当使用人使用商标权人描述性的商标去描述自己的商品、货物或服务。对于描述性商标，商标权人不再拥有绝对的、排他的权利。他人可以在非商标意义上，善意地使用该标记原来的含义以描述自己的商品或服务，即使该使用在某种程度上造成消费者的混淆。如果使用的是具有显著性的任意商标或臆造商标或暗示商标，那么，在描述性合理使用中提出抗辩的机会很小，

---

　　①　a)作为公司名称、厂商名称或牌匾，只要该使用先于商标注册，或者是第三人善意使用其姓氏；b)标注商品或服务尤其是附件或零部件的用途时所必需的参照说明，只要不导致产源误认。但是这种使用损害注册人权利的，注册人可要求限制或禁止其使用。

　　②　(1)将自己的肖像以及自己的姓名或名称、著名的雅号、艺名、笔名或这些的著名的简称以一般方法表示的商标；(2)将该指定商品或与此类似商品的一般名称、产地、销售地、质量、原材料、功能、用途、数量、形状(包括包装的形状)、价格，或生产加工或使用方法、时期以及与该指定商品类似的服务的一般名称、提供的场所、质量、提供场所用之物、功能、用途、数量、价格或者提供的方法、时期。以一般的方法表示的商标；(3)将该指定服务或者与此类似服务的一般名称、提供的场所、质量、供提供所用之物、功能、用途、数量、状态、价格或产地、销售地、质量、原材料、功能、用途、数量、形状、价格或者生产或使用的方法、时期，以一般的方法表示的商标；(4)对于该指定商品或指定服务以及与此类似的商品或服务惯用的商标；前款第(1)项规定不适用于在设立商标权注册之后，以不正当竞争为目的而使用自己的肖像以及自己的姓名或名称、著名的雅号、艺名、笔名或这些的著名的简称的情况。

　　③　只要不与善良风俗相冲突，商标或商业标志所有人无权要求禁止第三人在商业流通中：(1)使用其姓名或地址；(2)使用与商标或商业标志相同或近似的标识作为对商品或服务的特征或性质的标注，特别是对其种类、品质、用途、价值、地理产地或生产时间或提供方式。

　　④　我国台湾地区的"商标法"第 23 条第 1 项规定："凡以善意且合理使用之方法，表示自己的姓名、名称或其商品的名称、形状、品质、功用、产地或其他有关商品本身之说明，附记于商品之上，非作为商标使用者，不受他商品专用权之效力所拘束"。引自曾陈明汝. 商标法原理. 北京：中国人民大学出版社，2003：77.

因为描述性合理使用作为抗辩仅适用在描述性意义上使用商标且主要适用于描述性的商标。

描述性合理使用的抗辩,被告只需要证明短语的使用是描述性地使用,而不是作为一个商标使用,即使还有其他同样简洁的描述性短语可用。此种使用,仍然不构成侵权。

描述性合理使用保留了其他公司描述性地使用他人商标的能力,也可以保护一些后发展的市场。构成描述性合理使用的条件,主要有以下几个方面:

第一,在描述性合理使用的情况下应该区分使用是属于本来意义上的使用还是"第二含义"上的使用。许多商标都是由描述性词汇构成的,因此,对于获得"第二含义"而被注册为商标的描述性词汇,并不能因为商标权人将其注册为商标,就使其完全退出公有领域,只得为商标权人专有使用。因此,商标权人不能制止他人在本来意义上的使用或者使用他人的名称、短语、图案来描述自己的产品或服务。

第二,这种使用并非是作为商标使用。这是一种商业上通常使用的方法,在主观上无作为商标使用的意图,其目的仅为了说明自己的商品、货物或服务,客观上一般公众也不认为其是商标。此种使用不会使公众对商品或服务的来源产生混淆。第三人所使用的文字、图形并非在于表彰商品的来源,而仅仅是描述自己的商品、货物或服务。

第三,使用主观上必须是善意的。即使用人不存在不正当竞争或诋毁对方商誉的意图。判断他人使用行为是否出于善意,应当综合考虑使用意图、使用行为发生的时间、使用方式以及使用的客观效果。[1] 这里,便涉及合理使用是否是"突出"使用的问题了。

突出使用的方式一般是将商标用于商品外包装的显著位置,或者突显他人商标的字体、大小、颜色等进行使用。一般情况下,标识不应该标记在显著位置突出使用。美国法上,自 Zatarains 一案中,法院根据被告在其包装上以何种方式、程度使用"Fish Fry"作出的决定,合理使用的主张还应当看被告是否使用了过于突出的标志在产品上或在其广告业务。在 Sands, Taylor & Wood Co. v. Quaker Oats Co. 一案中,第七巡回法院法官认为,尽管 Quaker Oats 使用"thirst aid"是描述性的,但是 Quaker Oats 使用"thirst aid"作为引人注目的符号,比"GATORADE"的商标更加显著地突出使用。[2] 将他人的商标作为自己"描述性"的说明标识置于最明显醒目之处,而将自己的商标置于不明显处。这种刻意设计的方法,很难说明使用的目的是善意正当的,因此,这种使用应受商

---

① 李虹.论注册商标商业性的合理使用.中国青年政治学院学报,2005(5).

② 978 F. 2d 947 (7th Cir. 1992).

标专用权的效力之约束，不能援引合理使用作为抗辩理由。但是，突出使用也不一定切断合理使用的抗辩。Wonder Labs，Inc. v. Proctor & Gamble Co. 案中，法院认为，即使长期被突出显示在被告的广告，如果起到的作用仅仅是吸引眼球，并没有把人的注意力吸引到让人们误以为是产品的来源的这种情况也能构成合理使用。①

第四，"使用"行为不应引起消费者对商品或服务来源的认识存在混淆或存在混淆的可能性。商标混淆理论在商标法中是最基础、最本质的理论，对于认定商标侵权有着决定性的作用。商标侵权主要看两个方面，首先，使用一方是否具有商标权；其次，使用方的使用行为是否已经造成消费者对该货物或服务混淆或者存在混淆的可能性。防止混淆，既是对商标权人的保护，也是对消费者的保护。商标法最重要的目标是保护公众（消费者）利益。商标与消费者具有特别密切的联系，通过确保消费者免于被混淆、欺骗，才谈得上商标法的其他一切价值目标。② 因此，在判断是否构成商标合理使用时，使用人使用商标的行为，是否引起消费者对商品、货物或者服务来源混淆或者存在混淆的可能性亦是一个关键因素。

四、完善我国商标描述性合理使用制度之构想

2001 年我国《商标法》第二次修订以前，《商标法》并没有对商标合理使用问题作出具体的规定。最早在 1999 年国家工商行政管理局《关于商标行政执法中若干问题的意见》第 9 条③对不属于商标侵权行为作了明确的规定。2002 年由国务院颁布的《商标法实施条例》中第 49 条④进一步规定了"商标正当使用"条款，对叙述性商标标识的正当使用作出了规定。之后，2006 年《北京市高级人民法院关于审理商标民事纠纷案件若干问题的解答》（〔2006〕68 号）第 19 条规定了如何界定商标合理使用的构成要件及其行为表现，即商标合理使用应当具备以下构成要件：①使用出于善意；②不是作为商标使用；③使用只是为了说明或者描述自己的商品或者服务；④使用不会造成相关公众的混淆、误认。

---

① 728 F. Supp. 1058 (S. D. N. Y. 1990), see Baila H. Celedonia and Kieran Dovle: "Statutory And Nominative Fair Use Under The Lanham Act," Thursday, December 07, 2006, http://www.ipfrontline.com/depts/article. asp? id=13558&deptid=4.

② 冯晓青. 论商标法与保护消费者利益. 中华商标，2007(3).

③ "(1)善意地使用自己的名称或者地址；(2)善意地说明商品或者服务的特征或者属性，尤其是说明商品或者服务的质量、用途、地理来源、种类、价值及提供日期。"

④ 该条例第 49 条对此做了原则性规定："注册商标中含有的本商品的通用名称、图形、型号，或者直接表示商品的质量、主要原料、功能、用途、重量、数量及其他特点，或者含有地名，注册商标专用人无权禁止他人正当使用。"

从我国近年来的司法实践看,出现了越来越多有关商标合理使用纠纷案件,我国法院在司法审判中尽管没有直接对合理使用加以裁判,但是法院裁判的结果都表现出合理使用制度在我国已经普遍存在。如"水鸟被案"、"青岛啤酒案"、"四川灯影牛肉案"、"PDA 案"以及"雪花案""金华火腿案"、"汤沟酒案"等。在联友卤制品厂诉柏代娣商标侵权纠纷案件①中,一审法院和二审法院所作出的裁判恰恰是相反的。

司法实践中,商标侵权案件中,被告经常援引《商标法实施条例》第 49 条作为抗辩的理由。但是,不同的案件中被告使用的文字、图形、形式复杂多样,在商标使用问题上,《商标法实施条例》第 49 条判断是否构成合理使用仅仅是原则上的规定,实践中,针对商标描述性合理使用所涉及的不同类型的商标,应该具体问题具体分析。

(一)商品通用名称、标记

商标"第二含义"针对的是一个地名或一个说明性词汇、图形或者符号,商标的"第二含义"商标总是和叙述性合理使用联系在一起。各国都要求描述性商标只有在通过使用获得第二含义之后才能获准商标注册。也就是说,在没有成立第二含义商标之前,使用人在商标原本意义上的使用是合理的,不能被禁止。我国《商标法》第 11 条明确规定,经过使用取得显著特征,并便于识别的,本商品的通用名称、图形、型号的可以作为商标注册。

判断商标是否具有显著性或者说该商标是否是已经成为通用名称、标志,主要还是取决于消费者公众的认识,应当以消费者是否将该标识作为识别商品、货物或服务的标志作为判断标准。一个不具有显著性的标志,可以经过使用获得显著性。同样,商标在使用中其显著性削弱,退化为了通用名称、标识,那么自然失去了商标的显著性,第三人使用商标当然是合法合理正当使用。因此,商标权人一方面应当密切关注对自己的商标淡化的情形,另一方面如果自己的商标因使用不当而削弱、丧失了商标的显著性,则不能独占公有资源而排除或者禁止他人正当使用。

---

① 该案例来源于:最高人民法院公报,2005(8):37—40。案件的基本案情是:1989 年句容市茅山镇农民柏某夫妇在茅山风景区开了一家"美味饭店"。柏某夫妇把茅山地区独特的家常菜"腌鹅"搬上了餐桌,兼作外售。2001 年柏某开始出售印有"茅山老(草)鹅"、"茅山草鸡"字样包装袋的鹅、鸡腌制品。联友厂系 2001 年 8 月成立的私营独资企业。2002 年 11 月联友厂向国家商标局注册了"茅山"文字商标之后,联友厂发现柏某制作的鹅、鸡腌制品外售包装上印有"茅山老(草)鹅"、"茅山草鸡"字样,遂向江苏省镇江市中级人民法院提起商标侵权诉讼。镇江市中院判决被告柏代娣商标侵权,江苏省高院认为被告柏代娣使用"茅山"字样属于正当使用,撤销一审判决。

(二)地名商标

对于地名注册为商标的立法规定主要体现在我国《商标法》第 10 条第二款的规定①以及《中华人民共和国商标法释义》的解释②。单从法条字面看,我国地名不得作为商标仅限于县级以上行政区划的地名,使用了县级以下的地名作为商标法律并没有作出强制性的规定。但是,由于地名作为标志自然形态、地理区域的符号,本身是属于公共领域的词汇,具有公共性的特点,它实际上也是属于社会通用名称。此类商标的显著性较弱,如果县级以下的地名被商标权人注册后绝对排他使用,那么正当的公众利益就得不到维护。地名固有的自然属性决定了地名商标欠缺显著性,但是地名商标也是"第二含义"商标的适用对象之一,在长期使用过程中获得了显著性,产生了除其原意之外的新含义,消费者见到此地名的时候会自然地把它与某商品或者服务联系起来,那么,它就具有了商标的显著性和识别性了。

最高人民法院曾在 2003 年对江苏省高级人民法院的答复③中对于地理商标的合理使用给予了肯定④,并且提出了几点判断的依据:①使用人使用地名的目的和方式。使用人使用地名的方式是公众习惯性理解的表示商品产地、地理位置等方式的,应当认为属于正当使用地名。②商标和地名的知名度。所使用的文字,如果其作为商标知名度高,则一般情况下,相关公众混淆、误认的可能性较大;如果其作为地名知名度高,则相关公众对其出处的混淆、误认的可能性会较小。③相关商品或服务的分类情况。商品或服务的分类情况,往往决定了是否需要指示其地理位置。④相关公众在选择此类商品或服务时的注意程度。根据相关公众选择此类商品或服务时的一般注意程度,审查确认是否会因这种使用而对该商品或服务的来源混淆、误认。⑤地名使用的具体环境、情形。在

---

① "县级以上行政区划的地名或者公众知晓的外国地名,不得作为商标。但是,地名具有其他含义或者作为集体商标、证明商标组成部分的除外。"

② "禁止我国县级以上行政区划的地名或者公众知晓的外国地名作为商标使用和注册主要是考虑到:这些地名一般只能说明生产产品的地方,而不能区分产品的生产经营者,因而不具有商标的区别功能"。参见:国家工商行政管理总局商标局.中华人民共和国商标法释义.北京:中国工商出版社,2003:58.

③ 中华人民共和国最高人民法院:《关于对南京金兰湾房地产开发公司与南京利源物业发展有限公司侵犯商标专用权纠纷一案请示的答复》〔2003〕民三他字第 10 号。

④ 根据《中华人民共和国商标法》第 52 条第(一)项、《中华人民共和国商标法实施条例》第 3 条、第 49 条的规定,以地名作为文字商标进行注册的,商标专用权人有权禁止他人将与该地名相同的文字作为商标或者商品名称等商业标识在相同或者类似商品上使用来表示商品的来源;但无权禁止他人在相同或者类似商品上正当使用该地名来表示商品与产地、地理位置等之间的联系(地理标志作为商标注册的另论)。

广告上为突出地理位置的优越而突出使用地名与在一般商品上、一般商品的广告上为突出商品的产地而突出使用地名往往给予公众的注意程度不同,产生的效果也有所差别。

因此,地名商标的使用必须是表明该商品的产地来源,善意正当地使用,不能引起消费者的误导或者混淆产品的来源。地名商标权人不能禁止他人在相同或者类似商品上正当使用该地名来表示商品与产地、地理位置之间的联系。

(三)描述性词汇、符号

描述性词汇、符号用描述性的语言传递了产品名称、属性、原料、功能、产地等说明产品的信息,其源于公共领域,属于公共资源。通常情况下为保护公共利益并不能允许其因占有商标从而被独占性地享有,绝对地排他。

判断商标使用是否构成合理使用,行为人主观的善恶的判断很重要,正如前文所述,第三人使用主观上必须是善意的,不存在不正当竞争或诋毁对方商誉的意图,并且不属于在商标意义上的使用,仅为描述自己或者指示商标权人的商品或服务。最后,无论是在商业性使用还是在非商业性使用的情况下,第三人的使用必须不得造成消费者的混淆和误认,不得侵害对商标权人的商誉或者构成对商标的淡化。这是尤为重要的一个判断标准。商标法的一切理论都是基于混淆和淡化,因此,如果第三人使用他人商标的行为产生了误导或引起混淆,或构成商标淡化,那么即将丧失合理使用的抗辩。

参考文献

(一)著作

[1][美]阿瑟·R.米勒,迈克尔·H.戴维斯.知识产权法概要.周林,孙建红,张灏译.北京:中国社会科学出版社,1998.

[2]法国知识产权法典(法律部分),黄晖译.北京:商务印书馆,1999.

[3]陈旭.法官论知识产权.北京:法律出版社,1999.

[4]郑成思.WTO知识产权协议逐条讲解.北京:中国方正出版社,2001.

[5]郭禾.知识产权法论.北京:人民交通出版社,2001.

[6]孔祥俊.反不正当竞争法新论.北京:人民法院出版社,2001.

[7]黄晖.驰名商标和著名商标的法律保护.北京:法律出版社,2004.

[8]冯晓青.知识产权法理论与实践.北京:知识产权出版社,2002.

[9]刘春田.中国知识产权评论.北京:商务印书馆,2002.

[10]曾陈明汝.商标法原理.北京:中国人民大学出版社,2003.

[11]李明德.美国知识产权法.北京:法律出版社,2003.

[12]卞耀武主编.当代外国商标法.北京:人民法院出版社,2003.

[13]崔立红.商标权及其私益扩张.北京:山东人民出版社,2003.

[14]程永顺.商标权纠纷案件法官点评.北京:知识产权出版社,2004.

[15]冯晓青等.知识产权法热点问题研究.北京:中国公安大学出版社,2004.

[16]黄晖.商标法.北京:法律出版社,2004.

[17]吴汉东.无形财产权制度研究.北京:法律出版社,2005.

[18]吴汉东等.知识产权基本问题研究.北京:中国人民大学出版社,2005.

[19]吴汉东.著作权合理使用制度研究.北京:中国政法大学出版社,2005.

[20]郑成思.知识产权论.北京:法律出版社,2006.

[21]国家工商行政管理总局培训中心,中国工商报社.商标监管以案说法.北京:中国工商出版社,2006.

[22]文学.商标使用与商标保护研究.北京:法律出版社,2008.

[23]彭礼堂.公共利益论域中的知识产权限制.北京:知识产权出版社,2008.

[24]邓宏光.商标法的理论基础——以商标显著性为中心.北京:法律出版社,2008.

(二)论文

[1]张耕.试论"第二含义"商标.现代法学,1997(6).

[2]刘春田.商标与商标权辨析.知识产权,1998(1).

[3]张今.论商标法上的权利限制.法商研究,1999(3).

[4]刘瑞霓.如何界定商标的合理使用.中华商标,2002(3).

[5]李娟.从"Playboy"公司诉"Terri Welles"案看商标的合理使用.知识产权,2002(4).

[6]武敏.商标合理使用制度初探.中华商标,2002(7).

[7]武敏.美国的"商标合理使用".中国知识产权报,2002-8-14.

[8]傅钢.商标的合理使用及其判断标准——从《商标法实施条例》的有关规定谈起.中华商标,2002(12).

[9]朱谢群.商标、商誉与知识产权——兼谈反不正当竞争法之归类.当代法学,2003(5).

[10]穆健.从一起商标侵权案析商标权的限制与平衡.法律适用,2003(6).

[11]陈辉,刘瑜.地名商标的弱性保护与合理使用.中华商标,2003(7).

[12]汪泽.什么样的使用才是商标使用——兼评"OWEN"商标权纠纷案.中华商标,2004(4).

[13]牟乃桂,纪晓昕.商标合理使用及其相关法律问题.人民司法,2004(4).

[14]施汉嵘.商标侵权的判定及法律适用.科技与法律,2005(1).

[15]汪泽.论商标权的正当性.科技与法律,2005(2).

[16]陈丽娟,郑光辉.商标合理使用制度及其立法完善.福建政法管理干部学院学报,2005(3).

[17]邱进前.美国商标合理使用原则的最新发展、The Beach Boys 一案评析.电子知识产权,2005(5).

[18]李琛.名教与商标保护.电子知识产权,2005(5).

[19]邱进前.美国商标法定合理使用原则——评 KP Permanent Make-up Inc. V. Lasting Impression I, Inc. 案.中华商标,2005(5).

[20]李虹.论注册商标商业性的合理使用.中国青年政治学院学报,2005(5).

[21]彭学龙.商标显著性探析.电子知识产权,2005(12).

[22]李琛.商标权救济与符号圈地.河南社会科学,2006(1).

[23]袁杏桃.试论商标权合理使用制度的建构.云南大学学报法学版,2006(4).

[24]冯晓青.商标权的限制研究.学海,2006(4).

[25]王莲峰.我国商标权限制制度的构建——兼谈《商标法》的第三次修订.法学,2006(11).

[26]冯晓青.商标法中的公共利益研究.新疆社科论坛,2007(2).

[27]林静.我国商标的商业性合理使用制度的初探——对美国商标的合理使用制度的借鉴.科技与法制,2007(5).

[28]冯晓青.商标法利益平衡原理研究.知识产权研究,2007(5).

[29]邓宏光.论商标法的价值定位——兼论我国《商标法》第 1 条的修改.法学论坛,2007(6).

[30]杜颖.地名商标的可注册性及其合理使用——从百家湖案谈起.法学,2007(11).

(三)外文文献

[1]McCarthy J Thomas. McCarthy on Trademarks and Unfair Competiton,2005,4[th]ed.

[2]Lee Ann W Lockride. When is a Use in Commerce a Noncommerical Use?. Lousiana State University Law Center,July,2008.

[3]Christopher D Olszyk Jr. KP Permanent Make-Up, Inc. v. Lasting Impression, Inc.: An Analysis of the Fair Use Defens. Delaware Journal of Corporate Law, 2005,Vol. 30. NO. 3. p. 863-884.

[4]The Psychologicl Foundations of Trademark Law: Secondary Meaning , Acquired Distinctiyeness Genericism, Fame Confusion and Dilution, New York University Department of Marketing; New York University Leonard N. Stern School of Business, April 2000. New York University Law & Economics Research Paper NO. 00-03.

[5]Graeme B Dinwoodie, Mark D. Janis. Lessons from the Trademark Use Debate. The University of Iowa College of Law University of Iowa legal Studies Research Paper, 2007, Number07-23, September.

[6] Graeme B Dinwoodie, Mark D Janis. Confusion Over Use: Contextualism in Trademark law. The University of Iowa College of Law University of Iowa legal Studies Research Paper, 2007,Number07-24,September.

[7]William McGeveran. Rethinking Trademark Fair Use. University of Minnesota Law School legal Studies Research Paper NO. 08-25.

[8]David W Barnesand, Teresa A Laky. classic fair use of trademarks:confusion about defenses. Seton Hall Public law Research Paper No. 899781,Santa Clara Computer and High Technology Law Journal,2004,vol. 20,p. 833.

[9] Baila H Celedonia, Kieran Dovle. Statutory And Nominative Fair Use Under The Lanham Act. http://www. ipfrontline. com/depts/article. asp? id=13558&deptid=4.

［10］Distinctiveness through Secondary Meaning.（trademark law），Plublished by Mondaq Business Briefing ，on 25-APR-06.

　　本文曾荣获浙江省省直律师协会"2011 律师实务理论研讨会"二等奖、2011年浙江省律师协会"首届浙江律师论坛"优秀奖。

作者简介

　　李静，男，华东师范大学法学学士，原杭州大学（现浙江大学）工商管理、法学硕士。六和律师事务所合伙人。主要服务领域为公司证券、并购与重组、建筑房地产、投资、金融保险等法律业务。

　　徐子越，女，宁波大学民商法学硕士，六和律师事务所专职律师。主要从事各类民商事诉讼业务及公司证券、投融资、私募股权、公司破产、注销等非诉法律业务。

我国在先权保护制度的完善

魏飞舟　沈　希

【摘要】　当今世界伴随着知识财产逐渐取代有形财产成为社会财产的重心,知识产权权利冲突现象日益彰显,且有不断蔓延的趋势。随着我国法制建设的日益深入,在先权与相关在后知识产权权利冲突现象引起理论和实务界的积极探讨,如何正确认识和妥善解决该类权利冲突,是知识产权理论界和司法实践界共同面临的课题,具有重要的理论和实践意义。本文从探索科学合理保护在先权所应遵循的原则入手,提出完善在先权保护制度的相关立法建议。
【关键词】　在先权　权利冲突　解决原则

一、在先权的一般分析

(一)在先权概念评析

国内外法学界对于在先权制度的研究已较为普遍,并就在先权利的立法地位达成了共识,此项权利也被若干国际公约和各国的法律条款化、成文化。尽管如此,对在先权的定义进行探讨分析的却比较少,关于在先权的概念,我国法律、法规、司法解释以及知识产权主管部门的行政规章中均无明文规定,中外专家、学者也未有一致看法。

在先权利与在后权利是一对概念,应该说,正因为有了在后权利及其与在先产生的权利的冲突,才有认识和讨论在先权利及其效力的必要。有学者认为,相对于商标权而言,“在先权”是指他人在“待注册商标”申请注册之前依法享有的民商事权利。[①] 也有学者认为,“在先权”是他人在商标注册申请日前所享有的客体具有识别性的各种民事权利的总称。[②] 还有学者认为,在先权利或

---

① 张顺荣.从 Trips 看我国《商标法》的不足及完善.知识产权,1998(3):34.
② 蔡天舜.商标注册中保护在先权问题研究.中国政法大学硕士论文.第11页.

先前权利,严格讲不是法律上的一个特定概念。人们通常所说的在先权利,是指同一权利客体可以同时或先后受到多种权利的保护,对于依法先产生的权利,则被称为在先权利。①

第一种说法,指出了在先权的时间特征,即它是在待注册商标申请注册之前即已合法存在的权利,但该定义不足的是所界定的在先权范围过于宽泛。民商事权利是一个很大的范畴,其所包含的权利种类纷繁多样,仅有一个时间上的限定是不够的,很难让人准确把握。第二种说法同第一种相比,将在先权的范围限定为客体具有识别性的民事权利,虽更为精确,但仍然不够。因为客体具有识别性的民事权利很多,但不是每一种都有可能与商标权构成冲突,从实际发生的冲突案例来看,与商标权构成冲突的往往是那些客体与注册商标相同或近似的民事权利。第三种说法虽体现出了权利客体的同一性,却没有凸显出"在先权"这一权利的价值和重要性。同时,针对上述三种关于"在先权"概念的阐述,应进一步明确的是,在知识产权中,相对于"在先权"的在后权利,不应仅仅局限于商标权,还应包括专利权、著作权等相关权利。

综上所述,笔者认为,可以对"在先权"作如下界定:在先权,是指自然人、法人或者其他组织在某个特定的权利产生之前或者某个特定的行为发生之前,对相同或近似的客体已经取得的合法权利。当该权利作为特定权利人所拥有的原权利,受到侵害或有受到侵害的现实危险时,基于法律的直接规定,在先权人享有个人利益获得保护的权利。

从以上有关"在先权"的阐述,我们不难得出"在先权"概念所应包含的几个要素:①时间上的相对在先性。这是"在先权"概念词中应有之意,即依据相关法律法规因时间或程序在先而获得的权利。②与在后权利客体相同或近似。一项权利不可能产生冲突,冲突产生的前提条件是要有多项权利的存在,是多项权利之间的冲突。同时,这些权利之间是彼此独立却又有所关联,而不能是毫不相关的,在先权与在后权利的冲突即是如此。而使这些权利彼此相关联的"连接因素"即是作为客体的智力成果或商业标识。正因为在先权利与在后权利共同指向相同或近似的客体,才产生了相互的冲突,以及由冲突所引起利益的相互排斥或权利的相互抵触。③与在后权利人主体相异。对于根植于相同或近似客体的在先权利与在后权利,所属的权利人非同一人。权利冲突是以权利竞合为前提的,但权利竞合并不必然导致权利冲突,只有当竞合于同一智力成果或商业标识之上的不同知识产权由不同主体享有时,才可能产生权利冲突。② 如果主体相同则仅仅是权利重叠,而不会产生权利冲突。④权利的合法

---

① 张广良.知识产权实务及案例探析.北京:法律出版社,1999:174.
② 周详.知识产权权利冲突若干问题研究.电子知识产权,2004(7).

性。作为知识产权权利冲突的各项权利,不论是在先权利还是在后权利,均必须是依法产生的,有其法律依据。因为权利都是指法律所赋予的权利,是法律权利;违法的,就不能是权利,也不属于所探讨的权利冲突的范围之内。⑤与相冲突的在后权利存在利益矛盾或权利抵触。在先权利与在后权利冲突的实质是利益的冲突,是对社会中相对有限的知识产品存量的争夺。正是因为利益冲突的存在,才不断地引发知识产权中在先权利与相关在后权利之间的权利冲突。

(二)在先权范围界定

关于在先权的范围,各国法律规定各不相同。有的只规定在先商标权以外的其他在先权的定义,比如英国商标法等;有的只提到在先商标权和商号权,比如美国联邦商标法;有的则一一列出各类在先权利项目,比如法国知识产权法典(1992 年)、德国商标法(1994 年)等。此外,也有像《加拿大商标法》、《发展中国家商标示范法》等没有在先权的规定,但从反不正当竞争角度对相关权利间的关系加以调整。

《巴黎公约》未界定在先权利的概念和范围,《与贸易有关的知识产权协定》也未明确在先权的概念和范围,各国对在先权的理解、范围的界定等差异较大。一些国家规定了涵盖广泛的在先权利范围,它可以是商标权,也可以是著作权或工业品外观设计专利等其他知识产权,以及姓名权、肖像权等人格权,还可以是他人就其经过长期使用,已建立起商标信誉的未注册商标,尤其是驰名商标所享有的权利。①

界定在先权范围是必要的。首先,我国《民法通则》中将民事权利分为六大类:物权、债权、人身权、继承权、亲权、知识产权。强调在先权利是某类民事权利而不仅指知识产权,是因为知识产权常常与其他民事权利尤其是人格权交织在一起。当凝聚人文信息的智力成果涉及人的情感、历史、社会生存环境等与民事主体的人格完善和维护有利益联系时,又可以成为人格权的客体。②如人物肖像可以成为肖像权和著作权或商业化形象权的共同客体,名人姓名可以成为姓名权和商标权的共同客体。在这种情况下,人格权就成为在先权利。

同时,在先权并不总是表现为法律明文规定的权利,有时也可能是在先利益。这一点在知识产权领域最为明显。因为随着科学技术的进步,人类智能产物应受法律保护的日益增多,知识产权的范围也逐渐扩大。例如受保护对象扩大到版面设计、实用艺术品、计算机软件、集成电路、植物新品种、基因、网络域

---

① 刘春田.知识产权法.北京:中国人民大学出版社,2002.
② 李永明,张振杰.知识产权权利竞合研究.中国法学,2001(3).

名、未注册商标、网络虚拟财产等,而且还在增加。从权利产生以及人们认识问题的逻辑规律来看,任何利益均须先取得法律的确认才受保护,因此法律对利益的确认是产生权利的前提,而维护合法的利益,是推动和扩大权利的基础。①对于在先权利的理解,应当更为宽泛为妥,包括法律上的权利和利益。

当在后知识产权与在先权发生冲突的情况下,对在先权作一个界定,并综合世界各国有关在先权范围的界定和上述分析,对其范围进行划分显得尤为必要。我们可以得出在先权的范围是包含商标权、商号权、专利权、知名商品特有名称权、著作权、企业名称权、原产地名称权、植物新品种权、集成电路布图设计权、姓名权、肖像权、域名权、版权等诸多权利在内的民事权利的集合体。同时,由于在先权不是一种或几种具体的权利,而是一类权利的集合体,所以随着社会的发展,其种类也会随之发展和增加,我们在给出一个在先权范围界定的同时,还要明确凡是符合条件的都是在先权。当然,当在先权中新的权利种类出现的时候,知识产权与在先权冲突的几率会大大增加,这也会给知识产权执法实践提出新的挑战。

二、在先权保护的完善原则

对于知识产权中在先权的保护必然要涉及与之相冲突的权利的行使,法律应调整好这两种权利的相互关系。由于社会生活总是千变万化、纷繁复杂的,而法律又不能作事无巨细的规定,只能作原则性的概括规定,故深层次的法律原则就成为解决权利冲突的主要依据。

(一)保护在先权利原则

保护在先权利原则,又称在先原则、优先权原则,是指任何一项权利的合法取得,必须以不侵犯他人的合法在先权利为前提,否则该项权利将被认定为无效。这一原则按照权利获取的先后保护在先取得的权利,是处理在先权与在后权关系的基本准则。该原则是以权利产生的时间先后为主要判断标准的,并以程序在先为补充的。先生长出来的权利,较之后生长出来的权利,为在先权利;在此之后再由该项客体所生长出来的权利,是为在后权利。②

保护在先权利原则是从物权优先原则演化而来的,是国际条约和各国普遍承认的解决知识产权权利冲突的基本原则,《巴黎公约》第6条规定:申请注册的商标不得侵犯被请求保护的国家第三人的既得权利,否则,不予核准注册,已

---

① 张文显.法理学.北京:高等教育出版社、北京大学出版社,1999:89—91.
② 曹新明.论知识产权冲突协调原则.法学研究,1999(3):76.

核准注册的应当撤销。《TRIPS 协议》第 16 条第 1 款也规定：商标权不得损害任何已有的在先权。

该"扬先抑后"的原则在我国现行法律中亦得到了充分体现：第一，专利法规定的"先申请原则"，即"两个以上的申请人分别就相同的发明创造申请专利的，专利权授予最先申请的人"。[①] 这一规定的实质的含义是：在"相同的发明创造"这一特定的客体上先后生长了两个相互冲突的专利申请权，而在先的申请权得到了张扬，在后的申请权被否定了。第二，《商标法》规定的"先申请原则"，即"两个或者两个以上的申请人，在同一种商品或者类似商品上，以相同或者近似的商标申请注册的，初步审定并公告使用在先的商标"。[②] 第三，《商标法》规定的"使用在先原则"，即"两个或者两个以上的申请人，在同一种商品或者类似商品上，以相同或者近似商标同一天申请注册的，初步审定并公告使用在先的商标，驳回其他人的申请，不予公告"。第四，《商标法》第 27 条第 2 款规定："除前款规定的情形外，对已经注册的商标有争议的，可以自该商标经核准注册之日起一年内，向商标评审委员会申请裁定。"有权提出这一申请的人，只能是在先的注册商标所有人。当同一种商品或者类似商品上的在后注册商标与他人的在先注册商标相同或者相似时，该在后注册商标权与他人的在先注册商标权发生冲突，在先商标所有人便可以对这样的在后商标提出争议，请求商标评审委员会裁定撤销之。

知识产权在先权利的独占性、排他性的特征决定了在权利冲突的情况下，应当将"张扬在先权利，否定在后权利"作为首要遵循的原则以保护在先权利。

(二)保护与限制并重原则

在先权是在先权人依法获得的权利，是一种私权，理应受到法律的保护，但对其保护要适度。在先权制度体现了对他人在先权的尊重，如果在先权保护的边界范围过大，行使方式过泛，可能会导致权利失衡，有失公允，甚至侵犯他人的合法权利。因此，对在先权的保护与限制要并重。如"张小泉"商标侵权案中，虽然"张小泉"商号的历史已有百年，但商标权人申请注册"张小泉"商标时并无过错。因为商标注册时在 20 世纪 80 年代早期，当时《商标法实施细则》并无保护在先权规定。[③] 这说明了保护在先权原则不应绝对化。对在先权既要保护又要进行合理的限制，即应采用相对适用保护在先权原则。

---

① 参见《中华人民共和国专利法》第 9 条的规定.
② 参见《中华人民共和国商标法》第 18 条的规定.
③ 李永明，张振杰. 知识产权权利竞合研究. 法学研究，2001：99.

(三)诚实信用原则

诚实信用本是道德条款,作为一项法律化的道德原则,诚实信用原则已演变成市场经济的基本法律原则,也成为民事主体在民事活动中应该遵循的一项重要的普遍性原则,被奉为民法的最高原则,有"帝王条款"之称。根据这一原则,民事活动当事人在行使权利和义务时,应当遵循诚实信用的道德准则,尊重他人利益,善意行使权利和取得利益。该原则已被世界各国的法律所普遍承认,我国《民法通则》第 4 条规定:"民事活动应当遵循自愿、公平、等价有偿、诚实信用的原则。"

事实上,诚实信用原则也可以适用于知识产权权利冲突纠纷的司法裁决过程中。虽然综观目前我国知识产权法律的规定,我国《商标法》、《专利法》、《著作权法》无论是在总则部分还是在分则部分,都没有规定诚实信用原则。只有我国《反不正当竞争法》在总则部分第 2 条第 1 款中规定了:"经营者在市场交易中,应当遵循自愿、平等、公正、诚实信用的原则,遵循公认的商业道德。"但在处理知识产权权利冲突纠纷案件中,法官仍然可以将诚实信用原则作为司法原则加以适用。原因在于:首先,知识产权权利冲突纠纷属于民事纠纷的一种,处理民事纠纷的一般司法原则,理应适用于该类纠纷。尽管知识产权纠纷有其自身的特性,但本质上仍属于公民之间、法人之间、公民与法人之间因财产关系或人身关系而发生的纠纷,在这点上,知识产权纠纷与普通民事纠纷并无区别。作为处理民事纠纷的诚实信用原则,自然也可以适用于知识产权纠纷以及知识产权权利冲突纠纷。其次,我国《商标法》、《专利法》等知识产权法律的具体规定中也暗含了诚实信用原则。比如,我国《商标法》第 31 条规定,申请人不得以不正当手段抢先注册他人已经使用并有一定影响的商标,①显然是建立在诚实信用原则基础之上的。再比如,《商标法》第 40 条规定,被许可人使用他人注册商标的,必须在使用该注册商标的商品上标明被许可人的名称和商品产地。②这些规定表明,无论是商标注册还是商标使用过程中,都要遵循诚实信用原则。可见,《知识产权法》中的许多规定都是建立在诚实信用原则基础之上的。第三,解决知识产权权利冲突纠纷更需要适用诚实信用原则,授予法官自由裁量权。知识产权是与科技发展关系最为密切的权利,与传统民事权利相比,知识产权的范围和形式等发展迅猛,变化非常快。因此,知识产权法律制度总是相对落后于现实。近年来出现的各种新类型的知识产权纠纷,包括知识产权权利冲突纠纷,就是制定知识产权法律时所没有预见的,于是,一方面,需要维护知

---

① 参见《商标法》第 31 条。
② 参见《商标法》第 40 条第 2 款。

识产权法律制度的稳定性,另一方面,又要确保知识产权法律能够适应技术的变革,这两方面的要求同时需要得到满足,就必须在司法过程中适用诚实信用原则,充分发挥法官的主观能动性,以最大限度地实现公正。因此,我们在实际处理知识产权纠纷案件的过程中,应当全面理解知识产权的立法意图,适用诚实信用原则妥善处理各类纠纷。

(四)利益比较原则

法律是分配利益的社会工具,在处理权利冲突时,既要重视冲突权利的各自价值,又要在作利益比较的基础上,对冲突所涉及的权利作必要的限制,保护利益较大的,牺牲或者限制利益较小的,这并不是削弱或者贬损某一方的权利,而是追求冲突各方和社会整体利益的最大化。因此,只要有理由相信对立的权利一方是更为重要的,它就有理由限制另一些权利。

在知识产权权利冲突中,既有侵权行为的构成,也有因善意巧合形成。在后种情形下,它们无法通过侵权请求或不当得利制度确定权利归属。针对此种情况,可以让价值较大者吸收价值较小者,强行重新划分所有权,确定权利主体后,由受益者向受损者支付费用,给予补偿。这样,一方面具有经济合理性,兼顾各方利益;另一方面能兼顾公平和效率的统一,从而合乎理性地化解当事人之间的矛盾。当然,这一原则的适用要受到诚实信用原则的修正,如果在后权利的取得完全是恶意、有违该原则设置之本旨的,则不能仅根据价值大小判定权利归属,应限制其权利取得,或通过权利人的权利许可而兼顾添附方利益。

(五)禁止权利滥用原则

法律制度的构建以公平、正义为基础,任何公民都享有受到平等尊重、公平待遇的基本权利。所有权利都由此基础演化而来,任何设立、限制、撤销权利的立法都不能脱离这个基础。仅以权利在先产生作为限制、撤销其他权利的理由是不充分的。如果在先权利没有受到实质损害,而被用来限制在后权的产生,那就不是在尊重权利,而是将第二人置于与在先权人不平等的法律地位,就是对在先权的滥用。这是有违法律权利制度构建的目的的。所以只有避免在先权利受到实质损害,才能作为限制、撤销其他在后权利的理由。

上述若干原则各自所体现的精神既有所侧重,但相互之间又存在着密切联系,是一个统一整体,其目的是为了既保护在先权人所享有的权益,又要对其加以适当限制,以维护公平竞争的市场秩序。

三、在先权保护的完善手段

我国的《商标法》确立在先权保护制度,在一定程度上表明我国知识产权立法对权利冲突问题给予关注,稳定了市场的竞争秩序,维护了法律真正的公平,凸现出法律平衡社会关系的存在意义。但是,正如前文所述,由于立法过于简单、分散,缺乏统一的知识产权法典,导致执行起来还是存在不少问题。因此,要实现真正保护在先权又不影响整个知识产权法律体系的整体布局,需要不断完善在先权保护制度,进一步清晰规范在先权利的概念和适用范围,设定受法律保护的在先权利应具备的特征以及建立保护在先权制度的法定程序和执法原则,弥补目前立法的不足之处,使此项制度具有更强的可操作性。

(一)明确在先权利的范围

我国 2001 年修订后的《商标法》、《商标法实施条例》以及最高人民法院相关司法解释均未对"在先权利"的概念和适用范围做出明确规定。这个问题带来了对在先权利保护的相关条文的操作性不强、实践混乱的问题。因为"在先权利"是一个笼统、宽泛的概念,其涵盖多种不同的权利,它们的表现形式各异,使用形态也各异,如果对"在先权利"的法律规定过于笼统,未予以充分细化,在司法上就缺乏可操作性,不利于冲突的合理解决。所以,立法者应当明确规定"在先权利"一词的内涵和外延。

"在先权利"是根据其产生时间先于在后权利而言的,先后权利都根植于同一客体,它们取得的依据既可以是同一部法律,又可以是不同的法律。如与注册商标有关的在先权利,则应指"他人对申请人在商标注册中通过申请获得商标专用权之前该标识依法产生或获得的各项法定权利"。

一些国家的商标法界定"在先权利"的范围值得我们借鉴,如《意大利商标法》规定,"在先权包括以下权利:第一,著作权;第二,工业产权;第三,其他专有权;第四,驰名商标权;第五,商号权;第六,名称权;第七,商誉权;第八,肖像权;第九,驰名标识权。"《德国商标和其他标志保护法(商标法)》第 13 条规定"其他在先权利"包括:①名称权;②肖像权;③著作权;④植物品种名称;⑤地理来源标志;⑥其他工业产权。

在《巴黎公约》的修订过程中,一些非政府间工业产权国际组织通过讨论,比较一致地认为能对抗商标权的在先权利至少应包括这些权利:①已经受保护的厂商名称权(亦称"商号权");②已经受保护的工业品外观设计专有权;③版权;④已受到保护的原产地地理名称权;⑤姓名权;⑥肖像权。

根据在先权的概念,结合我国商标法第 9 条第 1 款、第 13 条、第 15 条、第 16 条、第 18 条、第 31 条和第 41 条第 2、3 款的有关规定,并参照《最高人民法院关于审理专利纠纷案件适用法律问题的若干规定》第十六条,可以认为我国知识产权相关法律所保护的在先权利,不仅包括在先已依《商标法》注册的商标权、驰名商标权或已经使用并产生一定影响的未注册商标权,还应包含他人依其他法律产生的合法知识产权以及其他民事权利,如著作权、企业名称权(商号权)、外观设计专利权、植物新品种权、知名商品的名称、特有包装和装潢使用权、商誉权、原产地名称权、姓名权、肖像权、域名权等。

(二)构建受保护在先权利的要件

在先权利要受到保护,但并不是所有时间在先的权利都是在先权。以商标注册权为例,如果仅从时间上来确定在先权的特征,那么商标注册权所有人可能会失去受法律保护的安全感,因为在其申请商标注册之前有太多的合法权利存在,随时都有可能被他人提起保护在先权的异议程序或撤销程序,导致其商标注册权无法正常行使甚至失去商标注册权,大大降低申请注册的效率。如此一来,《商标法》对任何一方的利益都无法保护,市场竞争秩序将混乱不堪,最后还可能会出现谁也不愿申请注册商标的后果。

理想的法律是一种利益均衡的选择,对于在先权利的保护不是绝对的,法律应当对在先权的法律特征进行准确的定位、清晰的描述,让人们可以根据其应当满足的条件来界定一个权利是否属于法律予以保护的在先权,从而更好地适用法律保护在先权的规定。这也是我国修订后的《商标法》在提出保护在先权制度之后应当继续完善的内容。

法律保护的在先权应当具有以下特征:权利产生的时间有先后性;先后权利归属于不同主体;先后权利所指向的客体具有相同或相似性,易导致混淆;在先权利应是合法权利等。另外,还应当考虑设置受法律保护的在先权利的限制条件,以平衡在先权利和在后相关知识产权的合法利益。例如,受保护的在先权利应当仍处于相关法律保护的有效期内,并具有一定的地域限制;若经过在先权利人的同意,则不应当适用在先权保护制度;在先权利须为积极权利,即权利人通过行使权利可获得积极利益等。

(三)建立知识产权联网查询制度

由于我国各种知识产权的适用法律和产生程序不同,确权、监督等管理工作分属不同的国家行政管理部门进行管理,所以目前各种知识产权的管理工作都处于分立状态,且相互之间没有全国范围的统一检索系统,导致相关权利申请人在申请前和行政机关在审核注册申请时都难以通过联网查询系统知道是否存在在先权利,这样就很难避免对他人的在先权利的无意识的侵犯。另外,各个行政管理机关无法进行协调统一的管理,直至出现权利冲突纠纷时才进行事后处理,此时已经对先后权利人造成了不小的损害,而且大大降低了注册申请的工作效率和质量。

　　如果能建立整个知识产权领域内的全国联网查询系统，面向社会提供检索查询服务，并且将查询程序确定为知识产权权利注册申请的法定程序，那么注册商标专用权申请人就有义务在申请注册商标权利前，通过联网查询系统中进行检索，排除与他人在先合法权利相冲突的可能性。不遵循此制度的法律后果是由申请人对查询失误和恶意注册申请承担相关法律责任。这样的制度对权利申请人的申请行为形成了有效的约束机制，可以从源头上避免权利冲突的产生，也为在先权利的保护，提供了制度上的保障。

参考文献

[1] 张广良.知识产权实务及案例探析.北京:法律出版社,1999.

[2] 刘春田.知识产权法.北京:中国人民大学出版社,2002.

[3] 知识产权诉讼法律手册.北京:中国政法大学出版社,1994.

[4] 郑成思.知识产权协议逐条讲解.北京:中国方正出版社,2001.

[5] 徐国栋.民法基本原则解释.北京:中国政法大学出版社,1992.

[6] 赵万一.商法基本问题研究.北京:法律出版社,2002.

[7] 梁慧星.民法总论(第二版).北京:法律出版社,2001.

[8] 陶鑫良,袁真富.知识产权法总论.北京:知识产权出版社,2005.

本文曾荣获浙江省省直律师协会"2011律师实务理论研讨会"三等奖。

作者简介

　　魏飞舟，男，浙江大学法律硕士，六和律师事务所合伙人。主要擅长办理公司、合同、劳动人事、建筑房地产等各类民商事诉讼和非诉讼法律业务。

　　沈希，女，西南交通大学经济法学硕士，六和律师事务所专职律师。主要办理公司、合同、劳动人事、建筑房地产等各类民商事诉讼和非诉讼法律业务。

谈专利侵权诉讼中的抗辩策略

——针对现有技术抗辩的理论及实务探讨

吴　壮

【摘要】　2009 年 10 月 1 日生效的新修改的《专利法》,首次以法律的形式规定了现有技术抗辩制度。该条规定旨在防止恶意利用已公知的现有技术申请专利,阻碍现有技术的实施,帮助现有技术实施人及时从专利侵权纠纷中摆脱出来,提高诉讼效率、减少讼累。然而在司法实践中,如何解读和适用上述制度尚有待明确。本文主要围绕现有技术抗辩制度的性质、适用、对比方式、对比标准等理论结合对比实务进行阐述,以期有所裨益。

【关键词】　现有技术抗辩　性质　适用规则　对比标准　新颖性

现有技术抗辩,又称公知技术抗辩原则,在美国、日本、德国等国家均有立法规定,我国于 2009 年 10 月 1 日起生效的新修改的《专利法》,将已长期存在于司法实践中的公知技术抗辩原则“入法”,并明确为现有技术,规定其定义和内涵,填补了现有技术抗辩制度的立法空白。

一、现有技术抗辩的法律性质

新《专利法》第六十二条规定:“在专利侵权纠纷中,被控侵权人有证据证明其实施的技术或者设计属于现有技术或者现有设计的,不构成侵犯专利权。”使现有技术抗辩获得稳定的法律地位,但是该条所述“不构成侵犯专利权”,并未能明确系指以现有技术抗辩不侵权的性质:是属于“根本性不侵权”,还是已符合侵权构成要件但符合《专利法》规定的例外情况被“视为不侵权”,从而导致在司法实践中对该制度的适用引起争议。

按照司法实践中通常的审判方式,专利侵权判定可以分为两步:首先确定涉案专利权的保护范围,然后再与被控侵权产品进行对比。按照上述判定步骤,如果被控侵权人能够证明被控侵权产品未落入专利权保护范围内,则属于根本性不侵权,则这种抗辩在专利法理论中称为"不侵权抗辩"。如果被控侵权产品确实落入专利权保护范围内,但属于法律规定的例外情况,如《专利法》第六十九条规定的"不视为侵犯专利权"的五种情形,这种抗辩,在专利法理论中称为"侵权例外抗辩"。因上述两种抗辩性质、事由均不相同,导致在专利侵权判定中对比方式、对比标准等均不相同,从而影响司法的确定性和统一性。所以,明确现有技术抗辩的性质,即其属于"不侵权抗辩"还是"侵权例外抗辩"是至关重要的。笔者认为现有技术抗辩属于侵权例外抗辩,原因如下。

（一）尊重专利权的权利基础,符合《专利法》的立法意图

众所周知,专利权的存在是专利侵权诉讼的基础和前提,而专利侵权判定是以"专利权利要求"为中心的诉讼活动,这是我国专利法明确规定的①。如果在进行专利侵权判定时,只将被控侵权产品直接与现有技术对比②,得出被控侵权产品是否属于实施现有技术的结论,符合《专利法》第六十二条规定的,则不构成侵权,但此种对比方式直接绕开涉案专利,不涉及涉案专利的保护范围等内容,不以"专利权利要求为中心",这样一来,现有技术抗辩其实就是"不侵权抗辩"。如果现有技术抗辩的性质属于侵权例外抗辩,则首先应将被控侵权产品与涉案专利进行对比,判断被控侵权产品的全部技术特征是否落入涉案专利的权利要求书限定的保护范围之内,其比较结果可能是"不侵权"或"侵权",如构成侵权,且被告以其实施的是现有技术进行抗辩的,再将被控侵权产品与现有技术进行对比,得出是否"视为不侵权"的结论。不难看出,第二种法律性质所决定的对比方式更加尊重专利权的基础,符合《专利法》的立法意图。

（二）司法解释进一步阐明立法本意

为增加对现有技术抗辩制度及司法实践的操作性,最高人民法院在 2009 年 12 月 21 日颁布的《关于审理侵犯专利权纠纷案件应用法律若干问题的解释》(法释〔2009〕19 号)(下称"司法解释")第十四条第一款规定:"被诉落入专利权保护范围的全部技术特征,与一项现有技术方案中的相应技术特征相同或者无实质性差异的,人民法院应当认定被诉侵权人实施的技术属于《专利法》第

---

① 参见《中华人民共和国专利法》第 59 条:"发明或者实用新型专利权的保护范围以其权利要求的内容为准,说明书及附图可以用于解释权利要求的内容。"

② 最高人民法院民三庭〔2000〕知监字第 32 号函指出:"不论神电公司技术与王川专利是否相同,在神电公司提出公知技术抗辩事由的情况下,只有在将神电公司技术与公知公用技术对比得出否定性结论以后,才能将神电公司技术与王川专利进行异同比较。"原文参见:最高人民法院民事审判第三庭.知识产权审判指导与参考(第 2 卷).北京:法律出版社,2001:306—307.

六十二条规定的现有技术"。按照上述规定可以明确：引入现有技术对比的前提是被诉侵权产品的全部技术特征已落入专利权保护范围之内，满足专利侵权的构成要件。所以，个案符合上述规定判定不侵权的，无非是因其实施现有技术不构成侵权的抗辩事由成立，属于法律规定的例外情况，即侵权例外抗辩。由此可见，现有技术抗辩属于侵权例外抗辩，其性质及对比方式已被上述司法解释的规定阐明。

新《专利法》将现有技术抗辩入法，一是解决多年来司法实践中公知技术抗辩原则无"法"可依、审判结果不一致的迫切立法需求；二是帮助现有技术实施人及时从专利侵权纠纷中摆脱出来，可绕开宣告专利无效、不服无效决定的行政诉等行政及诉讼程序，减少讼累，意义重大。但是这并不意味着现有技术抗辩原则可以优先于"以专利权利要求为中心"原则，背离专利权利的基础及侵权判定的核心内容。所以，基于专利权的法律性质、专利侵权断定的原则和基础及《专利法》、司法解释的明确规定不难看出，现有技术抗辩属于侵权例外抗辩。

二、现有技术抗辩的规则适用

从《专利法》第六十二条规定的字面意义来解读，只要被控侵权产品能够证明其所实施的是现有技术，则不构成侵权。因此，比较的对象是被控侵权的技术特征与现有技术，不涉及被控侵权产品技术特征与专利技术特征对比的问题，仅需分析被控侵权产品的技术特征并与现有技术对比即可。但根据上述法释〔2009〕19 号第十四条的规定，首先应将被控侵权产品的技术特征与涉案专利技术的比较，如果落入专利权保护范围，再将被控侵权产品与现有技术的比较。比较的步骤为：①根据说明书及附图，解释权利要求书，确定涉案专利的保护范围；②分解被控侵权产品的技术特征；③判断被控侵权产品的技术是否落入涉案专利的保护范围；④判断落入专利保护范围的技术特征是否为一项现有技术所披露的技术。

从上述分析可以看出，司法解释所规定的现有技术抗辩对比步骤多于《专利法》第六十二条规定的步骤，如果将被控侵权产品与现有技术直接对比虽然可以简化程序，提高诉讼效率，但却背离了"以专利权利要求为中心"的侵权判定原则，不利于保护专利权人的利益。而且以这种直接对比的方式进行比较时，被控侵权人欲证明其实施的是现有技术，需要证明存在一项现有技术披露了其全部技术特征，例如，被控侵权技术由技术特征 A、B、C 组成，如采用与现有技术直接对比的方式，则需证明存在一项现有技术披露了 A、B、C 三个技术特征，但是如果涉案专利由 A1、B1 两个技术特征组成，且 A 相当于 A1、B 相当于 B1（即被控侵权技术方案包含与涉案专利权利要求记载的全部技术特征相同或者等同的技术特征),那么根据司法解释第十四条的规定,被控侵权人需证明有一项现有技术已经披露了被控侵权技术落入涉案专利保护范围内的全部技术特征,即A、B两个技术特征即可。众所周知,在一项专利技术方案中,技术特征越多,保护范围越小,寻找到该技术的难度也越大,所以在同等的条件下,且被控侵权产品技术特征多于涉案专利技术特征时,适用上述司法解释的规定更加合理,使寻找到披露被控侵权技术方案的现有技术的难度变小,抗辩成功的几率将增大,不仅有利于对被控侵权人诉讼利益的保护,而且保护公众在现有技术基础上研发新技术的自由。

新《专利法》本身对现有技术抗辩的性质及操作步骤、对比方式及标准等方面均未予明确,但上述《司法解释》在对比规则方面予以明确,并进一步补充,使现有技术抗辩制度更具操作性。值得探讨的是,无论是《专利法》还是上述《司法解释》,均未明确现有技术抗辩的对比标准。本文根据上述现有技术抗辩原则的性质、司法解释规定的操作规则对现有技术抗辩的对比标准进行探讨。

三、现有技术抗辩的对比标准

笔者认为,在我国当前的国情之下,现有技术抗辩的对比标准应当是新颖性标准,虽然部分省高级人民法院根据本行政区内审理专利侵权纠纷案件的经验与专业水平,制定相应的指导意见,明确以新颖性及有限的创造性(被控侵权技术与已有技术的显而易见的简单组合相比明显不具备创造性)的标准对现有技术抗辩进行判定。如北京市高级人民法院[①]、上海市高级人民法院[②]均以通知、指导意见的形式对现有技术抗辩的对比标准予以明确,但就我国目前的现实状况及立法的角度而言,现阶段我国的现有技术抗辩应当以使用新颖性标准为基础,原因如下。

(1)专利权作为一种对世权,具备公信力和确定性,我国不是判例法国家,并且有80余个法院审理专利侵权纠纷案件。因此,非常容易出现不同的法院对创造性的标准不统一从而导致对同一专利的侵权判定结果的认定不同的情况,同样的专利侵权在不同地区,甚至在同一省份,以相同的现有技术进行抗辩,出现不同的判决结果,这种情况将严重影响专利制度的价值及司法、行政的公信力。所以目前我国不适宜将创造性标准应用于现有技术抗辩。

(2)采用新颖性的标准有利于司法实践操作。国家知识产权局颁布的《审查指南》虽然是对专利申请、专利无效的审查标准和程序的规定,但其中对新颖

---

① 北京市高级人民法院关于《专利侵权判定若干问题的意见》京高发〔2001〕229号。
② 《上海市高级人民法院对当前知识产权审判中几个法律适用问题的基本意见》。

性判断的时间界限、现有技术公开方式及新颖性判断原则具有明确、详细的规定,包括审查原则、审查基准等,已细致到对相同发明新颖性判断的各类常见情形①,便于人民法院在司法实践中运用和操作,也便于被控侵权人在应诉时选择抗辩策略。而对于创造性的审查,尽管《审查指南》规定的"三步法"也详尽地规定了判断创造性的审查基准,但涉及对最接近现有技术的确定,分析本专利与最接近现有技术相比解决的技术问题,还需要以所属领域普通技术人员的身份,将区别特征引入最接近现有技术判断是否存在解决上述技术问题的启示,此判断标准,对于全国 80 余个可以受理专利侵权的法院而言,显然难以统一实现。

(3)按照法律体系解释的方式,《专利法》第六十二条规定的现有技术抗辩中的"属于"应当与第二十二条②关于新颖性的规定中的"属于"含义相同,如果此处的"属于"包含十分接近、显而易见的含义。那么,《专利法》第 22 条中规定的新颖性将包含明显不具创造性的情形,这似乎不符合法律逻辑。所以,现有技术抗辩应当以新颖性为对比标准,其含义更加清楚,也符合立法意图。

四、现有技术抗辩的对比实务

对《专利法》及司法解释进行体系解释来看,司法解释第十四条规定的现有技术抗辩对比标准"相同或者无实质性差异"中"相同"的含义应当与判定侵权时的"相同"含义是一致的,但由于被控侵权人实施的是一项技术方案,而现有技术也是一项技术方案,就有可能会出现涉案专利、被控侵权技术与现有技术三者之间区别技术特征为上下位概念的情形,导致以现有技术抗辩时,出现不同的对比方式和争议焦点。

例如,假设涉案专利公开的技术方案与被控侵权产品的其他技术特征均相同,区别仅在于涉案专利公开的材料是金属,而被控侵权产品用铜制成,而现有技术公开的对比文件中,披露了相关技术特征也是以金属制成,那么根据侵权判定的全面覆盖原则,以铜制成的被控侵权产品已落入涉案专利公开的金属范围之内,构成侵权。此时被告以实施另一项所属技术领域公开披露相关技术特征为金属的现有技术进行抗辩,按照上述现有技术抗辩对比标准"相同或者无实质性差异"中"相同"与侵权判定对比标准相同的原则,应视为不侵权。

但值得说明的是,如果根据《审查指南》新颖性审查基准"下位概念的公开

① 参见《审查指南》第二部分第 3 章。
② 《专利法》第二十二条第二款规定:"新颖性,是指该发明或者实用新型不属于现有技术;也没有任何单位或者个人就同样的发明或者实用新型在申请日以前向国务院专利行政部门提出过申请,并记载在申请日以后公布的专利申请文件或者公告的专利文件中。

169

破坏上位概念新颖性，而上位概念的公开不能破坏下位概念新颖性"[1]的原则，现有技术公开的上位概念"金属"不能破坏被控侵权技术特征下位概念"铜"的新颖性，得出的结论却是现有技术抗辩不能成立，似乎与上述不侵权的结论相矛盾，其实不尽然，按照司法解释第十四条的规定，现有技术抗辩的对比标准为"相同"或者"无实质性差异"两项，一则此处的"相同"并非严格要求被控侵权产品与现有技术完全相同，二则"无实质性差异"实际上是在对技术特征等同的判断，认为现有技术公开的"金属"与被控侵权产品的"铜"相比以基本相同的技术手段实现基本相同的功能，既而判定现有技术抗辩成立。

关于上下位概念技术特征的现有技术抗辩，还有可能出现另一种情况：假设涉案专利公开的技术特征与被控侵权产品的其他技术特征均相同，区别仅在于涉案专利公开的材料是铁，而被控侵权产品以铜制成的，而现有技术公开的对比文件中，披露了相关技术特征是以金属制成。这时，将可能分为两种情况：①被控侵权产品以铜为材料，主要利用铜具备润滑的功能，这一特性是铁不具备的，达到的技术效果不相同且存在实质性差异，则不构成侵权；②被控侵权产品以铜为材料，但是却实现金属常规的、共性的功能，如韧性好、强度高、机械加工性能好等，与铜的特性无涉，则此时，与涉案专利公开的"铁"技术特征构成等同。这种情况下，因涉案专利与被控侵权产品构成等同侵权，而被控侵权技术与现有技术之间的对比也存在是否适用等同原则的问题，但是这种情况在立法上及司法实践中也无较明确的判定标准，所以人民法院对于这种现有技术抗辩的审理非常谨慎，存在判定被控侵权产品与现有技术等同，视为不侵权的结论，也存在被控侵权产品与涉案专利比较构成等同侵权，但其实施的并非现有技术，所以构成侵权的结论。

笔者认为，等同原则本身是衡平原则[2]，在专利侵权判定时，适用等同原则允许专利权人将权利要求扩张及于此前已公开的技术，或者对其而言具有显而易见性的技术，视为对专利权的扩大保护。那么，基于平衡原则的公平、正义、合理性及保护双方当事人合法权益的意图，在现有技术抗辩中，就应当允许被控侵权人在现有技术抗辩时，以等同原则进行判断，以限制专利权不正当扩张，有效平衡公益和私益。

综上所述，现有技术抗辩属于侵权例外抗辩，应适用司法解释规定的方式以新颖性的标准将涉案专利与被控侵权产品、被控侵权产品与现有技术进行分别对比。现有技术抗辩"入法"是《专利法》第三次修改的重要内容，但就本文所涉及的对比标准及对"现有技术抗辩"的限制等尚未明确的内容还有待司法解

---

[1]　参见《审查指南》第二部分第 3 章。

[2]　参见《电子知识产权》2010 年第 3 期《美国专利法中的现有技术抗辩》，第 66 页。

释的进一步明确。

参考文献

[1]国家知识产权局颁布:《审查指南》(2010)第 1 版.第二部分第 3 章节,第 109—114 页.

[2]最高人民法院民事审判第三庭.知识产权审判指导与参考(第 2 卷).北京:法律出版社 2001:306—307.

[3]关于《专利侵权判定若干问题的意见》京高发〔2001〕229 号,北京市高级人民法院.

[4]上海市高级人民法院民三庭.对当前知识产权审判中几个法律适用问题的基本意见.2008-3-25.

[5]雷艳珍,杨玉新.美国专利法中的现有技术抗辩.电子知识产权,2010(3):66.

[6]张鹏,崔国振.现有技术抗辩的对比方式和对比标准探析.知识产权,2009,(19,109).

本文曾荣获浙江省省直律师协会"2011 律师实务理论研讨会"三等奖。

作者简介

吴壮,女,北华大学工学学士,六和律师事务所专职律师。专职从事知识产权诉讼与非诉讼法律事务。

浅议知识产权投融资

张林利　　陈科杰

【摘要】　现今社会已进入知识经济时代,无形资产在经济体中的比重不断加大,如何利用无形资产,如何更好地发挥知识产权的经济效益已经成为新的课题。本文从知识产权的投融资角度阐述其可行性及风险性,希望能拓展出新的投融资方式,解决时下中小企业投融资难的困境。

【关键词】　知识产权经营　投资　融资　质押　证券化　信托

知识产权已经成为经济全球化背景下的制高点,它能够使企业获得超额利润,已成为企业乃至国家竞争的焦点。现在我们已经进入了知识经济时代,知识资产逐渐取代传统的实物资产而成为企业核心竞争力所在。

企业作为一种以盈利为目的的组织形式,应该有效利用自己拥有的全部资源,提高企业竞争力和收益能力,为股东谋求最大的利益。目前,企业所拥有的无形资产的价值占企业整体资产价值的比例逐年递增。尤其是进入 21 世纪,很多大型企业的无形资产的价值占到了本企业整体资产价值的 70％ 以上。因此,现在企业更应该注重无形资产的有效利用,提高经营效率。所谓知识产权的经营,是指为了提升企业价值,最大限度地利用知识产权的活动。① 这就要求企业除了采取常规的转让和许可他人使用知识产权等收益化手段之外,应该将投资的方式从实物资产转向知识资产,融资的重点从实物资产转向知识资产。

一、知识产权投资

知识产权除了转让和许可他人使用等收益化手段之外,知识产权作为一种非货币财产,可以用货币估价并依法转让,因此,2006 年实施的《公司法》明确认可,知识产权可以作价出资。自此,包括专利权、商标权、著作权、商业秘密等在

---

① 汪琦鹰,杨岩.企业知识产权管理实务.北京:中国法制出版社,2009:213.

内的知识产权都可以直接用来投资。另外,出资比例可以高达注册资本的70%。所以,新的《公司法》尤其有利于技术型人才用所拥有的知识产权设立公司。对于很多掌握一项前沿或实用技术的团队来说,先以技术能力成立公司,再进行风险投资融资尤为重要。[①]

但是知识产权属于"无形资产",其无形性、专有性、时间性、地域性和知识产权的法定授权性,决定其进入生产的过程要比实物资产复杂得多。同时,知识产权的投资主体也存在争议,知识产权的所有权作价出资目前已确定无疑,但是知识产权的使用权是否可以作价出资,是否可以单独作为一个资产用作投资,理论界仍然持有不同的意见。

反对派认为我国现行立法并未肯定知识产权使用权出资这一出资形式。根据修订后的《公司法》第 28 条规定,股东以非货币出资的,应当办理财产权转移手续,反对派认为这里的财产权应当是知识产权的专有权,而不是使用权。因为使用权无法办理转移手续。

笔者认为知识产权使用权出资是可行的,就像某些持支持论的学者所说,即便是认为以知识产权出资者系以其专有权出资而非使用权出资者也认为,以知识产权的使用权作为出资从学理上而言并无不可,知识产权的许可使用权作为知识产权中的一项重要的财产权利,智力成果的所有权与使用权具有易分离性,使用权可以从所有权中分离出来,分离出来的使用权具有完全的、独立的使用价值。因此,知识产权的使用权符合了现物出资有用性的特点,使用权完全符合《公司法》对于出资形式的要求。无论在理论还是实践中,对于可以用作出资的财产形式均不局限于修订前《公司法》第 24 条所规定的五种形式,如以债权出资,以股权出资等形式早已为实践及理论通说所肯认。因此,判定某项财产权利能否用作出资,其标准应当是其是否符合对出资形式的要求而非其是否属于修订前《公司法》第 24 条所规定的五种形式之一。修订后的《公司法》第 28 条规定,股东以非货币出资的,应当办理财产权转移手续,实际上,这种财产权转移手续,应当理解为通过这一手续使该项财产权可为成立后的公司所拥有与使用并取得确定无疑的权利。《公司法》规定的财产权的外延大于所有权,它既包括所有权也包括使用权。知识产权的使用权理所当然地属于财产权的范畴。

同时,知识产权使用权是一种独立的权利类型。当今,财产权的价值理念已经由重归属到重利用,使用权的地位日益突出,从归属到利用的立法政策,明显是在支持用益物权入股公司。为充分发挥技术的转化、应用和推广,不应再固守传统,凡是能够发挥作用,有利于创造价值的出资方式都应获得法律的支

---

① 汪琦鹰,杨岩.企业知识产权管理实务.北京:中国法制出版,2009:214.

持。尽管现行公司法对工业产权使用权出资的规定不明确,甚至缺失,但是公司的价值追求使公司立法不可无视任何可以创造价值的资源利用方式。知识产权使用是能够发生权利移转的,只不过移转的内容非所有权而是使用权本身或者说是使用权之所有的移转。①

更为重要的是,知识产权使用权的出资具有其优越性与现实驱使,薄燕娜在《股东出资形式法律制度研究》一书中陈述,工业产权使用权出资不仅能够具有如同所有权出资的功效,而且有超越所有权出资的优越性,即作价灵活。当工业产权所有权出资作价金额超过了股东认缴的出资额时,对于出资者而言是尴尬的,他不能选择分割工业产权所有权从而将一部分用于出资,又舍不得放弃通过出资参与公司经营的机会。与此相比,以使用权出资能够避免出资者陷入这种两难的境地,出资者可任意地择取适当的使用权出资的形式。②

因此,笔者认为知识产权的出资,也就是将知识产权作为一种财产进行投资的方式,不管是以其所有权出资,还是单独以使用权出资,在现今的市场,不仅有可行性,也必将是一种发展趋势。

二、知识产权的融资

知识产权不仅可以投资,也可以进行融资。企业,尤其是中小企业,非常需要资金支持自身发展,传统的融资方式更适合大中型企业,中小企业就更需要寻求资金来源的突破口。笔者认为知识产权的融资正是一个契机。

一般来讲,知识产权的融资主要是两大块:一个是知识产权质押,一个是知识产权证券化。

(一)知识产权质押

知识产权质押是指以专利权等知识产权作为监督债务人履行债务,保证债权人实现权利的一种担保行为。知识产权的质押与转让、许可不同。质押过程中,知识产权仍属于出质人所有,在质押合同生效后,质权人虽然能够限制出质人的知识产权,但质权人自己也不得实施该知识产权。只有当出质人到期不能偿还债务时,质权人才有权将出质的知识产权拍卖、变卖以实现其权利。

我们以专利权为例,在质押之前,出质人享有获得专利发明的独占实施权、转让权、放弃权等完全的权能。而在专利权设质以后,可以说专利权已成为有

---

① 参见:江苏省知识产权局组织.企业知识产权战略.北京:知识产权出版社,2010:244—245;王义松.私人有限责任公司视野中的股东理论与实证分析.北京:中国检察出版社,2006:141.

② 薄燕娜.股东出资形式法律制度研究.北京:法律出版社,2005:152—153.

负担的权利,权利的行使受到限制,即只有经出质人与质权人协商同意后,才可以将该专利权转让或许可他人使用,并且所得的转让费、许可费应当向质权人提前清偿所担保的债权。当然,出质人放弃专利权亦需经质权人同意。不过,专利权人在放弃专利权后,需另行提供担保,以维持债权人的合法权益。现实中多发生的就是专利权抵押。专利权的质押通常是作为企业向商业银行进行贷款的无形资产担保形式。

由于专利权等知识产权的实施和变现具有特殊性,早期即使是发达国家的银行也不太愿意使用这种融资方式。而中小企业,特别是科技创新性企业,一般非常需要资金发展企业的业务,但是他们却缺乏抵押担保资产,因此很难获得银行资金支持。为了改变这一状况,美国中小企业管理局开始与一些商业银行合作,为企业提供知识产权质押贷款融资。在他们的努力下,不仅使许多中小科技型企业获得了贷款机会,也同样使得许多商业银行意识到纯粹商业化的知识产权质押贷款依然有获利的可能性。现今,知识产权质押贷款已经成为美国现代商业银行和其他商业借贷者的一项基本业务。

2006年以后,国内出现了很多知识产权质押融资成功案例,主要分为两类:第一类是以完全市场化模式运行,以版权作为质押对象的融资模式,其中以文化创意领域内的贷款融资案例最为典型。如冯小刚在开拍2007年贺岁大片《集结号》时,曾获得招商银行5000万元无担保授信贷款。此前,英国渣打银行也曾向张艺谋提供巨额贷款,用于电影《满城尽带黄金甲》的制作,成为文化产业创作引入银行资金的先例。第二类模式是针对“成长型科技企业”的银政合作模式。2006年底,上海银行和浦东新区科委共同搭建科技型小企业融资平台,通过知识产权质押等方式,向科技企业提供贷款。该模式也被称为“浦东模式”。①

现今,国家也注意到知识产权质押贷款这一模式,并在全国各地进行试点和推广,以解决中小企业融资难的问题。

从全国看,2007年3月,湖北荆门市格林美新材料公司以专利权抵押向国家开发银行湖北分行申请贷款,获得了3000万元贷款。另外,湖南老爹农业科技开发股份有限公司,以果王素生产技术专利作为抵押,向国家开发银行成功申请了1500万元贷款。各地也陆续出台了相关优惠政策,鼓励知识产权质押贷款的发放。

从浙江省内成功实例来看,2007年,奉化市裕隆化工新材料有限公司以发明专利质押,成功获得银行800万元贷款,这是浙江省第一例以发明专利质押

---

① 江苏省知识产权局.企业知识产权战略.北京:知识产权出版社,2010:253.

获得银行贷款。2009年,中国人民银行杭州中心支行和浙江省科技厅、浙江省知识产权局联合发布《浙江省专利权质押贷款管理办法》。管理办法共6章26条,内容包括贷款用途、条件、贷款额度、期限、利率、贷款申办程序及贷款管理等,对浙江省金融机构和科技(知识产权)管理部门做好专利权质押贷款实施工作提出了指导性意见。2011年初,湖州安吉乌毡帽酒业有限公司在孝丰信用社成功用商标专用权质押获得了首期300万元的贷款,这是安吉县首例发放的企业商标专用权质押贷款。据了解,安吉乌毡帽酒业有限公司是该县规模型龙头企业,其主打品牌"乌毡帽"为中国驰名商标,年产值1.5亿元。在办理质押贷款前,"乌毡帽"注册商标经浙江恒信商标评估有限公司评估价值为1.2亿元。据此,孝丰信用社在切实做好商标质押贷款风险控制的前提下,决定对乌毡帽酒业有限公司授信7000万元,将分批发放银行承兑汇票5500万元和资金贷款1500万元,首次办理商标专用权抵押贷款300万元。

可以说,知识产权质押的发展已初具规模,企业应抓住这一契机,利用知识产权融资发展壮大。当然,知识产权的质押仍存在不少问题,以专利权质押为例,在专利权质押期间,专利权如非因当事人原因而消灭,也即因专利局的撤销程序、专利局复审委员会的无效宣告程序以及诉讼而灭失的情况出现,如何协调出质人与质权人之间的权利义务,对此法律并未作出规定。因此,企业在实践中应注意在合同中予以约定。

(二)知识产权证券化

知识产权证券化就是以知识产权的未来许可使用费(包括预期的知识产权许可使用费和已签署的合同中保证支付的使用费)为支撑,发行资产支持证券进行融资的方式。

世界范围内最早的一例知识产权证券化实践是音乐版权证券化。在Pullman Group的策划下,英国著名的摇滚歌星将其在1990年以前录制的25张唱片的预期版权(包括300首歌曲的录制权和版权)许可使用费证券化,于1997年发行了Bowie Bonds,为其筹集到5500万美元。Bowie Bonds的成功发行起到了很好的示范作用,极大地拓宽了资产证券化的操作视野。从国外的实践来看,知识产权证券化的基础资产已经非常广泛,从最初的音乐版权证券化开始,现已拓展到电子游戏、电影、休闲娱乐、演艺、主题公园等与文化产业关联的知识产权,以及时装的品牌、医药产品的专利、半导体芯片,甚至专利诉讼的胜诉金。知识产权证券化在整个资产证券化市场中所占的份额还很小,但是它已经显示出巨大的发展潜力和态势。1997年当年的知识产权证券化的交易总额为3.8亿美元,2000年已达到11.37亿美元。

知识产权证券化正是顺应了这种历史潮流,为知识产权的所有者提供了以知识产权为依托的全新的融资途径,将知识资产与金融资本有效融合在一起,从而实现在自主创新过程中资金需求与供给的良性循环。根据 PullmanGroup 的估计,全球知识产权价值高达 1 万亿美元。随着知识产权相关产业在世界各国的经济中所占比重越来越大,以及知识产权商业化运作的加强,全球知识产权的价值还将保持持续增长的势头,这就为知识产权证券化提供了丰富的基础资产。知识产权证券化的前景是非常广阔的,在未来肯定会成为资产证券化领域的主力军。

从国外的实践来看,知识产权证券化的基础资产主要是专利、商标权和版权。国内这几种知识产权发展迅速,数量已有相当积累,而且呈逐年上升的趋势。中国专利申请总量已经突破 200 万件,2001 年以来三种专利受理量的年平均增长率超过 20%,发明专利受理量年均增长率超过 25%。截至 2005 年上半年,中国累计商标注册申请已近 387 万件。中国实用新型专利、外观设计专利和商标的年申请量已居世界第一,其中 90% 以上为国内申请。中国还拥有许多优秀的电影、音乐、图书作品,市场认知度较高,适宜进行证券化的操作。而且随着中国政府对知识产权保护力度的加强,保护范围的加大,保护技术的成熟,知识产权交易日益活跃,越来越多的知识产权的市场价值得以形成和体现,中国知识产权证券化的基础资产能得到持续的、充足的供给。

中国已有的资产证券化实践为实施知识产权证券化创造了有利条件。经过多年的讨论和呼吁,中国的资产证券化终于从理论探索走向了实践操作。从 2005 年开始,中国已有多只资产证券化产品成功上市,如"中国联通 CDMA、网络租赁费收益计划"、"开元"信贷资产支持证券、"建元"个人住房抵押贷款支持证券和"莞深高速公路收费收益权专项资产管理计划"、"中国网通应收款资产支持受益凭证"、"远东租赁资产支持收益专项资产管理计划"等。这些已有的资产证券化实践既有金融机构的信贷资产证券化,又有非金融类企业的资产证券化。它们为中国将来大规模、有序地开展资产证券化提供了宝贵的经验,还能推动与资产证券化有关的税制、监管和法律法规逐步建立和完善,培育市场和投资者,提高参与者、投资者和监管者对资产证券化的认识和理解。这就为在中国实施知识产权证券化扫除了一定的障碍,创造了有利的条件。

知识产权证券化的基本交易流程主要是:①知识产权的所有者(原始权益人、发起人)将知识产权未来一定期限的许可使用收费权转让给以资产证券化为唯一目的的特设机构(SPV);②SPV 聘请信用评级机构进行 ABS 发行之前的内部信用评级;③SPV 根据内部信用评级的结果和知识产权的所有者的融资要求,采用相应的信用增级技术,提高 ABS 的信用级别;④SPV 再次聘请信用评级机构进行发行信用评级；⑤SPV 向投资者发行 ABS，以发行收入向知识产权的所有者支付知识产权未来许可使用收费权的购买价款；⑥知识产权的所有者或其委托的服务人向知识产权的被许可方收取许可使用费，并将款项存入SPV 指定的收款账户，由托管人负责管理；⑦托管人按期对投资者还本付息，并对聘用的信用评级机构等中介机构付费。

国际上，2000 年 7 月，美国 Royalty Pharma 公司首次尝试专利资产证券化，以耶鲁大学研制一种名为"Zerit®"新药的专利许可费作为支撑，发行了近 1 亿美元的受益证券。现在，Royalty Pharma 公司正在汇集生物制药领域中更多的专利，形成规模更大的专利许可费，并努力将之实现证券化。2003 年 3 月，日本 Scalar 公司以 4 项专利许可费作为支撑，发行了多种证券，募集资金 20 亿日元。许多国家的工业都在尝试以专利衍生的债权作为支持发行证券，希望将证券化技术引入知识产权。世界知识产权组织曾预言"知识产权资产证券化是一种新趋势"。证券化技术引起人们极大的兴趣和广泛的关注。①

当然，知识产权证券化是一个新兴事物，存在很多不足。虽然，资产证券化的应用范围不断在扩大，经历了贷款类资产、应收款类资产、收费类资产等。在这些演变触及知识产权领域前，交易的概念或原理有较大相似性，因为所涉及的资产大多是经济活动中自然产生的财产或权利，比较容易被观察和掌握。然而，知识产权在很多方面不同于这些人们习以为常的财产或权利。知识产权是国家主权透过法律手段平衡各种冲突目的而制造出来的一种无形权利，其特性与普通资产相比殊有不同。当传统的证券化操作应用于知识产权这种无形的权利时，将引起一些特殊的风险。

首先，在知识产权证券化中，支付证券本息的来源，通常就是知识产权授权合同。然而，知识产权授权合同的高度待履行性（executoryc ontract）却成为风险的来源。也就是说，授权方（证券化的发起人）往往必须承担若干合同项下的实质义务，而如果他没有按合同履行，被授权方可以拒绝支付部分授权金，如此一来，特设载体便无法取得原先预期的现金流，也就无法依照约定向证券投资人发放本息。对照来看，以企业贷款或住房按揭为基础的将来债权，其债权的实现通常只是时间因素，并无实质的合同义务等待发起人履行。两者相较之下，突显出了知识产权证券化的独特风险。

其次，知识产权的可重复授权性是异于其他被证券化资产的重要特性。知识产权在每次授权中，都可以产生新的合同债权。这种可无限重复利用的性质，一方面是知识产权的潜力所在，另一方面也产生了其他资产证券化所

---

① 袁晓东.专利信托研究.北京：知识产权出版社，2010:1—2.

没有的风险。

第三,知识产权权利的本质是基于国家权力的作用,赋予个体在某种知识产品上的独占权利。换言之,知识产权的存在是法律运作下的人为行政结果,而不是在经济活动中自然出现的。知识产权原始权利的取得以及权利范围的界定,势必有人为行政的参与。然而,人为的行政不可避免地受到知识、经验与资源的限制,可能出现疏忽。所以,不论是审查程序还是审查程序外的司法程序,随时都可能造成知识产权权利范围的变化或消灭。而一旦出现这种情况,由其产生的现金流便受到影响,甚至可能消失,证券投资人便无法获得预期的本息偿付。知识产权及其衍生权利的价值,受到消费者、市场条件和替代品等因素的影响极大,因此市场的价值可能在很短的时间内产生变化。

最后,具有高度应用性的知识产权,可能成为产业发展的重要支柱,能够产生巨大产值。从社会整体的利益而言,某些知识产权消的影响不容忽视,特别是核心的工业技术、维持民生健康的药品专利,或是源远流长的民族品牌等。由于知识产权具有这种公共财产的特性,因此知识产权证券化必须要考虑到交易的外部性。①

所以,知识产权证券化融资的持续发展,依托于各类制度的完善,譬如登记公示制度的设计、各类关系的平衡等。实际操作中存在较高难度。

其实,不管是知识产权质押还是知识产权证券化都是专业化较高,操作较复杂的融资手段,如果由企业自身来操作未必可行,笔者认为可以引入信托进行经营。

三、知识产权信托

知识产权的权利人可以通过信托将该产权交给专业的受托人来管理,使知识产权充分市场化和产业化,使产权的经济利益得到充分的挖掘。企业全身心地投入到开发创造活动中,将创造成果以信托的方式转让给信托机构。信托机构获得了管理和处分该产权的权利。信托机构可以通过使用许可、投资入股等手段对该知识产权进行管理,将取到的收益转移给受益人,这里的受益人是指知识产权权利人(委托人)自己。②

一般来说,知识产权融资的项目相对困难,因为知识产权涉及的是比较专业的领域,只能被相关的机构和个人所了解,才能为他们接受,因此不能在较大的范围内寻找到投资者。同时,知识产权融资的实际操作程序也很复杂,如法

① 参考百度网站。
② 汪琦鹰,杨岩:企业知识产权管理实务.北京:中国法制出版社,2009:220—221.

律制度不完善、评估困难、金融机构缺乏经验等,而信托制度可以完成事前和事后的知识产权融资。例如事前融资,某个动画作品或软件作品在未形成作品之前,开发者可以将自己的创意介绍给专业的信托机构,专业的信托机构在了解了开发者的创意之后,可以将自己掌握的信托资金贷给开发者以弥补开发者前期资金的不足,同时开发者承诺在作品开发成功之后,将著作权抵押给信托机构。信托机构在提供贷款方面比银行更有自由度。事后融资是指研发成果已经形成,但是知识产权权利人在将该成果推向市场时遇到了资金瓶颈,这时可以将该知识产权作为信托财产设立信托,受托人将该信托财产作为证券化资产设计出证券产品,然后将该证券产品向市场发售募集资金,该资金扣除部分费用后转由知识产权权利人所有,这样知识产权权利人就获得了转让该知识产权的转让收益,也就是说知识产权权利人在该知识产权进入终端市场之前就提前获得了收益,这就等于其得到了融资,其可以利用该笔资金投入到后续市场开发和其他知识产权的开发中。

2000年10月25日,武汉国际信托投资公司在我国率先尝试性推出了专利信托业务。作为受托人,武汉国际信托投资公司最终确定了8项专利参与专利信托,并向社会发行了一定数量的受益权证。

2001年4月28日,出台了《信托法》。同年,中国人民银行颁布《信托投资公司管理办法》,明确将专利信托纳入信托投资公司的经营范围。以此为契机,我国一些信托公司,诸如金信信托、厦门国际信托、国联信托等公司,准备逐步开发专利信托业务。

但是,遗憾的是,武汉国际信托投资公司首例专利信托案最终没有获得成功,在历时两年以后,于2002年12月20日正式终止。这次尝试给我们留下了宝贵的案例研究素材。

一般来讲,可以交易的产权都可以作为信托财产。但是由于知识产权的特殊性,并不是所有的知识产权都适合信托。信托制度要求权利人转让其权利给受托人,由受托人对其进行管理,在权利的转移过程中,智力成果的内容必将被他人知道,而商业秘密最重要的就是保密,因此商业秘密一般不适于信托。

我们以专利权为例,现实中许多专利权人在获得专利授权之后无法将其商业化,形成所谓的"沉睡专利"。"沉睡专利"是专利权人在一体化和市场化两次努力失败后的无奈选择,是高额市场交易成本和缺乏互补性资产的产物。欲解决"专利转化难"的问题,我国应提供有效获得互补性资产和降低交易成本的制度安排。专利信托具有权利转移、集中管理、资产分割和融资投资功能,用之得当,则可以帮助获取互补性资产,或者降低专利权交易成本。①

但是,不可否认的是知识产权信托制度也有其缺陷。信托的重要功能是资产分割,但资产分割具有潜在的成本:①资产分割必须"公示",对分割的财产造册登记;②企业债权人确定并维持资产也具有成本;③由于投资者不能任意终止信托,资产可能得不到最优利用;④受益人可能受到管理者的压迫。专利权信托也不例外。它面临的首要成本就是为了做到资产分割,必须进行信托登记。是否能够有效且便利地设立专利权信托,是评价专利权信托制度是否完善的重要标准。在专利权信托制度方面,笔者认为存在两个方面的缺陷:一方面,我国《信托法》对如何设立专利权信托规定非常模糊,从而导致了当事人获悉与专利信托相关的法律信息成本过高;另一方面,我国《信托公司管理办法》严格规定了经营性信托公司的设立程序和条件,使得专门从事专利管理的公司难以设立信托。②

我们仍旧以专利权为例,按照《信托法》第10条第1款的规定,专利权信托属于应当登记的类型。但到目前为止,我国没有制定任何与专利权信托登记有关的具体规定。在专利权信托的实际操作中,因为缺乏完善的公示制度而使专利权信托变得无章可循。非常重要的事实是,到目前为止没有任何人申请专利权信托登记。制度的欠缺已经成为专利权信托无法承担的交易成本。

综上,笔者认为知识产权投融资在现今的知识经济时代是必然趋势,信托的介入也是市场所趋,尽管目前的制度有其不完善性,但是其实施已有现实基础,相关的规定与制度也在不断完善。笔者相信,在不久的将来,这将是解决企业融资难的重要方式之一。

参考文献

[1]汪琦鹰,杨岩.企业知识产权管理实务.北京:中国法制出版社,2009.
[2]徐棣枫,沈晖.企业知识产权战略.北京:知识产权出版社,2010.
[3]薄燕娜.股东出资形式法律制度研究.北京:法律出版社,2005.
[4]王义松.私人有限责任公司视野中的股东理论与实证分析.北京:中国检察出版社,2006.
[5]袁晓东.专利信托研究.北京:知识产权出版社,2010.

本文曾荣获浙江省省直律师协会"2011律师实务理论研讨会"二等奖。

---

① 袁晓东.专利信托研究.北京:知识产权出版社,2010:1—3.
② 袁晓东.专利信托研究.北京:知识产权出版社,2010:313.

作者简介

张林利,女,浙江工商大学法学学士,六和律师事务所专职律师。主要从事民商事方向诉讼与非诉讼法律事务。

陈科杰,女,浙江工商大学法学学士,六和律师事务所专职律师。主要从事建筑房地产、公司业务等民商事诉讼及非诉讼业务。

CDM 交易程序与律师服务

谢　芳

【摘要】　目前,我国已经成为最大的清洁发展机制(CDM)碳信用提供国。CDM 项目具有巨大的潜在经济效益,然而也存在很大的风险。因此,对于开发 CDM 项目的国内企业而言,律师的参与不可或缺。本文意在阐述 CDM 项目的交易程序以及律师在此过程中可以提供的服务。

【关键词】　清洁发展机制　CDM　律师服务

一、CDM 基本情况

(一)CDM 的含义

清洁发展机制(clean development mechanism,CDM)是《联合国气候变化框架公约》第三次缔约方大会 COP3(京都会议)通过的附件 1 缔约方在境外实现部分减排承诺的一种履约机制。[①] 它是发达国家和发展中国家为了应对气候恶化、发展低碳经济而共同创设的一项制度。根据"共同但有区别的责任"原则,已完成工业革命的发达国家应对全球变暖承担更多的历史责任,因此,《京都议定书》只给工业化国家制定了减排任务,但没有对发展中国家作这个要求。按其规定,发达国家缔约方为实现温室气体减排义务,从 2005 年开始至 2012年间必须将温室气体排放水平在 1990 年的基础上平均减少 5.2%,由于发达国家减排温室气体的成本是发展中国家的几倍甚至几十倍。发达国家通过在发展中国家实施具有温室气体减排效果的项目,把项目所产生的温室气体减少的排放量作为履行《京都议定书》所规定的一部分义务。一方面,对发达国家而言,给予其一些履约的灵活性,使其得以较低成本履行义务;另一方面,对发展中国家而言,能够利用减排成本低的优势从发达国家获得资金和技术,促进其可持续发展;对世界而言,可以使全球在实现共同减排目标的前提下,减少总的减排成本。

---

① 李静云.别涛清洁发展机制及其在中国实施的法律保障.中国地质大学学报,2008(1):58.

(二) CDM 对我国的影响

我国作为最大的发展中国家,在 CDM 项目领域具有很大潜力,并将会从中明显受益。我国二氧化碳年排放总量已经超过全球总量的 10%,成为仅次于美国之后的全球第二大排放国,而且增长迅速。我国是世界上最大的煤炭生产和消费国,70%以上的电力来自煤炭,煤炭利用效率较低导致大量排放温室气体。由于受资金投入和技术水平的限制,我国能源利用效率与发达国家相比有很大差距,而我国减少温室气体排放的边际成本要远低于发达国家,这也使我国在 CDM 项目领域具有很大潜力。通过提高发电、钢铁、化工、建材等能源密集行业能源利用效率,开发利用水电、煤层气、风能、太阳能、地热等替代能源,可以减少能源的消耗和温室气体的排放。我国无疑可以从 CDM 项目中获取收益。CDM 项目不仅可以为我国带来环境效益,还可以带来经济效益和社会效益。从环境效益方面看,CDM 项目的实施能减少化石燃料尤其是煤的消耗,降低空气和水资源污染,并进而改善水资源供应,降低土壤侵蚀和保护生物多样性。从经济效益看,CDM 项目不仅能为我国符合低碳经济发展要求的项目带来资金,同时也会从发达国家获取先进的符合可持续发展要求的技术。这将有利于我国企业技术的革新,甚至推动我国能源结构的变革。从社会效益方面看,许多 CDM 项目可以为我国目标区域和收入群体创造就业机会、增加收入,促进社会目标的实现。目前,我国已经成为最大的清洁发展机制碳信用提供国,亚洲开发银行已经开发了一些创新型融资机制,用于支持中国清洁能源项目。

二、CDM 项目的基本规则和流程

CDM 项目是由工业化发达国家提供资金和技术,在发展中国家实施具有温室气体减排效果的项目,而项目所产生的温室气体减排量则列入发达国家履行《京都议定书》的承诺。简言之,就是"资金＋技术"换取温室气体的"排放权"(指标)。

(一)CDM 项目的业务领域及运行规则

CDM 支持的业务领域与 GEF(全球环境基金)在气候变化领域支持的业务领域基本相同。主要包括:①终端能源利用效率改善领域;②供应方能源效率改善领域;③可再生能源领域;④替代燃料领域;⑤农业领域(甲烷和氧化亚氮减排项目);⑥工业过程领域(水泥生产等减排二氧化碳项目,减排氢氟碳化物、全氟化碳或六氟化硫的项目);⑦碳汇项目领域。[①] 所不同的是 GEF 着重能力

---

① 燕启社,张瑞芹,王姗姗.清洁发展机制对我国节能减排的作用.环境保护科学,2009,35(2):102.

建设,通常是多边机制,且是政府主导的项目。而 CDM 项目的重点是在实施可观察的温室气体减排项目,通常是有投资主体实际项目,一般采取的是双边机制,尽管项目的实施需要得到政府的认可和批准,但企业 CDM 项目是实施的主体。

参与 CDM 项目活动的必须是中资或中资控股企业。运行的基本规则是:①缔约方自愿参与;②有政府批文;③带来真实的、可测量的、长期的温室气体减排效益;④必须具有额外性("额外性"是指该清洁发展机制项目所带来的减排效益必须是额外的,即在没有该项目活动的情况下不会发生);⑤属于东道国、地方政府的优先发展领域并带来技术转让。[①] 国家发展和改革委员会是中国政府开展 CDM 项目活动的主管机构,下设国家清洁发展机制项目审核理事会和国家管理机构。审核理事会联合组长单位为国家发展和改革委员会、科学技术部,副组长单位为外交部,成员单位为国家环境保护总局、中国气象局、财政部和农业部。

(二)CDM 项目的开发模式

CDM 项目的开发一般有三种模式:①单边模式:发展中国家独立实施 CDM 项目活动,没有发达国家的参与。发展中国家在市场上出售项目所产生的 CER。②双边模式:发达国家实体和发展中国家实体共同开发 CDM 项目,或发达国家在发展中国家投资开发 CDM 项目,由发达国家获得项目产生的 CER。③多边模式:项目产生的 CER 被出售给一个基金,这个基金由多个发达国家的投资者组成[②]

(三)我国 CDM 项目的具体程序

根据《清洁发展机制项目运行管理办法》(下称《办法》),在我国 CDM 项目的具体程序如下:

(1)项目识别。项目识别就是综合考虑以下因素,对 CDM 项目进行可行性分析:第一,初步判断本项目是否为 CDM 项目;第二,看是否有针对所选项目类型的 CDM 方法学;第三,综合考虑减排量、方法学、开发成本等多项目因素进行成本收益分析,评估项目开发为 CDM 项目的可行性和必要性。

(2)制定开发方案。对于不同类型的项目,开发方案也各不相同。企业可以根据自身实力和项目风险大小选择自行承担项目开发费用或由其他相关方(如咨询公司、碳买家)承担项目开发费用。在一个完整的 CDM 项目开发中,一般会有以下参与方:业主(卖方)、买方、项目开发中介、律师、指定经营实体

---

① 郑照宁,潘韬,刘德顺.清洁发展机制的项目融资方式.商业研究,2005(2):95.
② 马其家.我国实行清洁发展机制的现状及法律对策.当代经济研究,2010(10):32.

(DOE)、国家主管机构(DNA)和联合国 CDM 执行理事会(EB)。其中,项目开发中介根据不同开发方案的设置可以由业主委托或者直接由买方委托,而业主聘请 CDM 律师可以有效降低项目风险。

(3)起草项目设计文件(PDD)。如果拟开发的项目已经有了对应的方法学,则项目开发中介将根据方法学的要求按照 EB 规定格式起草 PDD 文件。PDD 文件主要包括:项目概述、项目基准线选择、项目额外性论证、项目减排量估算、项目环境影响和利益相关方评价以及项目监测计划等。PDD 文件起草过程中业主主要负责提供各类支持性文件,配合项目开发中介做好资料采集和调研工作。

(4)签订《减排量条款书》(TERM SHEET)。如果项目开发为双边项目,买卖双方必须在项目报中国政府审批前就项目购买达成意向。根据项目类型和时间要求的区别,有些项目在此阶段即直接签署《减排量购买协议》(ERPA),有些项目则仅由买方就价格作出承诺,如不低于 8 欧元。较多的项目买卖双方在此阶段会就 ERPA 中主要条款(如购买量、购买价格、交付时间、支付方式、项目参与方、适用法律和争议解决等)达成一致。

(5)中国政府审批。项目 PDD 文件起草完成后,项目业主(或者直接委托项目开发中介)将 PDD 文件及其他相关文件上报国家发改委申请项目许可;国家发改委委托有关机构,对申请项目组织专家评审,时间不超过 30 日;评审合格的,提交项目审核理事会审核;通过审核的项目,由国家发改委会同科技部和外交部办理批准手续。中国政府对项目的主要审核事项包括:项目参与方资格、项目是否产生温室气体减排、购买 CER 资金来源、项目是否有助地区经济可持续发展、CER 交易价格以及 PDD 文件等。

从项目受理之日起,国家发展改革委应在 20 日之内(不含专家评审的时间)作出是否予以批准的决定。20 日内不能作出决定的,经行政机关负责人批准,可以延长 10 日。

(6)DOE 审定。在 CDM 项目取得中国政府批准函后或者与此同时,项目业主应寻找合适的 DOE 对项目进行审定。DOE(指定经营实体)在接到项目的审定申请后,会将项目 PDD 文件在 EB(执行理事会)网站公示 1 个月。然后 DOE 将根据 PDD 对拟定的 CDM 项目活动进行独立评估。评估通过后,DOE 将出具审定意见,并将项目报请 EB 批准注册。

目前获得 EB 授权的 DOE 共有十几家,每一家 DOE 仅在某几个领域获得相应的审定和核实核证授权。在国内审定 CDM 项目较多的有挪威船级社(DNV)、通标标准(SGS)和 TüV 南德(TüV SüD)等几家 DOE。2008 年 4 月 15 日,我国中环联合(北京)认证中心有限公司(China Environmental Certification Center,CEC)经联合国清洁发展机制执行理事会/认可委员会认可,获得了指定经营实体(DOE)确认函,成为中国首家获得该资质的机构。

(7)签订《减排量购买协议》(ERPA)。ERPA 是 CDM 项目中确定 CER 买卖双方权利义务的法律依据,也是整个 CDM 项目的核心内容之一。ERPA 一般为英文合同,多由买方提供,其内容繁杂且侧重于保护买方利益,即使国际排放贸易协会(IETA)制定的版本也是如此。为有效降低履约风险,律师参与 ERPA 谈判是必不可少的。

(8)EB 公示和注册。EB 收到注册申请之日起将项目信息在 EB 网站公示 8 周,除非在此期间参与项目活动的 1 个缔约方或至少 EB 的 3 名成员提请对该 CDM 项目活动进行复审,项目即自动通过注册。上述复审应按照下列规定进行:①涉及与审定要求相关的问题;②不迟于提出审查请求后的第二次会议最后完成进行审查并将结果和理由通知项目参与方和公众。如果该项目被 CDM 执行理事会驳回,企业可以修改,修改后重新提出申请。

(9)项目监测。在项目获得注册后,由项目参与方根据项目监测方案,监测项目实施情况,采集相关数据,制作相关文件。项目参与方应就项目监测情况形成监测报告,并将监测报告提交 DOE,由 DOE 对项目进行核实核证。

(10)核实核证。核查是指由 DOE 负责、对注册的 CDM 项目减排量进行周期性审查和确定的过程。根据核查的监测数据、计算程序和方法,可以计算 CDM 项目的减排量。核证是指由 DOE 出具书面报告,证明在一周期内,项目取得了经核查的减排量,根据核查报告,DOE 出具一份书面的核证报告,并且将结果通知利益相关者。

在项目执行期间,项目参与方应邀请另一家 DOE 对项目所产生的温室气体减排量进行核实。常规的 CDM 项目不允许邀请与核证该项目的同一个 DOE 进行项目减排量的核实工作。

(11)CER 签发和交付。EB 在接到签发 CER(经核定的减排)的请求后,如果没有 3 名以上的 EB 成员反对或当事国中任一国家政府的反对,应该在 15 天内批准签发与核查减排量相等的 CER,并在扣除 2% 的 CER 后,将其余的 CER 按照项目参与方依合同确定的分配方案,发送到指定的专用"账户"上。

(12)付款。一般在 CER 划转到指定账户后,买方向卖方支付相应款项。应特别注意的是,由于目前 CER 交付机制尚未形成有效的交付凭证,暂不适合采用信用证付款方式,所以卖方应通过 ERPA 其他条款设置降低付款风险。

三、CDM 项目中的律师服务

律师的咨询服务将贯穿整个 CDM 项目,从项目可行性调查到项目的国内、国际申请,从寻找买家到项目的履行、CER 的转让,从项目参与方之间的沟通协作到与国家主管部门以及国际机构的协调，从提供最新 CDM 政策信息到项目其他各项法律问题的解决等。律师的出谋划策有助于项目业主实现利益最大化和风险最小化，可以帮助项目业主防范与化解法律风险和商业风险。

具体而言，律师可以在 CDM 项目中发挥如下作用。

（一）尽职调查

国内企业在开发 CDM 项目之前，应了解项目参与方的基本情况。律师可以根据国内企业的委托，详细调查项目参与方的资信状况（包括资产情况和履约能力等），以帮助国内企业降低项目风险。

（二）协助设计 CDM 项目开发方案和融资方案

项目开发方案和融资方案是否科学事关项目成败，律师可以凭借专业经验协助业主设计策划科学的 CDM 项目开发方案和融资方案，推动项目的开展。

（三）制作或审查修改 CDM 项目文件

律师可以起草和修订项目识别文件（PIN）、起草项目设计文件、起草或修改《减排量条款书》《减排量购买协议》以及与项目参与方之间的其他文件。

（四）参与《减排量购买协议》的谈判

《减排量购买协议》是重要的法律文件，主要内容包括交易量、价格、交付、付款、免责、违约、法律适用和管辖权等条款，是一个法律结构复杂的英文协议，尤其是合同期限长，具有不同于一般涉外贸易合同的特殊法律风险。律师参与《减排量购买协议》的谈判，通过提出对项目业主有利的条款或修改对方不合理的条款，从而有效维护项目业主的权益，帮助企业降低法律风险。

参考文献

[1]李静云.别涛清洁发展机制及其在中国实施的法律保障.中国地质大学学报,2008(1).
[2]燕启社,张瑞芹,王姗姗.清洁发展机制对我国节能减排的作用.环境保护科学,2009,35(2).
[3]郑照宁,潘韬,刘德顺.清洁发展机制的项目融资方式.商业研究,2005(2).
[4]马其家.我国实行清洁发展机制的现状及法律对策.当代经济研究,2010(10).

作者简介

谢芳，女，澳州尼士兰科技大学法学硕士，六和律师事务所律师助理。主要擅长从事公司法律事务、证券法律事务及收购兼并、投资、保险等法律事务。

刑 事 类

论诉讼诈骗行为的刑法认定

田　暐　徐丽娟

【摘要】　诉讼诈骗行为不仅侵害了被害人的财产权,更为重要的是严重扰乱了审判活动的秩序。理论上对诉讼诈骗行为的认定存在争议,主要是无罪说和有罪说。可以说,目前我国《刑法》对诉讼诈骗行为处于立法空白状态,而司法实践中,处理该行为时大多认定为诈骗罪,也有的将行为人在实施诉讼诈骗行为时触犯其他罪名而认定为他罪的。本文将通过对诉讼诈骗行为的性质分析,从《刑法》规制角度,建议将诉讼诈骗行为单独设立罪名,以诉讼诈骗罪来规制这一行为。

【关键词】　诉讼诈骗　诈骗罪　诉讼诈骗罪

我国社会主义法治建设的进程在逐步推进,诉讼案件在逐年增多,诉讼诈骗行为也愈演愈烈,这种行为不但使被害人的财产受到损失,而且侵犯了司法机关的正常活动秩序。司法实践中出现了许多这样的案例。2010 年 7 月,浙江省高级人民法院、浙江省人民检察院针对虚假诉讼联合印发了《关于办理虚假刑事诉讼案件具体适用法律的指导意见》。浙江省高级人民法院还就虚假诉讼行为专门出台了一期案例指导,当中的案例就涉及诉讼诈骗行为。从概念上分析,诉讼诈骗是虚假诉讼行为的一种,后者与前者是包含与被包含关系。由于诉讼诈骗这一行为的社会危害性已达到触犯刑事法律的程度,因此,实践中也基本运用刑法处理该行为。

一、诉讼诈骗行为概述

由于我国刑法典对诉讼诈骗行为没有作明确具体的规定,因此诉讼诈骗行为的概念及特征均由刑法理论进行概括和总结。我们先来看看两个真实的案例。

案例一:

2009 年 2 月中旬,被告人蒋某、洪某经预谋后,由洪某到台州市商业银行开设账户,洪某以获取存款积数可获取回报为名,要求吴某向该账户汇入人民币 1000 万元存积数。蒋某、洪某出具了借款人为洪某,担保人为蒋某,借款款额人民币 200 万元,借款时间为 2008 年 5 月的借条 2 张。当蒋某得知吴某于 3 月 1 日至 3 日先后以存现和转账的方式汇入洪某的台州市商业银行账户 330 万元时,即让被告人徐某在借条的出借方一栏填写上徐某自己的名字。徐某按蒋某的授意,明知自己不是洪某债权人,仍然于同月 4 日向台州市路桥区人民法院以债权人的身份起诉洪某,并申请了诉讼保全,路桥区人民法院将吴某汇到洪某账户上的 246 万元予以冻结。后因吴某报警而致被告人的罪行败露,吴某取回全部存款。台州市椒江区人民法院经审理认为:被告人蒋某、洪某以非法占有为目的,结伙虚构事实,骗取他人人民币 246 万元,数额特别巨大,其行为均已构成诈骗罪。蒋某、洪某已经着手实行犯罪,因意志以外的原因未得逞,是未遂,可以减轻处罚;被告人徐某故意帮助他人伪造证据,情节严重,其行为已构成帮助伪造证据罪。该案例的裁判要旨为:通过制造假证据、隐瞒事实、制造虚假债权债务、恶意串通等手法,提起虚假的民事诉讼,欺骗法院作出有利于自己的错误裁判,达到非法占有他人财产的目的,其行为构成诈骗罪。

　　案例二:①

　　2009 年 5 月初,舟山市华泰石油有限公司法定代表人郑某向被告人乐某借款人民币 250 万元,并书写了借条。同月 13 日和 15 日,郑某分两次将本金及利息归还了乐某,但并未向乐某索回借条,后乐某产生了利用郑某未收回的借条提起诉讼欺诈的邪念。同年 8 月 20 日,乐某将该张 250 万元借条作为证据,向普陀区法院提起诉讼,要求判决郑某归还 250 万元及利息 38646 元。同年 12 月 18 日,普陀区法院民二庭开庭审理了此案。期间,发现被告人乐建国有通过诉讼实施诈骗犯罪嫌疑,即向当地公安机关移送了相关线索。2010 年 1 月 22 日,公安机关立案侦查。同日,乐某见丑行败露,即向法院申请撤诉,诈骗未遂。舟山市普陀区人民法院经审理认为:被告人乐某以非法占有为目的,虚构事实,隐瞒真相,骗取他人财物,数额特别巨大,其行为已构成诈骗罪。该案例的裁判要旨为:行为人以非法占有为目的,通过伪造或者变造证据、虚假陈述、捏造事实、恶意串通等手段,向法院提起民事诉讼,意图使法院作出错误裁判,从而达到占有他人财产目的的行为,应当以诈骗罪定罪处罚。

　　从上面两个案例,我们可以基本归纳出诉讼诈骗的概念要点。我们知道,诉讼诈骗还不是一个法律上的用语,学界对此行为的定义不一,其有广义和狭义之分。广义的诉讼诈骗是指欺骗法院,使对方交付财物或者财产上利益的一

---

　　① 这两个案例均引用自浙江省高级人民法院 2010 年第 3 期《案例指导》。

切行为;狭义的诉讼诈骗,是指行为人将被害人作为被告人而向法院提起虚假的诉讼,使法院产生判断上的错误,进而获得胜诉判决,使被害人交付财产或者由法院通过强制执行将被害人的财产转移给行为人或者第三人所有。① 我国台湾学者林山田认为,所谓的诉讼欺诈(即诉讼诈骗),是行为人以提起民事诉讼为手段,以虚伪之陈述、提出伪造之证据或串通证人提出伪造之证据,使法院作出错误之判决,而达到其不法之目的。结合上述诉讼案例具体情况分析,本文所要讨论的是狭义的诉讼诈骗,其应当包括以下内涵:一是从主观上看,行为人具有非法占有他人财物的目的,也是获得胜诉判决的终极目的。二是行为人须以向法院提起诉讼为手段。三是在诉讼过程中,行为人使用虚假或者伪造的证据。四是法院基于错误认识作出了错误判决,行为人胜诉。

从上述定义我们可以看出,诉讼诈骗行为具有以下特点:

第一,诉讼诈骗侵犯的是双重社会关系,包括他人的财产或财产利益及司法机关的正常活动秩序。一方面,诉讼诈骗行为人骗取被害人的财产或财产利益,侵犯了他人的财产权利;另一方面,行为人向法院提起虚假的诉讼,扰乱了法院的正常秩序。

第二,从主观状态上讲,诉讼诈骗的行为人希望通过欺骗法院,从而使法院产生错误认识,以达到侵占他人财产或财产性利益的目的。行为人对自己的行为是有充分认识并且追求行为结果发生的,从刑法角度而言,这是一种直接的故意。

第三,从客观行为上看,行为人采用虚构事实、捏造证据等虚假手段向法院提起诉讼。为实现非法占有他人财产的目的,行为人一般在没有实体请求权的情况下,而虚构事实,并辅以伪造证据等方式向法院提起诉讼。因此,这里欺骗的对象是法院,法院是诉讼诈骗人的直接对象,最终财产损失人是第三人。在诉讼诈骗中,涉及三方主体,分别是行为人、法院、被害人,这与诈骗罪存在区别。诈骗罪只有行为人和被害人两方主体。

二、实践中关于诉讼诈骗的处理模式及评述

实践中在处理诉讼诈骗行为时出现了几种方式,但以诈骗罪定罪处罚的居多,笔者认为,司法实践对同一行为的不同处理源于理论认识的分歧。目前,理论上,支持诈骗罪说的比较多。另外,如无罪说、其他罪名说等也有少数支持。下面就这些观点及实践中相应的处理一一阐述。

关于无罪说。该观点认为,我国现行刑法没有对诉讼诈骗行为加以规制,

---

① 曾根威彦.刑法各论.成文堂,2001:151.

根据罪刑法定原则,刑法没有规定的,不应当认为是犯罪。主要的理由有:首先,我国刑法通说认为诈骗罪是指"行为人以非法占有为目的,采用虚构事实、隐瞒真相的方法欺骗受害人,使其产生错误认识,从而自愿交付财物"①。在诉讼诈骗中,行为人并没有直接欺骗被害人,他欺骗的对象是法院。有人还认为,在以形式的真实主义为原则的民事诉讼制度下,即使法院认识到当事人的主张是不真实的,也必须受其形式的约束而做出相应的判决,在这种理论认识的支撑下,说行为人欺骗法院都显得牵强。其次,被害人并非自愿交付财物,而是迫于法院判决的强制力,不得不将财产或财产性利益交付给胜诉者,这也是与诈骗罪的不同之处。最后,诉讼诈骗行为侵犯的是双重客体,与诈骗罪不同的是,除侵害被害人的财产权利外,还妨害了司法机关的正常活动。因此,支持无罪说的人认为,诉讼诈骗不构成诈骗罪,又因为刑法对此行为尚无明文规定,所以按无罪处理为妥。实践中也存在采纳无罪说观点的,认为诉讼诈骗行为不构成犯罪,判决行为人无罪。

但是,从前面的案例可以表明,诉讼诈骗行为具有严重的社会危害性,司法部门也不再放纵该行为,对符合诈骗罪或者其他罪行的,均以相应犯罪定罪处罚。因此,无罪说显然已在司法实务中难以立足。从犯罪论上说,诉讼诈骗行为以非法占有他人财物或财产性利益为目的而提起诉讼,在侵犯了被告人公私财产所有权的同时,还破坏了正常的诉讼秩序,损害了司法机关作出判决的公正性和权威性,侵害了我国刑法所保护的双重客体,该行为不仅具有普通诈骗罪的社会危害性,而且远远大于普通诈骗罪的社会危害性,因此应由《刑法》予以否定性评价,否则难以达到有效规制该行为的目的。

关于其他罪名说。这里主要介绍诈骗罪说、妨害司法方面的罪名说,因为这两种观点在实践中被采纳运用的比较多。支持诈骗罪说的学者认为诉讼诈骗符合诈骗罪的最有力的支撑是三角诈骗理论。德日学者普遍认为诉讼诈骗其实是"三角诈骗"的一种特殊表现形式,因此诉讼诈骗构成诈骗罪。我国也有不少学者借鉴三角诈骗理论,认为诉讼诈骗应当以诈骗罪定罪处罚。持这种观点的学者认为,诈骗罪一般表现为,行为人向被害人实施欺骗行为,致使被害人产生错误认识进而自愿处分自己的财产,最终导致财产损失。在这里,受骗人(财产处分人)与被害人具有同一性,即两者间诈骗。但是,在诈骗罪中,也存在受骗人(财产处分人)与被害人不是同一(或不具有同一性的现象)。这种情况在刑法理论上称作三角诈骗,即三角间的诈骗,其中的受骗人可谓第三人。由于法院是审判机关,法官具有作出各种财产处分的判决与裁定的法律上的权

---

① 张明楷.刑法学(第三版).北京:法律出版社,2007:735.

限,故诉讼诈骗是三角诈骗的典型形式。有学者进一步认为,对于有些国家《刑法》中规定的诉讼诈骗罪,我国现行《刑法》没有明确规定,但这并不表明对于当前社会上日益增多的诉讼诈骗行为无法予以刑法规制,因为就基本特征而言,该种行为完全符合最后兜底的普通诈骗罪的犯罪构成,因此可以诈骗罪规范之。[1] 2009 年 11 月 26 日的《人民法院报》中《诉讼诈骗严重即可构成犯罪》一文,主审法官就认为,虽然诉讼诈骗中被骗者是人民法院,与受害人不同一,区分于一般的诈骗行为,但"被害人与受骗人具有同一性"并不是诈骗罪的必要条件,只要行为人实施了诈骗行为,被骗人产生了错误认识,基于该错误认识处分了财产,从而使被害人的财产遭受损失就足够了。这属于间接诈骗,同样属于诈骗的范畴。浙江省高级人民法院、浙江省人民检察院联合印发的《关于办理虚假刑事诉讼案件具体适用法律的指导意见》第六条也规定:以非法占有为目的,进行虚假诉讼,骗取公私财物的,按照《刑法》第二百六十六条诈骗罪处理。这一规定中的虚假诉讼即是诉讼诈骗的概念,而此规定也采纳诈骗罪说。

诈骗罪说虽然为理论和实践多数人支持,目前也主要以诈骗罪来对诉讼诈骗行为进行处理,但是这一做法仍存在不足之处。首先,诉讼诈骗行为有别于传统的诈骗罪的诈骗行为。两者在客体、主体、客观行为手段上均存在不同,前面已有论述,此处不再赘述。其次,诈骗罪的评价基础是诈骗数额,实践中存在这样的行为:在诉讼中,诈骗的数额达不到《刑法》所规定数额的起刑点,但是这一行为同时侵害了被害人的财产权益和扰乱了司法机关的正常审判秩序,具有严重的社会危害性。在这种情况下,如果以诈骗数额达不到《刑法》规定而做无罪处理的话,那无疑是放纵了犯罪行为。最后,诉讼诈骗行为侵犯的毕竟是两个客体,是不可否认的,而侵犯人民法院的正常审判秩序是必然的,侵害他人的公私财产则是或然的。在这两个客体当中,笔者认为,更主要和关键的客体是法院的正常审判秩序,而不是他人的公私财产权利。根据我国《刑法》理论,在犯罪是复杂客体的情况下,犯罪性质应该由其中的主要客体决定。[2] 所以,将诉讼诈骗行为认定为诈骗罪存在不合理之处。

关于妨害司法方面的罪名说。该说的主要依据是最高人民检察院法律政策研究室 2002 年 10 月 24 日《关于通过伪造证据骗取法院民事裁判占有他人财物的行为如何适用法律问题的答复》(以下简称为《答复》)。该《答复》指出:"以非法占有为目的,通过伪造证据骗取法院民事裁判占有他人财物所侵害的主要是人民法院正常的审判活动,可以由人民法院以诈骗民事诉讼的有关规定做出处理,不宜以诈骗罪追究行为人的刑事责任。如果行为人伪造证据时,实

① 杨文书.刑法规范的模糊性与明确性及其整合机制.中国法学,2001,(3):177.
② 王海滢.诉讼诈骗行为定性初探.理论观察.2009(5):59.

施了伪造公司、企业、事业单位、人民团体印章的行为,构成犯罪的,应当依照刑法第二百八十条第二款的规定,以伪造公司、企业、事业单位、人民团体印章罪追究刑事责任;如果行为人有指使他人作伪证行为,构成犯罪的,应当依照刑法第三百零七条第一款的规定,以妨害作证罪追究刑事责任。"从这个《答复》的内容来看,它是无罪说的一种佐证,即对诉讼诈骗行为按民事诉讼的有关规定做出处理,同时也否定了诈骗罪说。

根据《答复》而以其他罪名来处理诉讼诈骗行为这一做法也有欠考量。在诉讼过程中,行为人伪造公司、企业、事业单位、人民团体印章,这是一种手段行为,与诉讼诈骗行为本身具有牵连关系,行为人是牵连犯,按照牵连犯从重的处罚原则,应当处理更为严重的诉讼诈骗行为,而不是只处理手段行为,如果只处理了手段行为,难以避免只治标不治本的尴尬。而且我国《刑法》第三百零五条规定的伪证罪也仅限于在刑事诉讼领域,民事及行政诉讼中伪造证据的行为难以纳入,因此,采取这种方式处理诉讼诈骗行为也有不合理之处。

三、增设诉讼诈骗罪的立法建议

本文第二部分大致介绍了理论与实践中对诉讼诈骗行为的观点及处理模式,笔者认为,上述观点及模式均存在不合理之处,鉴于我国刑法体系以及诉讼诈骗行为的社会危害性问题,笔者认为,增设诉讼诈骗罪是妥当评价该行为的问题解决之道。

一方面,从我国现行刑法体系来说,既有普通诈骗罪的规定,也有特殊诈骗罪的规定,它们构成一个完整的诈骗犯罪评价体系。我国《刑法》就保护社会主义市场经济秩序为出发点,专门规定一节金融诈骗犯罪,而且在扰乱市场秩序罪一节中还有合同诈骗罪的规定。这样的规定本身就是特殊诈骗犯罪立法的先例。如此立法解决了金融诈骗犯罪及合同诈骗罪的评价机制问题,有利于保护专门领域的特殊客体。因此,从我国刑法体系来说,可以参照立法先例,增设诉讼诈骗罪是可行的。

另一方面,从犯罪构成来说,诉讼诈骗行为有其特定的犯罪构成,自成一体,增设诉讼诈骗罪更为合理。

综合上述两个方面,我们认为从诉讼诈骗行为的社会危害性、犯罪构成以及我国刑法体系一性来说,增设诉讼诈骗罪是必要的、可行的。全国政协委员、广东省检察院副检察长王学成在 2010 年 3 月 7 日的《人民法院报》上提到,对诉讼诈骗行为以普通诈骗罪来定罪量刑不符合罪刑相适应原则,亟待完善相关法律规定。并以提案形式向全国人大常委会建议,请尽快作出立法解释,对刑法作出补充规定,增设诉讼诈骗罪,明确对诉讼诈骗行为按诉讼诈骗罪定罪量刑。借鉴王副检察长的提案,诉讼诈骗罪的规定可以具体如下:以伪造或变造证据、捏造事实、恶意串通等手段,向人民法院恶意提起诉讼,欺骗人民法院作出裁判,骗取公私财物,数额较大的,处五年以下有期徒刑或者拘役,并处或者单处罚金;数额巨大或者有其他严重情节的,处五年以上十年以下有期徒刑,并处罚金;数额特别巨大或者有其他特别严重情节的,处十年以上有期徒刑或者无期徒刑,并处罚金或者没收财产。

具体到诉讼诈骗罪的构成要件,我们认为应包含以下内容:

第一,诉讼诈骗行为侵害的客体为被害人的财产权和司法秩序,是为双重客体,有别于诈骗罪侵害的是公私财产所有权。诉讼诈骗行为侵害实体利益的同时,也侵害了程序利益。因此,从某种意义上说,诉讼诈骗行为是诉讼上的不法行为和实体上的不法行为的竞合。毋庸置疑,诉讼诈骗行为成为行为人达到非法目的的"强有力工具",干扰了正常的司法秩序,侵害了他人的合法权益,具有严重的社会危害性。若行为人只扰乱了司法秩序,而由于其他原因非法占有他人财产的目的不能实现时,这种情况应考虑作为诉讼诈骗罪的未遂处理。

第二,诉讼诈骗行为的客观方面表现为,行为人使用虚假的手段向法院提起诉讼,这里虚假的手段包括虚构事实、伪造证据(如伪造公文、证件、印章、合同)等虚假诉讼手段,从而使法院产生错误认识。而向法院提起的诉讼既包括民事诉讼,也包括行政诉讼或其他非诉程序等。虽然发生在民事诉讼中的诉讼诈骗行为是常态,但不能排除在行政诉讼、非诉程序中发生诉讼诈骗的可能性。因此,诉讼诈骗行为必须是发生在诉讼过程当中的。

第三,诉讼诈骗罪的犯罪主体可以是自然人,也可以是单位。诈骗罪的犯罪主体只能是自然人。从提起的"诉讼"角度而言,诉讼诈骗罪的主体是虚假的"主体",不具有真实性,主体不享有实体的请求权。

第四,从犯罪的主观故意来说,行为人是明知自己的行为会侵犯他人公私财产所有权和扰乱司法秩序,但仍然希望或放任这种结果的发生。从行为人的主观目的来看,行为人的主观目的不能局限于"非法占有他人财物或财产性利益",事实上,行为人提起诉讼,完全可能出于"非法占有"以外的目的,并且不具有"非法占有"目的的诉讼诈骗行为在本质上与具有"非法占有"目的的诉讼诈骗行为有同一性。两者都是提供虚假证据,导致法院作出错误的裁判和执行,致使被害人的合法利益遭受损失,同时妨害了司法机关的正常活动。

参考文献

[1]张明楷.论三角诈骗.法商研究,2004(2).

[2]袁力.论诉讼诈骗行为的刑法规制.前沿,2006(3).

[3]王海滢.诉讼诈骗行为定性初探.理论观察,2009(5).

[4]谢望原.诉讼诈骗完全可以构成诈骗罪.中国审判,2008(12).

[5]于改之,赵慧.诉讼诈骗行为性质之认定.武汉大学法学院刑法学专业博士研究生座谈纪要,北京,法学评论,2005(2).

本文曾荣获浙江省省直律师协会"2011律师实务理论研讨会"一等奖、2011年浙江省律师协会"首届浙江律师论坛"优秀奖。

作者简介

田暐,男,中国人民大学刑法学硕士,六和律师事务所合伙人,一级律师。主要擅长刑事辩护业务。

徐丽娟,女,西南政法大学刑法学硕士,六和律师事务所律师助理。

自动投案成立条件探究

姚建彪　　崔　竹

【摘要】　自动投案在我国自首制度中占有重要的地位,是自首成立的前提性要件,是自首制度的本质体现。自动投案的成立条件和认定一直是自首制度理论和实践的重点与难点,对自动投案成立条件的研究将有利于完善我国自首制度的理论建构和增强自首制度的实践操作性。本文以一般自首中自动投案的成立条件为研究对象,分别从自动投案的时间、自动投案的对象、犯罪人投案的主动性以及犯罪人投案后自愿接受控制四方面,探讨对自动投案成立各要件的理解和研究各要件在司法实践中的认定难点问题。

【关键词】　自动投案　自首　投案时间　投案对象　主动性

根据我国现行《刑法》第 67 条"犯罪以后自动投案,如实供述自己的罪行的,是自首"的规定和 1998 年最高人民法院《关于处理自首和立功具体应用法律若干问题的解释》的相关规定,可以认为,要成立自首必须同时具备"自动投案"和"如实供述自己的罪行"这两个要件。我国认定自动投案的现行法律依据为:①1997年《刑法》第 67 条;② 1998 年最高人民法院《关于处理自首和立功具体应用法律若干问题的解释》(以下简称 1998 年《解释》);③2007 年浙江省高级人民法院、浙江省人民检察院《关于严格依法认定自首的通知》(以下简称 2007 年《通知》);④2009 年最高人民法院、最高人民检察院《关于办理职务犯罪案件认定自首、立功等量刑情节若干问题的意见》(以下简称 2009 年《意见》);⑤2010最高人民法院《关于处理自首和立功若干具体问题的意见》(以下简称 2010 年《意见》)。以下将根据上述规定,对一般自首中的自动投案,从自动投案的概念、地位、成立要件，分别进行研究和认定。[①]

一、自动投案的概念和地位

（一）自动投案的概念

根据 1998 年《解释》第一条的规定，可将自动投案分为典型的自动投案和准自动投案两大类型，共 8 种情形。具体来说，典型的自动投案是指"犯罪事实或者犯罪嫌疑人未被司法机关发觉，或者虽被发觉，但犯罪嫌疑人尚未受到讯问、未被采取强制措施时，主动、直接向公安机关、人民检察院或者人民法院投案。"的规定；而准自动投案则是指之后规定的 7 种"应当视为自动投案"的情形。

若从理论上对自动投案的内涵进行概括，则可认为，自动投案是指犯罪人在犯罪以后、归案之前，出于本人意志而向公安机关、人民检察院、人民法院、其所在单位、城乡基层组织或者其他有关负责人员承认自己实施了犯罪，并自愿置于上述单位或者人员的控制之下，等待进一步交代其犯罪事实的行为。[②] 可以看出，要成立自动投案至少应当从自动投案的时间、自动投案的对象、犯罪人主观意志以及犯罪人投案后表现 4 个方面来认定。

（二）自动投案在自首制度中的地位

对于自首本质的认识，学界有两种不同的观点。一种观点认为，自首的本质是悔罪、悔改。"如果自首的本质不是悔罪，如果犯罪人不悔改，怎能反映其人身危险性减小，又怎能适用从宽处罚的规定呢？"[③]另一种观点认为，自首的本质是自动归案，自首是犯罪人犯罪后自己把自己交付国家追诉的行为。[④]

笔者不赞成第一种观点，主要理由是，"本质"应是指事物本身所固有的、决定事物性质的根本属性，而悔罪、悔改既不是自首独有的属性，像坦白、供认也具有悔罪、悔改的特征；同时，根据现有立法和解释，悔罪、悔改也并非自首成立的前提要件，不是认定自首的关键。若将悔罪、悔改认定为自首的本质，将不利

---

① 按照自首的适用对象、成立条件、处罚原则的不同，可将自首分为一般自首、准自首和特别自首。具体来说，一般自首是指我国《刑法》总则第 67 条第 1 款所规定的自首；准自首是指我国《刑法》总则第 67 条第 2 款所规定的自首；特别自首则是指我国《刑法》分则第 164 条第 4 款、第 390 条第 2 款和第 392 条第 2 款所规定的自首。

② 周加海.自首制度研究.北京：中国人民公安大学出版社，2004：36.

③ 刘树德.人身危险性的理论思考与规范分析//陈兴良.刑事法评论（第 2 卷）.北京：中国政法大学出版社，1998：199.

④ 周振想.自首制度的理论和实践.北京：人民法院出版社，1989：40.

于自首与坦白、供认等类似范畴的区分,不利于对自首的认定。第二种观点是我国目前对自首本质认识的通说,该观点具有一定的合理性。一方面,自动投案是自首所独有的特征,可以与坦白、供认等类似范畴相互区别开来;另一方面,根据立法和解释,自动投案又是自首成立的条件之一。

因此,自首的本质是自动投案,自动投案是自首所固有的,能够据之将自首与其他类似范畴区别开来,是决定是否成立自首的关键。

二、自动投案时间的理解和认定

(一)对投案时间的理解

根据自首的立法本意和相关立法解释,自动投案的时间,应限定在行为人犯罪以后、归案之前。[①] 若犯罪尚未发生或行为人实施的不是犯罪行为,则无需追究刑事责任,行为人的投案行为没有刑法上的意义;若行为人已经归案,则已丧失"自动投案"的机会,已无法成立自首。

对"犯罪以后"的理解,应理解为是犯罪行为发生之后,而不管犯罪是否既遂、犯罪结果是否发生。对"归案之前"的理解,根据1998年《解释》第一条的规定,具体包括以下4种情况:第一,犯罪事实和犯罪人均未被发现之前,犯罪人自动投案;第二,犯罪事实已被发现但不知犯罪人是谁,犯罪人自动投案;第三,犯罪事实和犯罪人都已被发现,但犯罪人尚未受到讯问、未被采取强制措施之前,犯罪人自动投案;第四,犯罪后逃跑,在被通缉、追捕过程中,犯罪人自动投案。

相较于日本等将"犯罪尚未被发觉"作为自首成立的条件,我国对"自动投案"的时间要求历来是相对宽松的。早在唐律中就将自首的时间条件规定为:"原则上以'犯罪未发'亦即犯罪未被官府发觉为前提;特殊情况下,如犯有数罪的情况下,犯罪已发也可以成立自首。"我国这种适当地将自动投案的时间放宽到犯罪已发状态,以"归案之前"为标准,更能体现自首制度之鼓励犯罪人认罪、悔罪的设立目的,更易实现预防犯罪的刑罚根本目的。

(二)投案时间的认定难点问题

1. 如何认定"形迹可疑"的自动投案?

1998年《解释》规定:"罪行尚未被司法机关发觉,仅因形迹可疑,被有关组织或者司法机关盘问、教育后,主动交代自己的罪行的,应当视为自动投案。"

---

① 高铭暄,马克昌.刑法学.北京:高等教育出版社、北京大学出版社,2000:282.

要正确认定"形迹可疑",关键是能够将"形迹可疑"与"犯罪嫌疑"进行合理区分。根据最高人民法院有关业务庭的理解:形迹可疑,是指特定人的举动、神态不正常,使人产生疑问。这种疑问是臆测性的心理判断,它的产生没有也不需要凭借一定的事实依据,是一种仅凭常理、常情判断而产生的怀疑。犯罪嫌疑,是指侦查人员凭借一定的事实依据或者他人提供的线索,认为特定人有作案的嫌疑。这种嫌疑是逻辑判断的结果,它的产生必须以一定的客观事实为依据,是一种有客观根据的怀疑。① 因此,形迹可疑与犯罪嫌疑都是对特定人是否具有违法犯罪可能性的怀疑。但是,两者产生怀疑的依据不同。形迹可疑不需要以一定的犯罪事实或证据为依据,而犯罪嫌疑必须以一定的犯罪事实或证据为依据。

在司法实践中,如果司法机关没有掌握行为人实施犯罪的任何证据、线索,行为人身上、所携带的物品也不能证明其有实施犯罪的嫌疑,仅因"形迹可疑"被有关组织或者司法机关盘问,或者有关组织或者司法机关进行例行检查,行为人如实交代自己所犯罪行的,应当视为自首。如果司法机关掌握有一定的线索,已将行为人纳入排查范围;或者行为人因"形迹可疑"被盘问时,其身上或者所携带物品已经能证实其有实施犯罪嫌疑的,如毒品、赃物,行为人再"主动"交代自己的罪行的,则不能认定为自首。②

2007年《通知》第五部分关于区分形迹可疑与犯罪嫌疑的规定,和2010年《意见》第一条中关于形迹可疑的规定,基本上都遵循了最高法院业务庭的上述认识。《通知》规定:"区分形迹可疑与犯罪嫌疑,主要看在盘问时对被盘问人的怀疑是否有具体的依据与刑事犯罪相联系。如果对被盘问人的怀疑仅仅是一种抽象的怀疑,而不能和具体的犯罪联系起来的,应当认为是形迹可疑。"2010年《意见》在1998年《解释》对自动投案规定的基础上,补充了"但书"部分,即"但有关部门、司法机关在其身上、随身携带的物品、驾乘的交通工具等处发现与犯罪有关的物品的,不能认定为自动投案"。

不管是最高院业务庭的认识还是现有的规定,都存在一个问题,即规定较笼统,对"一定的犯罪事实或证据"、"与具体犯罪相联系"、"与犯罪有关的物品"未进行明确。如果不论线索或证据与犯罪联系的程度、证明力的大小,一概认为行为人已具有犯罪嫌疑,显然对自首的认定是过严的。因此,我们不能片面地认为,当司法机关或有关组织掌握与犯罪有关的线索或证据的情况下,就将行为人认定为有"犯罪嫌疑",还应当判断这些线索、证据是否达到足以将行为人推定为某宗罪行的犯罪嫌疑人。如果尚不足以,则行为人仍应是形迹可疑人。

---

① 最高人民法院刑一庭.刑事审判参考.北京:法律出版社,2000(3):21—22.
② 最高人民法院刑一庭、刑二庭.刑事审判参考.北京:法律出版社,2001(6):81—82.

所以,区分"形迹可疑"和"犯罪嫌疑"的关键是看行为人在主动交代犯罪事实之前,司法机关或有关组织是否掌握足以怀疑行为人实施某种犯罪的证据或线索,是否能够足以推定行为人有犯罪的嫌疑。同时,我们承认"足以怀疑"也是个界定不明确、难以得出统一标准的词语。因此,在司法实践中,应当本着"疑案处理应采有利被告的原则",本着现代刑法惩办与宽大相结合的理念和自首制度设立的目的,在难以判断是否达到"足以怀疑"的情况下,应认定此时行为人仍是形迹可疑人,若行为人如实供述犯罪事实的,应成立自首。①

2.犯罪嫌疑人在接受纪检、监察部门调查期间,如实供述自己的罪行的,能否认定为自首?

我国1998年《解释》规定:"自动投案,是指犯罪事实或者犯罪嫌疑人未被司法机关发觉,或者虽被发觉,但犯罪嫌疑人尚未受到讯问、未被采取强制措施时,主动、直接向公安机关、人民检察院或者人民法院投案。"尽管2009年《意见》规定的:"犯罪事实或者犯罪分子未被办案机关掌握,或者虽被掌握,但犯罪分子尚未受到调查谈话、讯问,或者未被宣布采取调查措施或者强制措施时,向办案机关投案的,是自动投案。在此期间如实交代自己的主要犯罪事实的,应当认定为自首。"将"司法机关"扩大为"办案机关",并在《"两高"有关部门负责人就〈关于办理职务犯罪案件认定自首、立功等量刑情节若干问题的意见〉答记者问》(以下简称《答记者问》)中,将"办案机关"界定为纪检、监察、公安、检察等法定职能部门。但是,该扩大解释存在以下4个问题:

(1)2009年《意见》本身并未明确规定"办案机关"具体是指哪些部门,也没有明确指出纪检、监察部门是否属于"办案机关"。虽然在《答记者问》中对"办案机关"做出了明示,但是《答记者问》不是法律也不是司法解释,不具有任何法律效力。

(2)纪检、监察部门没有查办刑事案件的职能,其调查不是刑事程序意义上的审查。纪检、监察部门是维护党的章程和其他党内法规,检查党的路线、方针、政策和决议的执行情况,协助党的委员会加强党风建设和组织协调反腐败工作的机关。将纪检、监察部门的调查程序设置为司法机关管辖前的前置程序,只是犯罪主体特殊性的要求。2009年《意见》将"司法机关"扩大为"办案机关",容易造成一般公众对纪检、监察部门的职能和司法机关的职能产生混乱的认识。

(3)2010年《意见》中没有再提到"办案机关"一词,而是使用"司法机关"。虽然有一处出现"有关部门"一词,但是2010年《意见》是根据1998年《解释》而

---

① 周加海.自首制度研究.北京:中国人民公安大学出版社,2004:45—53.

制定的,是对1998年《解释》规定的"罪行尚未被司法机关发觉,仅因形迹可疑,被有关组织或者司法机关盘问、教育后,主动交代自己的罪行的,应当视为自动投案"的补充和完善。因此,对《意见》规定的内容不得与《解释》的本意相悖。

(4)从法律效力的角度来说,2009年《意见》的效力要低于1998年《解释》。根据2007年《最高人民法院关于司法解释工作的规定》第6条的规定:"司法解释的形式分为'解释'、'规定'、'批复'、'决定'四种。"据此,"意见"并不属于最高人民法院确立的法定司法解释形式。虽然根据2006年《最高人民检察院司法解释工作规定》第17条:"司法解释文件采用'解释'、'规定'、'规则'、'意见'、'批复'等形式。"的规定,"意见"又属于最高人民检察院确立的法定司法解释形式。但是,根据《最高人民法院关于司法解释工作的规定》第2条:"人民法院在审判工作中具体应用法律的问题,由最高人民法院作出司法解释。"因此,从严格意义上来讲,"意见"并不属于最高人民法院明文规定的司法解释形式。

对于人民法院来说,"意见"不是司法解释,最多只能认定为司法解释性文件。"意见"的效力要低于"司法解释",当"意见"有悖于"司法解释"时,法院应以"司法解释"的规定为准。所以,2009年《意见》将"司法机关"扩展为"办案机关",其实是用"意见"来修改"司法解释",这是一种无权行为,显然是不合法的。

综上,根据我国《宪法》、《立法法》、《刑事诉讼法》以及1998年《解释》等法律规定,犯罪嫌疑人在接受纪委调查期间,在司法机关尚未介入,在尚未受到讯问、未被采取强制措施的情况下,如实交代主要犯罪事实的,完全符合自首的成立条件,应当依法认定自首。因此,2007年《通知》中规定的:"犯罪人在纪检监察机关找其谈话后交代犯罪事实的,不能认定自首。"有悖于1998年《解释》中对自首的认定。

从司法实践来看,在上海市第一中级人民法院审理的《唐志华等五人贪污、职务侵占、企业人员受贿案》中明确表示:"在侦查机关未采取强制措施前就向纪律检查机关如实交代自己的犯罪事实的,应视为自首。"此案被最高人民法院选入《刑事审判参考》,并选入《最高人民法院公报》,我们认为,此案是具有重要的指导和参考意义的。同样,深圳市能源集团有限公司原董事长劳德容受贿案,也遵循了立法和解释对自首的认定,将犯罪嫌疑人在接受纪检、监察部门调查期间如实交代自己罪行的行为,认定为自首。

三、自动投案对象的理解和认定

(一)对投案对象的理解

根据1998年《解释》的规定,可将投案对象分为四大类:第一,公安机关、人民检察院、人民法院,这三个负有侦查、起诉、审判职能的司法机关。这里的公安机关应包括对特定案件享有侦查权的国家安全机关、军队保卫部门等。且不论这些机关的职能管辖,即不论行为人所犯罪行属于哪个机关管辖,只要行为人向上述机关之一投案的,都符合《解释》对投案对象的规定。

第二,犯罪人所在单位。有些学者认为,犯罪人所在单位,只能是指国家机关以及国有企业、事业单位或者人民团体等。① 这种观点显然具有局限性,不能充分体现自首制度鼓励犯罪人投案的立法精神。这里的"所在单位",应是指犯罪人所属工作单位,至于该单位的所有制属性、规模大小如何;犯罪人是该单位的在岗人员还是下岗人员,是正式职工还是临时聘用人员,都应在所不问。

第三,犯罪人所在城乡基层组织。这里的"城乡基层组织",相对于具有城镇居民身份的犯罪人而言,应是指其所在的区政府、街道办事处或者居民委员会;相对于具有农村居民身份的犯罪人而言,则应是指其所在的镇政府、乡政府或者村民委员会。

第四,其他有关负责人员。应当是指公安机关、检察机关、人民法院以及犯罪人所在单位、城乡基层组织中的非在执行职务期间的工作人员。至于这些人员是否是国家工作人员,是领导人员还是一般工作人员,也非所问。②

(二)投案对象的认定难点问题

1.我国刑法是否认可"首服"制度?

首服是指犯有亲告罪的犯罪人在犯罪后,主动向被害人或者其他有告诉权的人投案,并如实供述自己罪行的行为。③ 首服制度是自首的一种特殊形式,在现行日本和韩国的刑法典中都有明确的规定。我国的首服制度始于唐朝,被称为"首露",明清改称"首服",直到北洋政府时期的《暂行新刑律》都一直有关于首服制度的记载。

首服制度的适用有其严格的条件:第一,犯罪人实施的必须是告诉才处理的犯罪,俗称亲告罪。我国《刑法》现有的亲告罪为侮辱罪、诽谤罪、暴力干涉婚姻自由罪、虐待罪、侵占罪这五种,即首服制度只适用于上诉五种告诉才处理的犯罪。第二,告知的对象必须是不知情的有告诉权人。不知情即指不知道犯罪实施者是谁。告诉权人一般是指被害人,只有当被害人受到强制、威吓无法告诉时,人民检察院和被害人的近亲属才可以代其行使告诉权。第三,告知的时

---

① 单民.略论自动投案.法学,1999(2):37.
② 周加海.自首制度研究.中国人民公安大学出版社,2004:37—38.
③ 周加海.自首制度研究.中国人民公安大学出版社,2004:70.

间必须在告诉权人向司法机关控告之前。第四,行为人告知后,应同意告诉权人将自己的罪行告知司法机关。第五,有告诉权人必须实际向司法机关控告了行为人的罪行,这是行为人成立首服的前提,否则行为人的告诉行为没有《刑法》上的意义。

对于我国刑法是否认可首服制度,有些学者认为首服制度符合刑法关于自首的一般规定,应以自首论。① 但是,从我国现行刑法和司法解释来看,并未对首服有明确的规定,也不能从条文中读出有隐含首服之意,且根据上述首服有异于自首的特殊成立要件,都表明我国并未认可首服制度。笔者认为,根据我国现行立法和司法解释,行为人向有告诉权人投案的行为虽不构成自首,但在实质上,也是行为人犯罪后主动认罪、悔罪、愿意接受国家追诉的一种表现,符合自首的立法本意。同时,根据 2010 年《意见》规定的"其他符合立法本意,应当视为自动投案的情形",为今后立法改革将首服行为认定为自动投案创造了可能性。

2. 犯罪人向法定投案对象以外的其他单位或个人投案的,应当如何处理?

我国 1998 年《解释》明确规定了投案对象的限制范围,若犯罪人向这些单位或个人以外的其他单位或个人投案的(如向被害人投案),并不能发生自动投案的效力。但是,考虑到此时犯罪人的行为也体现了自己将自己交付国家追诉的主动性和自愿性,如果此时犯罪人并不反对或阻止其所投单位或个人将其移交给《解释》规定的投案对象,且在移交后亦能如实供述罪行的;② 或者犯罪人自行再向《解释》规定的投案对象投案的,则可根据 2010 年《意见》关于"明知他人报案而在现场等待,抓捕时无拒捕行为,供认犯罪事实的,应当视为自动投案"的规定,或 1998 年《解释》关于"经查实确已准备去投案,或者正在投案途中,被公安机关捕获的,应当视为自动投案"的规定,认定犯罪人成立自动投案。

四、自动投案犯罪人"主动性"的理解和认定

(一)对犯罪人"主动性"的理解

根据 1998 年《解释》,可将犯罪人投案的方式分为四类:亲首、代首、陪首、送首。所谓亲首,即指犯罪嫌疑人直接向司法机关、其所在单位、城乡基层组织或者其他有关负责人员投案。代首,是指犯罪嫌疑人因病、伤或为了减轻犯罪后果,委托他人代为投案,或者先以信电投案的。陪首,是指并非出于犯罪嫌疑

---

① 陈兴良.刑法适用总论(下卷).北京:法律出版社,1999:469—471.
② 周加海.自首制度研究.北京:中国人民公安大学出版社,2004:75.

人主动,而是经亲友规劝、陪同投案的。送首,是指公安机关通知犯罪嫌疑人的亲友,或者亲友主动报案后,将犯罪嫌疑人送去投案的。其中,陪首和送首虽然一开始并非犯罪人本人起意投案,但犯罪人经过亲友劝说后产生了思想转变,又愿意去投案或者不反对亲友将其送去投案的,也同样符合犯罪人基于个人意志而选择自动投案。因此,《解释》规定的四种投案方式都体现了犯罪人基于其自身意志,主动将自己交付国家追诉的特征。

同时,2010 年《意见》补充规定的他人报案待捕、在一般性排查询问时主动交代自己罪行,以及因特定违法行为被非刑事拘押时交待尚未被掌握的罪行,这几种视为自动投案的行为,也都体现了犯罪人自愿将自己交付国家追诉"主动性"。

因此,认定自动投案必须以犯罪人出于其本人意志而选择主动投案为必要,只有犯罪人出于本人意志归案,才能体现其认罪、悔过的态度,才符合自首制度设立的本意,才能在适用自首制度后达到预防犯罪的刑罚根本目的。

(二)犯罪人"主动性"的认定难点问题

对犯罪人被采用捆绑等手段投案是否可认定自动投案的问题,学界有三种不同的观点:

第一种观点认为,自动投案要么主观上有主动投案的表示,要么客观上有投案的行为,亲友将犯罪嫌疑人哄骗、捆绑或麻醉后送交司法机关的行为,显然与"送首"行为不同,不能认定为自动投案。[①] 第二种观点认为,对上述情形不以自动投案认定,不符合 1998 年《解释》的精神,因为《解释》并没有规定亲友"送首"的具体方式,将亲友用捆绑、哄骗等手段送去投案的情况排除在自动投案之外是没有法律依据的。[②] 第三种观点认为,应具体情况具体分析:第一,如果犯罪人在亲友采取捆绑等措施前,明确表示不会主动投案,也反对亲友将其送交归案的,且在途中或送达后有挣脱意图的,即使在送交投案后,如实交代犯罪事实的,也不宜认定自首;第二,如果犯罪人在亲友采取捆绑等措施前,明确表示不会主动投案,也反对亲友将其送交归案的,但是在中途不再反抗的,应认定具有投案的主动性;第三,犯罪人在亲友采取捆绑等措施前,未明确表示不会主动投案,也未反对亲友将其送交归案的,而当他在被送至投案机关后,只要犯罪人不明确表示反对或对亲友进行指责的,仍应认定犯罪人有自动投案的表现。[③]

① 杨敦先.新刑法施行疑难问题研究与适用.北京:中国检察出版社,1999:286.

② 刘凌梅,司明灯.我国刑法中自首制度司法适用若干问题研究//姜伟.刑事司法指南.北京:法律出版社,2002:8.

③ 周加海.自首制度研究.北京:中国人民公安大学出版社,2004:77—78.

笔者赞同第三种观点。我们不能因为 1998 年《解释》没有细化规定"送首"，就把所有亲友送犯罪人投案的情形都视为自动投案，而应根据自首的本质，将犯罪人的"主动性"作为认定与否的关键。如，2007 年《通知》第三部分规定了区分陪送子女亲友归案和扭送子女亲友归案的区别，关键还是在犯罪人对投案是否具有主动性。

对于采用捆绑等手段投案的情形，由于犯罪人并非出于本人意志将自己交付国家追诉，因此缺乏"主动性"，不能成立自动投案，但是，基于现实情况的复杂性和主观意志的变动性，不能一概而论。如 2007 年《通知》第三部分规定的"但是在家长亲友扭送途中，犯罪人又不反对归案且归案后主动交代犯罪事实的，应当认定为自动投案"。因此，2010 年《意见》第一条规定的"犯罪嫌疑人被亲友采用捆绑等手段送到司法机关，或者在亲友带领侦查人员前来抓捕时无拒捕行为，并如实供述犯罪事实的，虽然不能认定为自动投案，但可以参照法律对自首的有关规定酌情从轻处罚"过于绝对。在实践运用中应根据具体案件具体分析，主要通过犯罪人在被采取捆绑等方式投案前后的主观态度、行为表现是否发生变化，来综合判断投案行为是否违背犯罪人的意志，犯罪人是否具有"主动性"。

五、自动投案犯罪人"自愿接受控制"的理解和认定

犯罪人"自愿接受控制"是指投案人把自己的人身自由权利交由所投单位或个人支配，自愿置于所投单位或者个人的控制之下，自愿服从其管理。[①] 投案后自愿被控制，是自愿接受审查裁判、接受国家追诉的基本要求，是成立自动投案的最后要件。我国 1998 年《解释》明确规定："犯罪嫌疑人自动投案后又逃跑的，不能认定为自首。"即强调了犯罪人在自动投案后必须接受审查和裁判，否则不能认定自首。

若出现犯罪人投案后逃跑又再次自动投案，且自愿接受控制的，第一次投案行为虽因逃跑而不能认定自动投案，但再次投案后自愿接受控制的行为仍符合自动投案的成立要件，仍应认定自动投案。

六、结束语

自动投案的成立条件和认定一直是自首制度理论和实践的重点与难点。由于我国目前关于自首的法律依据少，内容笼统、不明确，除刑法和 1998 年《解释》外，其余依据位阶均较低，且某些规定有超越立法、解释应有之意之嫌。现

---

① 高铭暄.刑法学原理(第3卷).北京:中国人民大学出版社,1994:322.

有依据的弊病和不足,致使各地在认定自动投案、认定自首上不尽统一,实践情况亟待改善,自首制度的立法改革,已刻不容缓。

参考文献

[1]周加海.自首制度研究.北京:中国人民公安大学出版社,2004.

[2]周振想.自首制度的理论和实践.北京:人民法院出版社,1989.

[3]杨敦先.新刑法施行疑难问题研究与适用.北京:中国检察出版社,1999

[4]高铭暄,马克昌.刑法学.北京:高等教育出版社、北京大学出版社,2000.

[5]高铭暄.刑法学原理(第3卷).北京:中国人民大学出版社,1994.

[6]陈兴良.刑法适用总论(下卷).北京:法律出版社,1999.

[7]最高人民法院刑一庭.刑事审判参考.北京:法律出版社,2000(3).

[8]最高人民法院刑一庭.刑二庭.刑事审判参考.北京:法律出版社,2000(3).

[9]刘树德.人身危险性的理论思考与规范分析//陈兴良.刑事法评论(第2卷).中国政法大学出版社,1998.

[10]单民.略论自动投案.法学,1999(2).

[11]刘凌梅,司明灯.我国刑法中自首制度司法适用若干问题研究//姜伟.刑事司法指南(第1辑).北京:法律出版社,2002.

本文曾荣获浙江省省直律师协会"2011律师实务理论研讨会"三等奖。

作者简介

姚建彪,男,浙江大学经济法学硕士,六和律师事务所副主任、合伙人。擅长刑事辩护、公司证券、建筑房地产等法律业务。

崔竹,女,浙江工业大学法学硕士,六和律师事务所律师助理。

劳动争议类

劳务派遣制度的思考

谢春林　　徐　熙

【摘要】　劳务派遣是一种有别于传统劳动关系的特殊用工形式,其主体包含劳务派遣单位、用工单位、被派遣劳动者三方,这三者间分别形成了不同的双边法律关系。2008 年 1 月施行的《劳动合同法》作为一部全国性法律首次对劳务派遣做了明确规定,然而,在实践中,劳务派遣制度仍存在规定不完善、劳动者权利保护操作性不强、劳务派遣单位与用工单位权利义务约定不明等实务问题亟待立法部门、法律服务人员、劳务派遣各方注意和解决。本文正是针对这些问题做一些思考。

【关键词】　劳务派遣　劳务派遣单位　用工单位　被派遣劳动者

20 世纪 70 年代,劳务派遣这一有别于传统劳动关系的特殊用工形式在我国萌芽初启,且由于不断增长的市场的客观需求和其自身的高灵活度、低成本的优势,这一用工形式在我国迅速发展繁荣起来。

一、劳务派遣制度

结合我国《劳动合同法》第五章第二节对劳务派遣所作的独节规定,劳务派遣可定义为劳务派遣单位与有劳动力需求的用工单位签订劳务派遣协议,将与其建立劳动合同关系的劳动者派往用工单位,接受指派的劳动者在用工单位的安排和管理下提供劳动,由用工单位支付派遣单位费用,并由劳务派遣单位向劳动者支付劳动报酬的一种特殊劳动关系。

劳务派遣相较于传统劳动关系,其最显著的特点在于劳务派遣法律关系下有着三方主体:劳务派遣单位、实际用工单位、被派遣劳动者,劳动力的雇佣与劳动力使用相分离,三方主体相互之间分别形成了不同的双边法律关系。劳务派遣单位与被派遣劳动者之间存在劳动合同关系,由劳务派遣单位行使对劳动者的人事管理权,包括招聘、录用、处分、辞退等,同时由派遣单位向劳动者支付劳动报酬,负责办理和支付劳动者的社会保险。派遣单位与用工单位之间是民事关系,双方之间签订劳务派遣协议确定双方的权利义务,派遣单位根据用工单位的标准派遣符合要求的劳动者,用工单位根据协议向派遣单位支付报酬或管理费。而用工单位与被派遣劳动者之间构成劳务关系,用工单位负责在劳动过程中对被派遣单位进行指挥和管理,劳动者遵守用工单位的规章制度。[①]

二、劳务派遣制度的优势

(一)节约劳动力成本

企业在根据自身发展需要,招聘、配置企业人力资源的过程中,所负担的不仅仅是劳动者工资支付、社保缴纳等劳动力使用成本,更有为职工招聘、员工基本职业素质培训、企业员工档案管理等事务性工作花费的成本。选择劳务派遣,人员招聘、工资发放、户口落实、档案转接等诸多人事工作可由劳务派遣公司代为完成,企业可节省大量事务性工作成本。

(二)用工灵活

企业的人力资源需求往往会跟随业务量发生变动,劳务派遣为企业提供了一种"即时帮助",从某种程度上帮助企业避免了临时性人员过剩或人员紧缺带来的困扰。在一些辅助性、临时性的工作岗位上,企业可以从派遣单位得到工作经验丰富的成熟劳动力,避免在培养辅助岗位人员时花费过多精力。

(三)低用工风险

被派遣劳动者并不与用工单位直接形成劳动合同关系,劳务派遣协议终止后,用工单位不必承担安置被派遣劳动者再就业和支付经济补偿金的责任,且《劳动合同法》规定,被派遣劳动者在派遣过程中遭受损害的,规定由劳务派遣单位与用工单位承担连带赔偿责任,降低了企业的用工风险。

三、劳务派遣制度存在的问题

劳务派遣制度由于其三方主体间的法律关系在实践中并不明确,权利义务关系容易产生混乱,自其在我国诞生多年以来,一直鲜有法律法规对其进行规范,一旦出现争议,派遣单位与用工单位就相互推诿,被派遣劳动者权益难以得

---

① 《劳动合同法逐条解读》第五十九条,摘自 http://www.lawtime.cninfolaodonghetongfa/jiedu/2008101030795.html.

到保障。自 2007 年《劳动合同法》颁布后,第一次有全国性法律对其加以规范,但劳务派遣制度在实践过程中仍有很多问题需要注意。

(一)劳务派遣单位准入门槛低、岗位适用不明确

劳务派遣本应是一种补充性用工方式,它存在的地位和价值并不能够取代传统劳动关系这一主流用工方式,2007 年上海市总工会法律工作部部长屠国明的一篇报告指出"在上海市 4000 名劳务派遣用工中,由原劳动合同制职工因劳动合同期满后被转为劳务派遣用工的有 1193 人,有的企业甚至除个别核心员工之外全部使用劳务派遣用工"①。传统劳动关系具有稳定、成熟的特点,在对传统劳动关系保护方面相关法律规定相较劳务派遣更为全面,劳务派遣不分用工领域的大量蔓延容易影响劳动力市场的健康、稳定发展。现行法律、法规对于劳务派遣公司设立、劳务派遣岗位的约束仅为"50 万元注册资本和有限责任公司形式","劳务派遣一般在临时性、替代性、辅助性的工作岗位上实施"并无更为详细的规定,这使得在实践操作的过程中,对劳务派遣单位、劳务派遣岗位的设立依据模糊,不利于劳动关系的稳定和劳动者权益的保护。

(二)同工同酬规定可操作性弱

《劳动合同法》规定"被派遣劳动者享有与用工单位的劳动者同工同酬的权利。用工单位无同类岗位劳动者的,参照用工单位所在地或者相同相近岗位劳动者的劳动报酬确定",这一条对于被派遣劳动者工资的保障虽然有规定,但执行这一规定主动方是劳务派遣单位及用工单位,实践中,劳动者很难有渠道了解同类岗位的用工单位报酬,举证困难。若出现侵害劳动者权益的情况,劳动者也只能通过仲裁、诉讼途径予以救济,救济成本高,地位被动。

(三)用工单位选择规范派遣单位意识弱

劳务派遣单位的利润源自于用工单位支付的管理费,为争取客户其往往会将收费压低以吸引客户,与此同时,为提升利润空间,压缩成本的考量便落在了劳动者身上,实践中主要表现在为劳动者交纳社会保险的问题上,劳务派遣单位不依法为劳动者交纳保险,用商业医疗保险或是人身伤害保险替代工伤保险的现象普遍。劳动关系虽建立在被派遣劳动者与派遣单位之间,但鉴于劳务派遣单位与用工单位连带赔偿责任的规定,倘若在用工过程中出现相关纠纷,用工单位也难逃其责,反而增加其诉讼成本,引发负面舆论导向,对用工单位来说

---

① 屠国明.上海企业劳务用工的现状、问题及对策.劳务派遣的发展与法律规划,2007:16.

是得不偿失的。

四、保障劳务派遣各主体权益的要点

（一）细化劳务派遣单位资质、岗位类别标准

目前，我国关于劳务派遣制度的相关规定并不够全面，除了《劳动合同法》及其实施细则有所规制外，实务操作性强的详细规定少，地方性法规少。对于劳务派遣单位资质规定的严格化和详细化有助于提高劳务派遣单位的整体企业素质，稳定劳动关系，降低实践风险，谨防不合理用工的企业打劳务派遣制度的擦边球。相关部门可结合市场实际，适时考虑对劳务派遣单位的设立进行严格审查，或细化相关规定将劳务派遣的职位具体化，或可考虑建立劳务派遣的行政许可制度，规范劳务派遣市场。

（二）保障被派遣劳动者的知情权

劳务派遣单位和用工单位应主动依法向被派遣劳动者公开其所需了解的基本信息，包括劳务派遣协议详情、劳动者的报酬标准等内容，减少被派遣劳动者潜意识中企业外部人员、临时工作人员的自我认识所产生的企业疏离感，提高他们的企业归属感和工作积极性。用工单位的主动告知及相关证据固定也有助于防范用工风险，减少劳务派遣单位恶意克扣用工单位支付给劳动者的劳动报酬所引发的连带责任。同时，有关部门也可以考虑定期披露各类别岗位基本工资情况，或规定劳动者有相关情况的查阅权，以帮助被派遣劳动者识别自身薪酬状况，做好自我保护。此外，有关部门还可以考虑制定惩罚性规定，对被派遣劳动者劳动报酬明显低于用工单位同类岗位，并已经证实确认的情况规定惩罚性赔偿，以起警示作用，以保护作为弱势一方的被派遣劳动者的劳动报酬权。

（三）用人单位不得自设劳务派遣企业

有时，有的用人单位为安置退休员工、闲置员工所需，出于用工成本的考量，往往寄希望于下设一个名义上的劳务派遣单位，由劳务派遣单位向本单位或所属单位派遣劳动者，这种做法已被现行《劳动合同法》第 67 条明文禁止。立法此举是鉴于劳动者权益的保护、劳动关系的稳定的考量，以往用人单位的变通做法现已归入违法，企业节约用工成本是不容从此途径考虑的。

（四）明确劳务派遣单位与用工单位之间的权利义务

用工单位使用劳务派遣这一用工方式，大多从节约自身成本和岗位特殊需

求角度予以考量,因此更需考虑避免不必要的用工风险,以免得不偿失。在用工前,用工企业应选择符合《劳动合同法》规定的劳务派遣单位,考虑劳务派遣单位运营的合规性和行业口碑。《劳动合同法》规定"由劳务派遣单位向劳动者支付劳动报酬",又规定"用工单位有支付劳动者加班费、绩效奖金,提供与工作岗位相关福利待遇"的义务。鉴此,在订立劳务派遣协议的过程中,应注意明确双方的权利义务,以及在劳务派遣中的各方职责。用工单位负责劳动过程管理,派遣公司负责劳动关系管理。被派遣劳动者的工作任务、工作时间、绩效评估由企业负责;被派遣劳动者的招聘、录用、劳动合同签订与解除、工资发放、社保办理由劳务派遣单位负责。① 用工单位可要求劳务派遣单位按照不同接受派遣的用工单位分别单列管理账目,在缴纳了工资、社保、管理费等费用后及时提供票据,以作监督和证据保全。还可考虑要求针对劳务派遣单位违反法律规定损害劳动者权益的情况设置违约条款,要求劳务派遣单位承担违约责任,以便在相关情况出现时,用工单位需承担连带赔偿责任时保障用工单位损失追索的实现。

(五)用工单位内部建立劳务派遣员工规章制度

启用劳务派遣用工方式对企业而言并非万事大吉,用工单位应按照法律规定合理安排被派遣劳动者的工作岗位、工作时间,提供必要的劳动条件和劳动保护,对被派遣劳动者进行必要的培训,调动劳动者的工作积极性。同时,用工单位应规范被派遣劳动者的绩效评价,及时将被派遣劳动者的考勤、业绩等信息反馈给劳务派遣公司,并及时支付相应的费用。建立相应的劳务派遣员工管理规章制度有助于明确绩效评估规范,有效管理被派遣劳动者,避免劳动人员管理混乱、保障劳动者权益的同时也保障企业自身权益,在劳动纠纷出现时也能很好地示明用工单位用工的规范化和合法性。相关规章制度建立后,也需注意制度公示,提高制度透明度,保障劳动者的知情权。

作者简介

谢春林,男,西南政法大学法学硕士,六和律师事务所合伙人。擅长从事金融工作,熟悉并擅长金融、房地产、公司并购、执行等法律事务。

徐熙,女,浙江农林大学法学学士,六和律师事务所律师助理。

---

① 程欢,王礼华.企业劳务派遣问题与对策研究:http://www.studa.net/renliziyuan/100531/09593759.html.

海事与海商、涉外类

海盗赎金赔付相关问题探析(上篇)

——海盗险保赔条款研究及设想

胡燕林

【摘要】 海盗风险历来已久,面对海盗发动的劫持事件,国际贸易领域无不"谈盗色变"。作为分散风险的理想之选——海上保险应运而生,并在货物海上运输过程中发挥了极大的作用。自最早的劳式保单到现如今的海上货物保险,各大保险公司设计的保单中都涉及或承保海盗风险,且是远洋运输保险中的一大保险条款。传统保险条款对于海盗问题是如何设计的? 发生海盗劫持时,保险人该如何参与赔付? 对于海盗赎金等新风险类型该如何承保? 带着这一系列的问题,笔者写作了本文,并在对传统保险条款作了研究后提出一些新的保险设想。

【关键词】 国际贸易 海盗 海盗险 海盗赎金

随着国际贸易的快速发展,海上运输业在各类贸易运输中占据了极其重要的地位。然而,神秘而浩瀚的大海之上蕴藏了各种危机,海盗劫持则是其中一种危机。其中,尤以国际贸易的重要通道——亚丁湾海域的索马里海盗最为典型。海盗袭击往往伴随着暴力、武装、抢劫、绑架、偷窃等一系列复杂的活动,与战争险、偷盗险等多险种有着相似的因素,海盗袭击、盗窃、抢劫造成的损失该按照传统保险条款的哪个险种进行理赔? 该列为战争险还是盗抢险理赔? 是通过主险还是附加险承保?[①]如果海盗劫持船只后变相索取赎金或者绑架人质后要求以金钱进行交易,是否不再属于理赔范围? 要理赔或者拒赔都需要有法律依据,所以值得我们思考的问题还很多。

---

① 笔者在 2009 年时代理的一起某保险公司浙江省分公司承保的海上保险案件引发了本文中相关问题的思考,当时该保险公司承保的是《伦敦协会海运货物保险条款》的(A)条款,该条款包含海盗险。

一、海盗风险的由来及演变

(一)海盗风险的由来

海盗风险似乎由来已久,其最早可追溯到古希腊时期。确切地说,当时的海盗作为一种类似猎人和打鱼人的职业,并不会因抢夺行为而受到惩罚和谴责,甚至还会因其凭借战斗的力量获得战利品而备受推崇。海盗们也以其有着强大的生存技能而倍感荣耀。他们杀人放火、打劫商船、掠夺城镇,期间,海盗还曾带上特殊历史时期的印记,甚至还一度被"合法化"。① 直到稍后国家立法制度的出现和人类文明的进步,几个国际贸易较为发达的海运大国开始为海上运输的共同安全问题忧虑,认为海盗的猖獗袭击极大地破坏了世界贸易和经济的发展,此后几百年间,几乎世界各国都意识到了海盗威胁的严重性。随着工业时代的来临,各国海军实力大大增强,紧密的海上巡逻虽给海盗们造成一定威慑,在 18 世纪末到 19 世纪初,海盗业似乎开始走向没落。但事实上,海盗从未从这个世界上消失,即便到了如今,海盗也仍是世界贸易的一大威胁。

(二)世界范围内海盗活动统计

根据有关数据统计,印尼、马来西亚、索马里、也门、尼日利亚海岸是海盗出没最多的地方,而目前各大海域的海盗犯罪又以索马里海盗的活动最为活跃,索马里海盗劫持过往船只的新闻被媒体频频播报,海上恐怖主义危险开始升级,已触痛了世界经济和国际贸易的神经。索马里是世界上最不发达的国家之一,从地理位置上看,其紧靠亚丁湾海域,而亚丁湾则位于印度洋和红海之间,是从印度洋通过红海、苏伊士运河进入地中海和大西洋的主要交通要道,索马里海盗借助其地理优势开展对家门口海域过往船只的劫持活动。每年通过这条交通要道的船只达 20000 多艘,2009 年索马里附近海域发生海盗袭击事件 214 起,至少有 47 艘船只被劫持,占全球海盗活动一半以上。据 2010 年 6 月 14 日"海员援助组织"发布的最新统计显示,2010 年以来索马里海盗已扣押 20 余艘外国船只,扣留人质 400 余人,创下近年来索马里海盗劫持货轮、扣留人质数量的历史新高。② 索马里海盗以扣船和扣押船员为筹码,向船主勒索赎金,金额

---

① 在葡萄牙、西班牙以及英国大规模扩张领地时期,很多军事冲突伴随着各种形式的海盗行为开展着,他们并不以自己的名义进行侵略,而以宗主国的名义进行掠夺和偷窃,他们在拥有"私掠许可"的庇护下显得更肆无忌惮。

② 新华资料:索马里海盗问题 http://news.xinhuanet.com/ziliao/2008-11/19/content_10381633.htm.

最多达上百万美元。另根据国际海事组织与国际海事局报告中对遇袭船只的描述,2008 年以来,共有 6 艘中国船只被索马里海盗劫持,总共被扣 120 人,其中 5 艘船均在被劫 3 个月左右后被释放,人员均安全;而我国台湾地区渔船"稳发 161"号被扣时间达 10 个多月,人质与渔船被释放前,有 1 名中国大陆船员、2 名印尼船员不幸遇难。2010 年的 6 月 28 日,载有 19 名中国船员的新加坡轮船"GOLDEN BLESSING"又在亚丁湾被海盗劫持。① 尽管各地区都已有护航舰队对过往船只进行护送,但仍不免有落单船只过往受袭,即便加强海上巡逻也不能有效遏制海盗势力。

目前,国际社会已形成共同打击海盗犯罪行为共识,并在一定程度上实现了国际间的通力合作。随着海盗袭击事件的高发,人们也逐渐意识到海盗风险的高危性不同于陆地盗抢风险,其远比陆地上的盗窃与抢劫更加难以抵御和防范,进而"海盗险"作为海上航行中的一项重要风险自然而然地被列为海上保险承保对象。

二、与"海盗"相关保险条款的设置

"海盗险"作为海上航行中的一项重要风险,早在形成海上保险制度以来,就已包含在了投保风险之列。在早期的海上保险合同中,"海盗险"几乎成为必选条款之一,如最早的劳氏海上保险单(Lloyd's S. G. Policy)中就载明:"保险人同意承保该航次下保货物、船舶等因海上风险、战争、火灾、公敌、海盗、流民、盗窃、抛货……造成的损失和损害"。②但由于海盗行为往往同时伴有武力、盗窃、战争等复杂性事件的发生,极易与其他险别发生交叉和复合的情况,也就从一开始决定了对"海盗险"的理解无法达成一致的局面,增加了理赔的复杂性——究竟是按照"盗抢险"赔付还是按照"战争险"赔付?是列入船舶保险的范围还是货物保险的范围?针对这些问题,保险市场也先后研制出了不同的关于海盗险方面的保险条款。并且,数年来各国保险市场也已形成各自的操作方式。

(一)货物保险

对于国际贸易中的货主来说,为了分散海上风险,一般都会向保险公司投

---

① 《索马里海盗难以有效应对 护航舰队未起作用》,http://news. hexun. com/2010-07-08/124182691. html.

② 劳氏保单:1779 年由劳氏委员会印就格式,此后 200 多年除开首语有所变动外,其他基本未作改动。后因 1906 年的《海上保险法》而闻名。但在 1982 年伦敦保险市场启用新保险条款后就不再使用了。

保货物保险,货物保险中就有涉及"海盗"的条款。目前,国际上对于货物保险通常采用的是《伦敦协会货物条款》①,而《伦敦协会货物条款》本身则包含了六个险种,即:

(1)协会货物条款(A)(Institute Cargo Clause A,简称 I.C.C.(A));

(2)协会货物条款(B)(Institute Cargo Clause B,简称 I.C.C.(B));

(3)协会货物条款(C)(Institute Cargo Clause C,简称 I.C.C.(C));

(4)协会战争险条款(货物)(Institute War Clause-Cargo);

(5)协会罢工险条款(货物)(Institute Strikes Clause-Cargo);

(6)恶意损坏条款(Malicious Damage Clause)。

以上6种保险条款中的前3种即协会货物条款(A)(B)(C)是主险或基本险,后3种则为附加险,且附加险也可以独立参保。其中(A)险相当于中国保险条款中的一切险,其责任范围更为广泛,故采用承保"除外责任"之外的一切风险的方式表明其承保范围。(B)险大体上相当于水渍险。(C)险相当于平安险,但承保范围较小些。(B)险和(C)险都采用列明风险的方式表示其承保范围。

根据伦敦保险协会对新条款的规定,I.C.C(A)采用"一切风险减除外责任"的办法,即除了"除外责任"项下所列风险保险人不予负责外,其他风险均予负责。而其除外责任规定为以下四类:①一般除外责任。如归因于被保险人故意的不法行为造成的损失或费用;自然渗漏、自然损耗、自然磨损、包装不足或不当所造成的损失或费用;保险标的内在缺陷或特性所造成的损失或费用;直接由于延迟所引起的损失或费用;由于船舶所有人、租船人经营破产或不履行债务所造成的损失或费用;由于使用任何原子或核武器所造成的损失或费用。②不适航、不适货除外责任。指保险标的在装船时,被保险人或其受雇人已经知道船舶不适航,以及船舶、装运工具、集装箱等不适货。③战争除外责任。如由于战争、内战、敌对行为等造成的损失或费用;由于捕获、拘留、扣留等(海盗除外)所造成的损失或费用;由于漂流水雷、鱼雷等造成的损失或费用。④罢工除外责任。罢工者、被迫停工工人造成的损失或费用,以及由于罢工、被迫停工所造成的损失或费用等。海盗在第③项战争除外责任中又被二次除外,因而 I.C.C(A)对海盗风险是予以承保的。

I.C.C(B)险承保的风险是:保险标的物的灭失或损坏可合理地归因于下列任何之一者,保险人予以赔偿:①火灾或爆炸;②船舶或驳船搁浅、触礁、沉没

① 《英国伦敦协会海运货物保险条款》,于1982年1月1日修改为《伦敦协会货物条款(A)》[Institute Cargo Clauses(A)]、《伦敦协会货物条款(B)》[Institute Cargo Clauses(B)]和《伦敦协会货物条款(C)》[Institute Cargo Clauses(C),一般统称它们为《伦敦协会货物保险条款》。旧条款的结构主要依附于英国 S.G.保险单,新条款以独立的条款,适用于新的海上保险单格式。

或倾覆;③陆上运输工具的倾覆或出轨;④船舶、驳船或运输工具同水以外的外界物体碰撞;⑤在避难港卸货;⑥地震、火山爆发、雷电;⑦共同海损牺牲;⑧抛货;⑨浪击落海;⑩海水、湖水或河水进入船舶、驳船、运输工具、集装箱、大型海运箱或储存处所,货物在装卸时落海或摔落造成整件的全损。也就是说,海盗并未在 I.C.C(B)所列明风险之一,该保险条款对海盗险不予承保。

I.C.C(C)险承保的风险比 ICC(A)、(B)险要小得多,它只承保"重大意外事故",而不承保"自然灾害及非重大意外事故"。其具体承保的风险有:①火灾、爆炸;②船舶或驳船触礁、搁浅、沉没或倾覆;③陆上运输工具倾覆或出轨;④在避难港卸货;⑤共同海损牺牲;⑥抛货。其具体承保的风险中也不包含"海盗"内容。

综上可以看出,在3个主险中,"海盗"明确属于该 I.C.C(A)条款承保范围。I.C.C(B)条款则对承保范围采用列明风险的方法,把保险人所承保的风险一一列出,而"海盗"不在其列明范围,I.C.C.(B)条款对海盗行为不负保险责任。I.C.C.(C)条款对承保风险也采用列明的方法,但承保的风险远 I.C.C.(A)、(B)险要小得多,它只承保重大意外事故,而不承保自然灾害及非重大意外事故及未列入的海盗险。

那么,除了主险以外,从海盗行为所包含的恶意损害行为以及有暴力武装袭击的因素,是否需要投保恶意损害险或战争险来获得补偿呢?从伦敦保险协会的规定看,其附加险中的恶意损害险所承担的是被保险人以外的其他人(如船长、船员等)的故意破坏行为所致被保险货物的灭失和损害,实际上(A)险的责任范围已包含了该内容,因此没有必要再附加。但如已经选择了(B)险和(C)险,则可再选择恶意损害附加险。另外,在战争险条款中对于捕获、扣押、扣留、拘禁或羁押等予以承保。粗略一看,会发现目前的索马里海盗的劫持行为似乎符合上述风险(捕获、扣押、扣留、拘禁或羁押)的特点,但仔细分析该战争险条款就会发现,其具体表述为:

"RISKS COVERED

1 This insurance covers, except as provided in Clauses 3 and 4 below, loss of or damage to the subject-matter insured caused by

1.1 war civil war revolution rebellion insurrection, or civil strife arising therefrom, or any hostile act by or against a belligerent power

1.2 capture seizure arrest restraint or detainment, arising from risks covered under 1.1 above, and the consequences thereof or any attempt thereat

…"①意为该条所承保的捕获、扣押、扣留、拘禁或羁押风险是指由第一款规定的风险即战争、内战、革命、造反、叛乱，或因此引起的内乱，或任何交战方之间的敌对行为引起的，笔者认为显然不能将索马里海盗的行为具体归属于第一款所列风险所引起的。根据该理解协会战争险条款并不承保海盗险。

我国保险公司在承保海上货物保险时应外国客户要求也接受办理伦敦协会海运货物保险新条款，但现阶段我国海上保险市场更为普遍使用的还是中国人民保险公司 1981 年 1 月 1 日自行修订的《运输货物保险条款》。我国人保 1981 年的《海洋运输货物保险条款》有基本险和附加险之分：基本险包括平安险（Free from Particular Average）、水渍险（With Particular Average）和一切险（All Risks）三个险种；附加险分为普通附加险、特别附加险和特殊附加险。根据中国现行的海运货物保险条款，海运货物战争险、战争险附加费用险和货物运输罢工险是海上货运保险的三个特殊附加险，海盗行为则是与战争行为、敌对行为等并列规定在海运货物战争险条款（Ocean Marine Cargo War Risks Clauses）中的。我国人保 1981 年的海洋运输货物战争险条款规定：

"本保险负责赔偿：

（1）直接由于战争、类似战争行为和敌对行为、武装冲突或海盗行为所致的损失；

（2）由于上述第（1）款引起的捕获、拘留、扣留、禁止、扣押所造成的损失。……"

可见，我国人保条款同伦敦协会战争险条款有所不同，因为它已将海盗险直接列入了第一款当中。因而，人保的战争险条款对于海盗险是予以承保的。但人保的主险并不承保海盗险，所以如果要投保海盗险则需另外投保海洋运输货物战争险条款。但综观两个保险市场的保险合同，无论是英国的伦敦协会货物保险条款还是我国人保的货物保险条款，虽在保险条款中都已有涉及"海盗"的险种，但在保险领域内却均未对海盗作详细定义，海盗险具体包含哪些情形和要求造成损害程度均不明确。

（二）船舶保险

船舶保险中也有与"海盗"有关的保险条款，目前国际上通用的是《伦敦保险人协会船舶定期保险条款》，根据 1983 年的英国《伦敦保险人协会船舶定期保险条款》（Institute Time Clauses Hulls 1983），第 6 条危险条款（Perils）："6.1 This insurance covers loss of or damage to the subject-matter insured

---

① 1982　INSTITUTE WAR CLAUSES（CARGO）.

caused by …6.1.5 piracy…"①可以看出,海盗所造成的保险标的的灭失或损坏是在该保险条款的承保范围内的。此后伦敦保险人协会1995年船舶定期保险条款对海盗险的规定与1983年条款基本未作变动。但是,尽管上述船舶保险条款将海盗险规定为列明风险之一,却并没有具体解释海盗险的含义。

人保1986年1月1日的船舶保险条款分为全损险和一切险,承保来自船外的盗窃和海盗行为,一切险承保由此产生的全损、部分损失以及共同海损和施救费用等。具体规定如下:

"一、责任范围

本保险承保由于下列原因所造成的被保险船舶的全损:

……

4.来自船外的暴力盗窃或海盗行为;

……"

可见,英国保险市场和我国保险市场在船舶保险条款中均不将海盗行为造成的损失列入战争险之中,而是直接列为海盗风险的险别处理,且我国人保船舶保险的全损险和一切险都承保海盗风险。尽管国外保险市场以及我国人保均对船舶承保海盗风险,但对于"海盗行为"也未作出明确的定义。

(三)船东互保协会保赔条款

船东互保协会是船东间自愿成立的,对于入会船舶的保险人不予承保的部分风险进行互保,其不同于普通的商业保险。其中,海盗造成的船上人员的伤亡一般通过船东责任保险获得赔偿。船东责任保险,又称船东的保障与赔偿责任,简称保赔责任,是指船舶所有人与船东互保协会签订协议,由入会船船所有人缴纳会费,由协会承担因保险事故造成的入会船舶的相关赔偿责任。② 在船东保险责任下,船东互保协会承担由船东与船员之间的雇佣关系而产生的责任,即船员在船期间因故受伤,其相关医疗费用及薪津补偿得依承保条件向船东互保协会求偿。我国的《中国船东互保协会章程》规定了船东对入会船东之船员人身伤亡的保险责任:

"本协会根据本条承保会员下列第1款至第26款的风险:

对任何入会船船员的伤、病、亡的赔偿责任,以及因此项伤、病、亡而支付的医药、住院、丧葬费(包括尸体的运返费用)以及其他费用,包括该船员的遣返费用和派其他船员的替换费用。

---

① 之后的1995年版《伦敦保险人协会船舶定期保险条款》对1983年的条款作了修改,但对海盗险的规定没有变化。

② 傅廷中.海商法论.北京:法律出版社,2007:538.

......"

此外，针对船舶本身的保赔责任则根据互保协会的船舶保险来获得赔偿，但目前在英国保险市场该船舶保赔责任仅限于对于船舶船体本身造成的损失负责赔偿，而不包括其他损失。

我国的船东互保协会船舶保险条款中承保范围第 4 条则规定承保来自入会船舶以外的暴力盗窃或海盗行为，一切险承保由此产生的全损和部分损失以及共同海损和救助的责任和费用。可见，中国船东互保协会船舶保险条款与人保船舶保险条款有类似，却有别于英国船东互保协会的相关规定。

三、国际法及海上保险对"海盗险"的界定

各国保险法领域对于海盗风险虽然都以不同保险条款予以承保，但并未对海盗风险中具体包含哪些内容作过明确定义，仅在国际法领域中散见对"海盗行为"的一些定义。

（一）国际法领域对"海盗行为"的定义

目前，国际法领域中对海盗行为进行定义的有两个公约，例如：1958 年《公海公约》第 15 条规定："Piracy consists of any of the following acts：

（1）Any illegal acts of violence, detention or any act of depredation, committed for private ends by the crew or the passengers of a private ship or a private aircraft, and directed：

（a）On the high seas, against another ship or aircraft, or against persons or property on board such ship or aircraft；

（b）Against a ship, aircraft, persons or property in a place outside the jurisdiction of any State；

（2）Any act of voluntary participation in the operation of a shipper of an aircraft with knowledge of facts making it a pirate ship or aircraft；

（3）Any act of inciting or of intentionally facilitating an act described in subparagraph（1）or subparagraph（2）of this Article."意为下列行为中的任何行为构成海盗行为：(1)私人船舶或私人航空器的船员或机组成员或乘客为私人目的，对下列对象所实施的任何非法的暴力或扣留行为，或任何掠夺行为：(a)在公海上对另一船舶或航空器，或对另一船舶或航空器上的人员或财物；(b)在任何国家管辖范围以外的地方对船舶、航空器、人员或财物；(2)明知船舶或航空器成为海盗船舶或航空器的事实，而自愿参与其活动的任何行为；(3)教唆或故意便利本条第(1)和(2)款所述行为的任何行为。

再例如：《1982 年联合国海洋法公约》规定："Article 101　Piracy consists of any of the following acts：(a) any illegal acts of violence or detention,... any act of inciting or of intentionally facilitating an act described in subparagraph (a) or (b).","Article 102　Piracy by a warship, government ship or government aircraft whose crew has mutinied..."即：

(a)私人船舶的船员或私人飞机、机组成员或乘客为私人目的,对下列物件所从事的任何非法的暴力或扣留行为,或任何掠夺行为：

(ⅰ)在公海上对另一船舶或飞机,或对另一船舶或飞机上的人或物；

(ⅱ)在任何国家管辖范围以外的地方对船舶、飞机、人或物；

(b)明知船舶或飞机成为海盗船舶或飞机的事实,而自愿参加其活动的任何行为；

(c)教唆或故意便利(a)或(b)项所述行为的任何行为。①

可见,国际法领域将海盗行为可以归结为：①有武力行为；②行为发生在公海上；③由他船的船员或者乘客实施行为；④行为不合法,系出于私利等四个构成要件。

除了上述两个公约之外,国际海事局(IMB)也对海盗行为作了定义："An act of boarding any vessel with the intent to commit theft or any other crime and with the intent or capability to use force in the furtherance of that act."即意图涉嫌使用暴力已达窃盗或从事其他犯罪目的之任何行为。与国际海洋法的规定不同,此定义将所有在海上发生的登船抢劫或暴力事件,都认为是海盗行为,而不论发生在公海还是在领海内。可见,此定义相对公约所要求的发生在国家管辖领地之外的条件放宽了一些地域限制。

(二)保险法领域对"海盗险"所包含行为的界定

可以说,各国虽然在其保险中都有承保海盗险的条款,但在保险法领域却从未有对"海盗行为"具体包含哪些内容作过精确定义。到目前为止,针对海盗行为的定义只有在《1906 年英国海上保险法》中略有提及："The term 'Pirates' includes passengers who mutiny and rioters who attack the ship from the shore."即指海盗包括了叛乱的乘客和来自岸上攻击船舶的暴徒。但这一规定只是对海盗的补充规定,对于其具体行为也没有作进一步的解释。因而,在保险业内对海盗险具体构成要件是什么并未形成固定的内容。不过从海上保险的实践来看,各国似乎都比较认同以下关于海盗行为的成立条件：

---

① 该条与 1958 年《日内瓦公海公约》第 15 条的内容相同.

（1）行为发生的地理范围可以比较宽泛，只要是发生在海上即可，没有领土或者是国家限制；

（2）在行为之前或者行为当时，行为人使用武力或者威胁使用武力；

（3）行为人的动机是出于私利。①

在复杂的海上保险实践操作中，要精确评估一个海盗风险仅有上述要件是远远不够用的，从狭义的海盗行为到广义的海盗行为，可以说对其界定伸缩的空间和幅度范围极大，但有一点是明确的，各大保险人对于海盗造成的直接损失无疑是予以承保的，只是投保主、附险的搭配和险种名目选择有所区别而已。但是，当遇到海盗袭击演变出的新形式海上风险时，如海盗赎金，保险业界由于对海盗行为是否包含延伸出的赎金或者某个将出现的新形式险类缺乏统一的界定，因此，尚待进一步研究解决。

四、海盗赎金的保险设想

从字面上理解，海盗风险似乎囊括了海盗赎金。但事实上，海盗从直接破坏转变成为索要赎金，改变了风险类型，从有形的直接损失转化为了额外的间接损失，传统海盗险条款还能否与之相适应？在界限模糊和定义不一的情况下，海盗行为究竟能否包含其衍生出的索要赎金行为？这给保险业造成了极大的困惑。一般，在发生海盗劫持事件后，船东或者货主为了避免船、货发生任何意外和闪失，往往都会答应支付这笔相对货船损失要小的赎金来换回被扣船舶和货物以减少损失。当保险人接到出险通知时发现损失的是赎金，究竟是赔还是不赔？但我国《海商法》及《保险法》对于海盗赎金问题并未有对应的法律规定，司法实践中对于赎金该如何承担或分摊均未有明确的定论。国外保险市场则有按照共同海损分摊的，也有按照救助报酬或施救费用计算的，做法并不一致。国内保险市场虽曾对是否该设立赎金险问题做过相关研讨，但该类条款始终未能出台。在这里，笔者针对赎金问题则有如下保险设想：

（一）明确"海盗险"的定义

一直以来保险业领域对于"海盗"行为并未作过明确的定义，因而在发生保险事故时，往往出现较多争议。在出现海盗劫持事件后，保险人则竭力作出对自己有利的解释，尽力减少自己的赔付损失；而船东、货主则费尽心思寻求各种法律依据支持自己的索赔请求，有时即便只是徒劳的，仍想方设法改变管辖地，利用不同准据法环境作出对自己最有帮助的条款解释，获得最大限度的赔偿。

---

① 仁和海事集体：《索马里海盗与海上保险》，载于 www.fairicc.com.cn/smlhdyhsbx.doc.

双方之间的博弈虽最终定有胜负,但过程未免太过崎岖,试想如果保险业能将海盗行为作一个明确的界定,很多问题都将迎刃而解。笔者认为,保险人如顾虑直接将赎金列入赔付范围会增加所承保风险,则可利用适当调整费率的形式加以控制。但如果保险人意在明确将赎金排除在传统海盗行为之外,则也可以考虑单设赎金险种,另定保险费率,只是切勿模棱两可或赔付不一。

(二)单设绑架与海盗赎金险

各保险市场面对长期以来一直都无法控制的海盗袭击,在各自不同的保险条款中均列有关于"海盗"的条款,并形成了自己不同的做法,而今又为了适应海盗袭击的新形式,陆续推出了一些新的保险对策。目前已有部分国家的保险市场采用单设绑架与海盗赎金险的做法,笔者认为可借鉴单独设立绑架与赎金险种的做法,将具体各项费用列入保险条款,也以此区别于非海上实施的绑架行为与赎金。在条款中清楚界定非海盗行为实施的绑架与海盗赎金的不同赔付结果,明确将海盗赎金列入保险赔付条款,并相应设定各风险等级所对应的费率,避免实践中因绑架的实施主体和地点不同而产生保险争议。

(三)将海盗赎金作为特殊费用处理

英国劳合社推出的新型海盗保险,海盗赎金可以通过特别保险的形式予以承保或案件的诉讼费和人工费中报销,该方法也有值得借鉴之处。此外,应将与海盗赎金相关的其他费用明确列入海盗赎金中。我们目前为止大部分提及的海盗赎金都只包含赎金本身而并未明确规定还包含因支付赎金而耗费的其他费用。据报道,平均一件船舶挟持案谈判时间约需 100 天,而和解金额约为美金 100 万元。[①] 赎金在支付过程中必定产生相关费用,如谈判所产生的费用、人质遣返及货物交还过程中所产生的费用以及相关的法律费用等。因此,在解决了赎金本身的问题的同时,仍需要落实与赎金同时产生的其他附带费用。

(四)将海盗赎金列入"损害防阻"的专门费用

笔者认为除了将"赎金险"单独设立保险条款的办法之外,也可设立"损害防阻"条款[②]。我国台湾地区称之为"减轻损害费用补偿"或"损害防阻费用补偿",即将赎金列为损害防止所支出的费用,而不论该损害防阻行为最后是否取得了实际效果,当赎金列为专门费用时则不得列为共同海损进行分摊,而是作

---

①　Times on Line, Shipping insurance cost soars with piracy surge off Somalia, http://business. timesonline. co. uk. Published on 11 September, 2008.

②　英美法普遍称之为:Suing and laboring Clause.

为单独的特殊补偿费用由保险人予以赔付,支付赎金如果是为了船方和货方的共同利益被列为共同海损费用,根据我国台湾地区"海上保险条例"第78条第2款的规定,被保险人无法主张赎金费用为损害防止费用,此时可以按照对共同海损赔付的方法来处理;但当船舶空船航行时而未被租赁的情况下,可以把赎金认定为损害防止费用而向保险人请求赔付。① 赎金是为了赎回被劫持的船舶以及船上所载的货物,防止船舶和货物被海盗所毁坏从而造成更大的损失,因此,支付赎金也是一种损害防止的措施。这与我国现有的施救费用有相似之处,但如能明确将赎金单独列为为减损而支付的专门费用则可避免操作中的分歧。

此外,笔者认为由船东互保协会承保赎金险也是相关部门可以考虑的做法。船东互保协会是船东间自愿成立的对船舶有关的风险进行承保的机构,一般承保其他商业机构不愿意承保的风险,如由其单独承保海盗引起的各类风险,其中包括"海盗赎金"以及因此造成的额外开支等项目,这样可以解决其他商业保险机构无法解决的历史遗留问题,发挥其非商业保险机构的作用。并且,其入会费设置准入门槛相对较高,对于海盗赎金这类较大风险的险种有更好的承保能力。

最后,不论保险机构选择上述何种形式承保赎金风险,最关心的问题还是赎金的金额问题。当海盗劫持发生后,斡旋、谈判、协商、交付赎金以及理赔整个过程的完成需要很长一段时间。其中,最有实际减损意义的重要环节莫过于赎金谈判阶段。但这么关键的环节往往是由船东代表货方及船方(自己)的利益出面,货方、保险人并不直接参与到谈判中去。有时出于人身安全等因素的考虑,甚至连赎金都是以空投形式交付到某艘轮船上,保险人掌握的并不是第一手资料。但为了有效减损,保险人对于海盗赎金的监督和控制是十分重要的。笔者认为,可以在保险条款设计时作出明确约定,即约定在发生海盗险情时必须在被劫持发生后限定时间内通知保险人,由保险人决定是否参与谈判或监督谈判实施,并以此作为理赔条件之一;此外,保险人也应当主动敦促货主及时联系船东,保持与被劫持船舶及货物相关的信息联,应及时与货主、船东联系,尽可能参与到谈判过程中,进一步掌握谈判动态,对于赎金的支付起到积极的监督作用,便于后续理赔工作的开展。

---

① 邱重盛. 从海盗行为来看海上保险之适用问题. 载于: http://www. shippingdigest. com. twnews97-45A4. htm.

参考文献

［1］司玉琢.海商法.北京：法律出版社，2003.

［2］傅廷中.海商法论.北京：法律出版社，2007.

［3］杜鹃，陈玲.海上保险.北京：上海财经大学出版社，2005.

［4］顾寒梅，张华.国际货物运输保险理论与实务.北京：中国物资出版社，2005.

［5］杨良宜.航运实务丛谈.大连：大连海事大学出版社，1996.

［6］徐卓英译.英国1906年海上保险法.北京：北京对外贸易教育出版社，1988.

［7］韩英鑫，吕芳编译.海盗的历史.上海：文汇出版社，2007.

［8］林欣.国际刑法问题研究.北京：中国人民大学出版社，2000.

［9］韩立新，王秀芬.各国（地区）海商法汇编（中英文对照）.大连：大连海事大学出版社，2003.

［10］魏润泉，陈欣.海上保险的法律与实务.北京：中国金融出版社，2000.

［11］丁建洪.浅论完善我国共同海损制度.珠江水运，2006(6).

［12］傅廷中，徐昕.海商法视角内的海盗强索赎金问题.海商法年刊，2009年6月.

［13］尚清.谈《约克安特卫普规则2004》对共同海损制度的影响.世界海运，2005(6).

［14］雷海.索马里海盗赎金能否理赔.中国远洋航务，2009(7).

［15］曾文瑞.从损失分摊与海上保险观点论共同海损.台湾海洋大学航运管理研究所博士论文.

［16］胡燕林.浅谈海盗赎金是否属于共同海损//律师实务研究.杭州：浙江大学出版社，2010.

［17］王军敏.关于制止、惩治海盗罪的国际法规则.载于：http://qkzz.net/article/fb40ebc2-53ee-4cf3-bbc2-c2750e7841d0.htm.

［18］邱重盛.从海盗行为来看海上保险之适用问题.载于：http://www.shippingdigest.com.twnews97-45A4.htm.

［19］郑田卫.海难救助行为构成之比较研究.上海海事法院：http://chinalawlib.com/114740046.html.

［20］索马里海盗难以有效应对护航舰队未起作用.载于：http://news.hexun.com/2010-07-08/124182691.html.

［21］新华资料：索马里海盗问题.载于：http://news.xinhuanet.com/ziliao/2008-11/19/content_10381633.htm

［22］中国经济网财经频道：保险词典.http://www.ce.cn/finance/insurance/xxt/rmbd/bxcd/200509/21/t20050921_4796634.shtml.

［24］沙特证实被海盗劫持的天狼星号油轮已获释新浪网新闻中心：http://news.sina.com.cn/w/2009-01-10/201517018205.shtml

本文曾荣获浙江省律师协会"首届浙江律师论坛"三等奖；浙江省省直律师协会"2011律师实务理论研讨会"三等奖。

作者简介

　　胡燕林，女，华东政法大学法律硕士，六和律师事务所专职律师。擅长办理国际贸易、外商投资、海事海商、证券、房地产、公司法律事务。

海盗赎金赔付相关问题探析(下篇)

——传统海盗行为与赎金冲突研究

胡燕林

【摘要】 海盗不盗窃也不轻易杀人,转而"文明"地坐上了谈判桌,这数百年逐渐演变而来的"文明"却给海运及保险业带来了新的挑战和难题。海盗以扣押船货作为要挟向船东索要大笔赎金,改变了海盗袭击和破坏造成的直接损失形态,当发生大笔赎金损失时,保险人与船东或货主最终无法达成一致的情况下势必产生纠纷。那么,海盗赎金损失最终应由谁承担,以何种形式承担? 是否还属于传统意义上的海盗行为,如何获得保险理赔? 带着这些问题,笔者在 2009 年所写的《浅议海盗赎金是否属于共同海损》一文的基础上,作了进一步深入研究。在本篇中,提出赎金新形式给保险业带来的各种困惑,并对海盗赎金进行法律定性,深入剖析传统海盗险条款与赎金新形式之间的法律冲突。

【关键词】 海盗赎金 推定全损 共同海损 海难救助 施救报酬

以往的海盗往往以暴力形式劫获商船、杀死船员,直接夺得商船上的货物作为战利品或进行放火烧船等破坏性活动,如今的海盗虽仍以暴力和武装形式劫持商船,并不直接杀人烧船,而是将劫获的船、货以及人质进行扣押后与船方进行谈判,要求支付赎金准许赎回。显然,赎金作为额外支付的费用损失,使得原本海盗劫持和破坏造成保险标的灭失所形成的直接损失形态发生了变化,传统海盗保险条款似乎难以全部涵盖,传统保险条款是否还能适应新情况而对其进行承保? 如果承保,则还有诸如赎金的合法性问题、主被动性问题、减损效果问题,是按照全损还是推定全损赔付等,这些无疑都是对传统海盗保险条款理赔带来的新挑战。

一、传统海盗行为与海盗赎金的区别

据统计,自 1996 年以来,虽也偶有未按要求支付赎金时人质被撕票等情形发生,但基本上 80％被劫船只都以赎金形式赎回船货,已占据了很高的比例。究其原因,笔者认为可能是海盗一方面销赃渠道受到一定限制,长年累月所大量劫获的船货无法短时间内脱手,另一方面很多成功劫得完好无损的物品并不能直接用作消费品,而赎金形式对于海盗来说则来得更加简便易行,就自然造就了以赎金换回船、货这种新手段,然而传统海盗行为与海盗赎金两者之间存在着截然不同的地方。

(一)从两者的行为表现形式看

1.传统海盗行为一般采取直接的攻击和抢夺方式

(1)抢夺船员财物及船舶营运物资。此种行为是最常见的海盗行为,由一组 6～8 人的团伙上船掠夺船员财务及船上物资,其平均损失在 20000 美元。

(2)掠夺船上货物。此种行为由数十人甚至超过 70 人完成,不仅掠夺船员财物、船上物资并抢走运输的货物,其平均损失依货物种类而定,最多时可达100 万美元以上。

2.赎金形式的海盗行为则主要表现为挟持船员或/及船舶

此种行为即抢夺船上所有财物并劫持整条船舶,除了寻找机会将船舶变卖外,甚至将船舶、船员及货物扣下,要求船东或货方支付赎金,其损失高达数百至数千万美元。[①]

(二)从两者造成的损失形态看

(1)传统海盗行为造成的是物质有形损失,该损失包括部分损失和全部损失,如海盗对船体、货物的直接毁损和破坏,从物质形态上直接发生消亡,也有部分是在抵抗海盗过程中造成的物品损耗和卸载、抛弃船舶附属用具等。

(2)海盗赎金形式造成的则是额外费用的支出,在船东支付了赎金后便赎回船舶及货物,船货其本身并未发生直接毁损,因而该损失不是对船舶和货物本身造成的有形损失。

从海上保险的内容看,无论是船舶保险中的海盗险还是货物保险中的海盗险或是我国附加险中的战争险所包含的海盗内容,均是对于所投保标的的财产实物损失所进行的承保。因而,可以理解为传统的海盗险要求船舶和货物发生有形且直接损失,而海盗赎金在其形态上看,并非有形物质损失。因为当发生海盗劫持船货事件时,海盗并未直接对船舶及货物进行毁坏,也就不存在有形

---

① 参考:Helium. Piracy on the high seas:Ensuring your boat is covered. viewed August 22,2008,http://www.helium.com.

的损害和灭失,保险标的也不会因此丧失了其本身的效用和使用价值。并且,在向海盗支付赎金后便又能够重新获得对船舶和货物的控制,赎回的船舶和货物的价值尚在,并未发生物质形态上的消亡,这也是明显有别于传统海盗行为的地方,因而如按照传统海盗险中标的物有所损失的情形进行赔付也存在矛盾。

(三)从保险人对两者的承保状态和可行性看

国际保险市场及国内保险对于传统海盗行为是予以承保的。理由在于传统海盗行为对船舶及货物造成物质性损坏,直接导致了船东及货主的经济损失。从另一个角度看,该海盗造成的有形损失与"天灾"类同,属于"人祸",并非投保人可以控制和抵御的。该种损害的情形下,显然船东和货主对于该种破坏和暴力侵害均属于被迫承受,因而尽管不同保险市场的保险条款名目不同,但各国的保险市场均将"海盗"列入承保风险之一,为了起到弥补损失的补偿作用,各保险人均认可对于传统海盗风险的赔付责任。因此,对于传统海盗行为造成的损失进行理赔具有合法性依据,且传统海盗行为造成的各投保标的损失金额相对易于确定,方便各保险人进行理赔估算。

海盗赎金并未被明确列入保险条款,主要存在如下问题:

(一)支付赎金的合法性与主被动性问题

对于支付赎金是否合法的问题在理论和实践中都存在很多争议。很多学者认为海盗索要赎金是暴力犯罪,是非法的,因而赎金不应该获得保险赔付。支持此种观点的人主要是认为赎金是在海盗暴力犯罪行为的被迫下所产生的,而海盗属于国际罪行,与犯罪行为妥协而支付赎金则有助长犯罪气焰的嫌疑,不利于社会稳定,是对非法行为的纵容,[①]并认为如果认可支付赎金的合法性无疑是将巨大海上风险人为地转嫁给了保险人,对保险市场会是一种沉重的打击。现阶段,国际上有为数不少的国家均认为赎金不合法,如新加坡等国坚决否认赎金的合法性,就连原本认可赎金合法占主流观点的美国也在 2010 年 4 月 12 日发布的行政令中提出"出于对国家或外交政策的考虑,禁止美国人向特定的人或实体提供钱款、货物或服务。遭到封禁的人和实体包括:①该行政命令后附表 1 中所列的 12 个索马里个人和组织;②财政部所决定的:直接或间接威胁索马里和平和稳定的人……"[②]奥巴马还在命令中明确指出:"我认定,海盗

---

① 案例:Havelock v. Rookwood(1799)8 Durn. & E. 268 案.
② 2010 年 4 月 12 日,奥巴马总统发布的 13536 号行政命令。

行为或索马里外海上的武装抢劫也是对索马里和平、安全和稳定的一种威胁。"①可见,美国政府方面也否认了赎金的合法性地位。尽管美国的这一做法引起了国际上较大的反响,并认为这种做法并不一定是积极的。但这样一来,美国一时之间恐怕对于赎金的合法性的确认就变得有点艰难。

但也有人认为支付赎金是在万分危急的形势下船东迫不得已的选择,并且在支付了相对较少的赎金之后如能赎回价值更高的船、货,挽回了巨大的损失,是有积极意义的。笔者认为,如果一味认为赎金性质非法而认为支付海盗赎金的行为不合法并不予赔付,则会使得保险赔付陷入恶性循环当中,即一旦发生海盗劫持事件,船东就第一时间主动放弃与海盗的抵抗或谈判,放任船货巨大损失的发生,并径直向保险人索赔了事等消极怠懈行为,最后损失惨重的还是保险人自己。因此,认同支付赎金行为的合法显得十分有必要,而且如果要将赎金本身的非法性质和支付赎金行为的性质加以区分,或许有利于问题的解决。

此外,在支付赎金的主动性与被动性问题方面也存在颇多争议的地方,海盗赎金是在海盗对船舶、货物等进行扣押,挟持人质作为要挟,并向船东提出勒索要求,在其指定时间和地点交付的一笔额外费用。主要存有以下两种观点:

(1)海盗赎金是在暴力和胁迫下被动支付的,是船东不得已而为之的。同时,从海盗赎金的产生角度来看,赎金损失的发生也并不是船东或货方预知的,在发生船货被劫持的瞬间也不可能对事态的发展进行一个合理预期。因此,该损失是具有突发性的、无预期的,更不可能是积极主动追求该事实发生的。

(2)海盗赎金的支付是个主动的行为,理由在于赎金虽是在暴力与胁迫下产生,但在后期的赎金付与不付的抉择上,最后决定支付赎金的环节是一个主动且有意作出的行为,即选择以较小的损失来避免在船、货全部损失时产生更大金额的损失。虽然赎金损失是额外产生的,但确确实实是有意采取的一种减损的有效救济措施。笔者也认为支付海盗赎金实际上对于保险人来说是种减少损失的有效措施。船东在危急关头作出支付赎金的抉择无论对于船东自身还是对于货方甚至是保险人来说都是极其有利的,从经济价值的角度看,选择火力相拼的最后结果却可能是船货皆损,而且造成极大程度的人员伤亡。从社会价值的角度看,积极作为总比消极面对来得更有选择余地,而且如将支付海盗赎金认定为是个被动而消极的行为则会在后续的理赔中造成更多僵局无法解开,但如将支付海盗赎金看作是个主动的行为则是比较顺理成章的。因而,

---

① 原文:I hereby determine that ,among other threats to the peace, security , or stability of Somalia,acts of piracy or armed robbery at sea off the coast of Somalia threaten the peace, security, or stability of Somalia."

笔者比较赞成第二种观点。

(二)赎金对应的理赔金额确认问题

按照传统海盗行为造成的直接损失可以通过对船舶或实际货损进行评估确定损失金额,然而海盗赎金则往往是一个总的金额,包含了船舶、货物,有时还包括了人质赎金,海盗不会分别对船舶、货物、人质进行开价议价,如何将其分别对应后确定一个由各自的保险人赔付的金额也是极不容易解决的问题,因而也不能按照传统海盗险种那样分别归入船舶保险条款中的海盗险、货物运输保险中的海盗险、一切险或附加的战争险中的任何一项由各家不同保险公司承担。而同时,对应于人质的赎金部分的承担也存在极大争议,能否还按人员死伤情形的处理,即虽无伤及船员人身但仍由船东互保协会中的船东责任险来承担人质的赎金?目前,船东互保协会虽比普通保险市场更进一步提到了赎金问题,但对于海盗赎金目前大部分国家的船东互保协会和英国劳合社都只针对船舶的赎金损失承担保险责任,而对船上货物及船员赎金则不属于保赔的内容。且船东互保协会对于海盗赎金还具有明确的除外责任,即赎金不是明确承保的风险。例如在 1999 年的 Royal Boskalis Westminster N. V. V Mountain 案中,就明确体现了该内容:如无法确定多少赎金是用来解救船员的,就没有理由要求互保协会来分摊赎金。而一般海盗赎金中往往都包含了货及人质的部分。也就是说,英国船东互保协会对海盗赎金并不必然承担保险责任。

(三)海盗赎金的实际减损效果问题

海盗赎金既是在船东为了挽回巨大船货损失时而向海盗支付,必然要讲求减损效果问题。一般船、货被全部劫持时发生的损失价值往往远高于赎金的金额,在两种损失之中选择相对较小的损失作出牺牲是一种积极有效的救济形式。然而理论上并不能完全排除海盗赎金高于船、货损失的情形,因为赎金报价高低包含了人的主观因素,不存在什么客观的价格或物价标准,有时同时包含了人质赎金,因此更无法衡量或判断海盗开出的什么样的价格才是"合理"的赎金范围。此外,还可能出现支付了海盗赎金,却仍造成船舶损失及货物损失的情形,即可能发生船、货及赎金双重损失,这样就极可能形成实际减损效果并不能达到预期效果的状态。那么这时赎金到底该付还是不该付?对于支付赎金所换来的减少损失程度和取得的减损效果是否也要有所要求?

在船东出面与海盗谈判关于赎金价格时,是否全面顾及和体现了保险人利益或者货方利益,有否努力进行损害防止,真正达到减损效果,如果对于减损效果不作要求,只要人质安全返回多少赎金都付的情况,对于船方或货方以及相关的保险人的利益如何平衡就存在矛盾。如果缺乏相应的减损制约和监督机制，是否还须担心日后可能发生的船员自盗和欺诈等情况，这些都是实践中值得保险人思考的问题。

（四）支付赎金是否视为全损问题

当船舶、货物被海盗劫持并被所要赎金时，是否认定船舶或货物全损的问题直接涉及委付问题。到底赎金支付出去是该认定为全损、推定全损还是部分损失？有部分人认为船东在支付海盗赎金时，船舶和货物已完全处在海盗的控制之下，船东和货主已丧失了对保险标的原始意义上的所有权。而有部分人认为应按照推定全损，当实际全损已不可避免，或受损货物残值，如果加上施救、整理、修复、续运至目的地的费用之和超过其抵达目的地的价值时，视为已经全损即为"推定全损"，是"实际全损"的对称。其主要理由为保险标的遭到海盗扣押，船东和货物至少在长时间内丧失了对保险标的的控制，并且遭劫持时间越长，各项损失越重（如货主逾期交付货物造成的合同违约损失等），如果要支付赎金，则相应的费用大大增加，其各项费用之和有可能超过保险价值本身。但是，根据保险法的原则，实际全损要求保险财产在物质形式上已灭失，新形式的海盗劫持并未直接对船舶及货物进行毁坏，也就不存在有形的损害和灭失，最后船东和货主也没有丧失对船舶和货物的所有权，就不能将其等同于实际全损进行赔付。其次，违约损失等其他损失并不是为避免全损而支付的费用，而属于其他间接损失，不同于修复费用和整理、续运费用，因此不能算作避免全损所发生的费用。事实上，在支付赎金之后，避免了实际全损的发生，且为避免全损而支付的赎金金额远不足以超过保险价值，因而也并不构成推定全损。在 17世纪的时候，就出现了货主主张全额赔付的 Dean v. Hornby 2 案件，当时英国高等法院 David Steel 法官审理了该起案件。他认为判断被保险人是否不可恢复的损失货物有一个客观的标准，需要根据具体的事实情况来进行评定。如果在法律上和事实上有可能索回货物，那么被保险人就没有不可恢复的损失货物，在船货被劫持后，船东即与海盗展开谈判，谈判进展表明，船舶、船员和货物将在不久得到释放；而索马里海盗的惯常做法是通过劫持船只向船东或相关方勒索赎金，勒索成功后释放船只及其货物。正因为以上几项理由，法官 David Steel 最后判决：海盗劫持船只勒索赎金不能构成货物的实际全损或推定全损。这在 17 世纪的当时，还并没有形成对全损和推定全损的法定要求，该案在判断海盗赎金的损失形态时已发挥极其重要的作用，并具有时代领先意义。此后，在该案件发生几百年后的《1906 年英国海上保险法》对推定全损作了规定，在该法第 60 条中提到：推定全损的构成必需满足两个条件，即①保险标的必须被委付;②实际全损看上去不可避免。可见,英国法上对于"推定全损"成立除了上述要件之外还需具备一项重要要求,就是被保险人不能回收保险标的的可能性要大于可以回收的可能性。① 因而,在支付赎金就能要回船货的情形下,保险标的回收的可能性极大,如仍按照全损或推定全损赔付显然不妥。

二、海盗赎金的法律定性

海盗赎金,往往被定义为是在海盗挟持船货和人质的情况下,由船东向海盗支付的额外费用。此时船东实际上是作为谈判代表,可能先行垫付赎金,并不一定是最终的承担者,其最后可能向货主主张该部分损失,也可能向所承保保险公司主张保险索赔,但也可能因为不属于具体的承保范围而由船东自己或与货主共同分摊承担。但最后赎金该由谁承担,则要看赎金的性质而定。

(一)海盗赎金不属于单独海损

单独海损(Particular Average):是指因自然灾害或意外事故造成的直接的船舶或货物损失,不涉及其他货主或船方,也并非为了共同利益作出的牺牲。因此这种损失由标的物所有人单独负担而非共同分摊,是海上保险所承保的风险范围内的风险所造成的部分损失或全部损失,其构成要件包括:

(1)是保险标的本身的直接有形损失;

(2)仅包括损失本身不包括由此产生的费用;

(3)非人为或有意的行为所导致。

例如,某 Y 轮在海上航行,该轮上运有一批武器、一批大豆、一批瓷器。在海上遇到大风浪,大豆被海水浸透而腐坏,瓷器则因船体晃动而被震碎,而武器中的部分弹药也因湿损而报废,而船体则因为撞到了冰山一角而仓体漏水,则上述损失均属于单独海损。可见,传统海盗行为则更多造成的是直接损害,因而可将海盗袭击过程中造成的直接有形损失列入单独海损,如:

(1)船舶损失:海盗在用武装攻击船舶、强行登船过程中对船舶本身造成的直接损失,属于给船东造成的单独海损。

(2)货物损失:海盗在袭击船舶过程中,直接抢走货物或造成船舶所装载货物的毁损或灭失,属于给受损货物的货主造成的单独海损。

(3)人员伤亡:海盗在用武力袭击船舶,攻击船上人员过程中,造成的人员伤亡或者在海盗肆虐任意杀人报复的过程中杀害的个别人员,也属于单独海损。

---

① 魏润泉,陈欣.海上保险的法律与实务.北京:中国金融出版社,2000:106.

确切地说,单独海损是某一单独利益的直接有形损失,即该利益的损失仅与对保险标的具有可保利益的人有关,而与其他人无关。而海盗赎金既不属于对实物造成的有形损失,也不是一种单独利益损失,因为在实践中海盗赎金的支付必然对应着多方共同利益体,只劫持属于船东的船舶而不涉及货物的,或只抢一个货主的货物而不抢另外的货物的且要求只对船或只对一种货支付赎金的海盗也是没有的。因此,笔者认为,不能将海盗赎金列为单独海损的类型进行赔付。

(二)海盗赎金不属于救助报酬

救助报酬是指船舶和货物在海上航行中遭遇保险承保责任范围内的灾害事故时,由保险人和被保险人以外的第三者自愿采取救助措施,并成功地使遇难船舶和货物脱离险情,由被救船方和货方支付给救助方的报酬,国际上一般采用"无效果—无报酬"原则。我国则于1992年参照《1989年国际救助公约》在《海商法》第九章中专门对海难救助作了规定。根据我国《海商法》的有关规定,救助报酬请求权的成立,须符合以下五个要件:

(1)救助发生在海上或与海相通的可航水域。

(2)被救物必须是法律所认可的救助标的。①

(3)海上危险的存在是救助行为得以产生的前提,船舶或其他财产只有面临可造成损失的危险,才有救助的必要。

(4)救助必须是自愿的行为。②

(5)救助必须有效果。有效果是指遇险船舶或其他财产全部或部分得救。如果有救助事实,但无救助效果,不得请求救助报酬。③

根据法律规定船舶所有人在以下情形下实施救助行为后可以请求救助报酬:①法律认可的救助标的;②救助标的处于海上危险中;③无救助义务情况下实施的救助;④救助必须有效果。

在发生海盗劫持时,船或者货都属于法律认可的救助标的,救助标的也正

---

① 注:我国《海商法》所认可的被救物是船舶和其他财产,其中船舶是指《海商法》第3条所称的船舶和与其发生救助关系的任何其他非用于军事的或者政府公务的船艇,即救助船与被救助船之一必须是我国《海商法》第3条所称的船舶,而另一船可以是非用于军事或政府公务的内河船、内湖船及20总吨位以下的小船。

② 自愿:双方均出于自愿,即救助方提供救助服务的自愿被救助方接受救助服务的自愿。对救助方而言,自愿是指其在法律上和职责上对遇险的海上财产无救助义务,救助成功了,有权获得救助报酬,不救助亦不承担任何责任。

③ 《1989年国际救助公约》增加了"特别补偿条款",规定救助人救助财产无效果,无权获得救助报酬,但如果救助人对海洋环境污染损害危险的船舶或船上货物进行了救助,仍可获得一定的特别补偿。

处在海上危险中,并且海盗赎金往往要低于船、货本身的价格,应当认为该救助属于有效果的救助。船舶所有人支付赎金对于货物构成了海难救助,可以向货主要求海难救助报酬。但与此同时,因为总的海盗赎金中还包含了船舶本身的赎金部分,船东支付赎金在赎回自己的船舶时则构成了自救行为。虽然在理论上船东不能自己请求自己支付救助报酬,对船东自救的部分仍按照救助报酬进行分摊则无疑等同于将船东自己左边口袋的钱放到了其右边口袋。反之,如果货主也因承担了海盗赎金而向同时受益的船舶所有人主张救助报酬,那么情况将变得更为错综复杂——在实践中,救助报酬的优势在于可以对船舶享有优先权,因此,如将赎金列为救助报酬,对船东来说不见得是产生了正面效果,因为所指向的不是别人而是自己的船舶,因而并不能从救助报酬中获得更大利益而宁可选择其他形式获得赔付。同时也更不希望承担了赎金的货主向自己主张船舶优先权。尽管,目前也有少部分国家的保险市场将赎金列为救助报酬进行赔付的,如船东仍有可能按照伦敦保险市场的相关保险条款,对自己实施的救助的报酬获得保险赔偿。但是,笔者仍认为将海盗赎金列为救助报酬并不妥当。

(三)海盗赎金不属于施救费用

施救费用(Sue and Labor Charges)是指保险标的在遭受保险责任范围内的灾害事故时,被保险人或其代理人、雇佣人及受让人根据保险合同施救条款的约定,为了避免或减少保险标的的损失,采取各种抢救和防护措施而支出的合理费用。施救费用构成要件:

(1)必须是由被保险人或其代理人、雇佣人及受让人实施的,这是主体要件;

(2)必须是为了减少保险标的的损失;

(3)保险标的的损失必须是保险单所承保的风险造成的;

(4)施救费用必须是合理的,不超过保险金额。

各国保险法及保险条款一般均规定,保险人对被保险人所支出的施救费用承担赔偿责任,且不超过所保标的的保险金额。保险标的受损,经被保险人进行施救,花了费用但并未奏效,保险标的仍然全损,保险人对施救费用仍予负责。可见,在海上保险中的施救费用是按照特别支出进行赔付的,不存在共同分摊的问题,对施救行为最终所获得的效果也不作苛求。施救费用是为了减少承保范围内的风险所造成的损失而进行的抢救和防护措施所支出的费用,其实施主体仅限于被保险人及其代理人、雇佣人和受让人。而在发生海盗劫持的共同危险时,支付赎金中含有对其他货物所承担的费用,而不再仅仅是被保险人对自己所投保标的实施的一种自救。这样一来,赎金便与施救费用中的主体要件不相符。并且,施救费用的产生一般基于保险合同条款的约定,从该制度的出发点看,是保险人对于被保险人自行采取对所保标的的减损并进行积极自救的一种鼓励措施,船东在受到威胁后为了避免伤亡和船舶、货物的损失就直接向海盗支付赎金,此时,船东及船员或货主并未积极与海盗进行对抗,严格意义上说并不符合施救行为的条件。其次,海盗赎金并不能与所救回物品价值分别一一对应,更无法分割到各被保险人项下。在这种情况下,也无从实现由各自保险公司获赔,将海盗赎金作为施救费用处理显然不妥。

(四)海盗赎金列为共同海损相对更为适宜

海盗赎金的性质与共同海损构成基本相符。共同海损是在海上遭遇共同危险时,为了共同利益而有意采取的牺牲。包括两个组成部分,即共同海损牺牲和共同海损费用。共同海损牺牲,包括船舶牺牲、货物牺牲、运费牺牲等。共同海损费用则包括在避难港发生的额外费用、代替费用[①]和其他费用等。共同海损的要点为:①同一海上航行中的财产遭遇共同危险;②该危险是客观存在的;③采取的措施是有意而且是合理的;④作出的牺牲和支付的费用是特殊的;⑤采取措施后有效果。海盗赎金则同样具备了以下特点:

(1)海盗赎金是在同一海上航行中船货遇到的共同危险时所支付的,在发生海盗劫持时船、货同时遭遇破坏和灭失的风险,即船不保,则货也不能做到独善其身,因而其符合共同海损所要求的遭遇共同危险这一要素。

(2)遭遇海盗袭击和劫持时,船舶与货物甚至船员的生命随时可能遭受毁灭或丧失,该危险客观存在,这与共同海损所要求的风险客观存在具有相似性。

(3)赎金是船东向海盗支付时就已明知会造成损失而有意采取的救济措施。尽管有人提出赎金是被迫支付的而非主动支付的观点,但笔者认为将支付赎金的行为可以理解为损害防止的一种形式,其为挽回更大的损失而作出了替代性牺牲,且往往小于船、货价值而被认为是合理的,符合共同海损的第三个要素。

(4)赎金是船东应尽的职责和义务之外的所支付的费用,不同于正常航行费用和开支,是在海上风险中未预先料及的损失费用,因其起因于异常情况而属于特殊费用,该替代性牺牲或损失也应属于特殊牺牲和费用,因而也符合共同海损为特殊费用的这一特点。

---

① 代替费用:是船方为了节省原本可能发生的应列入共同海损的费用而支付的另一笔较小的额外费用。根据我国《海商法》第195条规定,为代替可以列为共同海损的特殊费用而支出的额外费用,可以作为代替费用列入共同海损。

（5）支付赎金是为了使被劫持船舶、货物以及船上人员脱离危险，一般赎金的价格远低于货物及船舶本身的价值，比如 2008 年 11 月被索马里海盗劫持的沙特油船"天狼星"号载有 200 万桶石油，价值约 1 亿美元，索马里海盗索要的是 300 万美元的赎金，在获得赎金后释放了该油轮。① 在支付了赎金之后能够实现脱险及挽回损失避免船货全损的境况，可以说已达到了救济的效果，因而也与共同海损的本质相符。

笔者认为，海盗赎金虽然并不是因船舶、货物受损造成的有形损失，但其属于代替性损失，即属于代替共同海损的发生而产生了的另一笔数额相对较小的额外费用。其本身虽不具有共同海损性质，但支付该费用却节省或避免了支付本应支付的共同海损费用，其符合我国《海商法》第 195 条规定的为代替可以列为共同海损的特殊费用而支出的额外费用，将其作为代替费用参照共同海损的算法进行分摊，相比作为单独海损、施救费用以及救助报酬等计算都更为适宜。

通过对赎金性质的分析，可以看出其与传统海盗行为之间存在本质上的差异。在赎金等新形式险种与传统保险条款已不能很好衔接的时候，与其牵强地将其列入已有的任一海盗险条款当中加以解决，还不如从海商法的精神和基本原则出发，寻求类似共同海损分摊或设计新的有针对性的保险条款作为新的理赔思路更切合实际。但是，我国海商法起源相对较晚，对于很多海商法中出现的新问题尚未有进一步的详细规定，尤其是面对海盗赎金或共同海损这类复杂的案件时，究竟该如何操作在态度上仍显得十分暧昧。且碍于我国目前并未认可赎金的合法性，很多制度的设计仍难以实施，各国对于赎金问题的立法差异又甚大，在操作实务中尚无统一的做法。不过，值得借鉴的是一些航海大国如英国、荷兰等的做法，他们均已认可赎金的合法性，在制度设计上摒除了障碍，也为保险业的进一步发展解除了束缚。因此，笔者认为，我国不妨多参考英国等航海业发展较早、保险市场相对完善的国家的做法，或许可以让我们的视野豁然开朗。

参考文献

[1] 司玉琢. 海商法. 北京：法律出版社，2003.

[2] 傅廷中. 海商法论. 北京：法律出版社，2007.

[3] 杜鹃，陈玲. 海上保险. 北京：上海财经大学出版社，2005.

[4] 顾寒梅，张华. 国际货物运输保险理论与实务. 北京：中国物资出版社，2005.

[5] 杨良宜. 航运实务丛谈. 大连：大连海事大学出版社，1996.

① 新浪网新闻中心，2009 年 1 月 10 日，《沙特证实被海盗劫持的"天狼星"号油轮已获释》。http://news.sina.com.cn/w/2009-01-10/201517018205.shtml.

[6] 徐卓英译.英国 1906 年海上保险法.北京:北京对外贸易教育出版社,1988.

[7] 韩英鑫,吕芳编译.海盗的历史.上海:文汇出版社,2007.

[8] 林欣.国际刑法问题研究.北京:中国人民大学出版社,2000.

[9] 韩立新,王秀芬.各国(地区)海商法汇编(中英文对照).大连:大连海事大学出版社,2003.

[10] 魏润泉,陈欣.海上保险的法律与实务.北京:中国金融出版社,2000.

[11] 丁建洪.浅论完善我国共同海损制度.珠江水运,2006(6).

[12] 傅廷中,徐昕.海商法视角内的海盗强索赎金问题.海商法年刊,2009 年 6 月.

[13] 尚清.谈《约克安特卫普规则 2004》对共同海损制度的影响.世界海运,2005(6).

[14] 雷海.索马里海盗赎金能否理赔.中国远洋航务,2009(7).

[15] 曾文瑞.从损失分摊与海上保险观点论共同海损.台湾海洋大学航运管理研究所博士论文.

[16] 胡燕林.浅谈海盗赎金是否属于共同海损//律师实务研究.杭州:浙江大学出版社,2010.

[17] 王军敏.关于制止、惩治海盗罪的国际法规则.载于:http://qkzz. net/article/fb40ebc2-53ee-4cf3-bbc2-c2750e7841d0. htm.

[18] 邱重盛.从海盗行为来看海上保险之适用问题.载于:http://www. shippingdigest. com. twnews97-45A4. htm.

[19] 郑田卫.海难救助行为构成之比较研究.上海海事法院:http://chinalawlib. com/114740046. html.

[20] 索马里海盗难以有效应对护航舰队未起作用.载于:http://news. hexun. com/2010-07-08/124182691. html.

[21] 新华资料:索马里海盗问题.载于:http://news. xinhuanet. com/ziliao/2008-11/19/content_10381633. htm

[22] 中国经济网财经频道:保险词典. http://www. ce. cn/finance/insurance/xxt/rmbd/bxcd/200509/21/t20050921_4796634. shtml.

[24] 沙特证实被海盗劫持的天狼星号油轮已获释新浪网新闻中心:http://news. sina. com. cn/w/2009-01-10/201517018205. shtml

本文曾荣获 2011 年浙江省律师协会"首届浙江律师论坛"三等奖;浙江省省直律师协会"2011 律师实务理论研讨会"三等奖。

作者简介

胡燕林,女,华东政法大学法律硕士,六和律师事务所专职律师。擅长办理国际贸易、外商投资、海事海商、证券、房地产、公司法律事务。

浅论《海岛保护法》对已开发
无居民海岛的影响及对策分析

——以舟山为视角

商　英　王玮君

【摘要】 介绍《海岛保护法》施行前,舟山市无居民海岛开发利用现状,以及《海岛保护法》施行后,未经批准使用但在法前已开发利用的无居民海岛可能涉及的法律问题,及其妥善解决的办法。

【关键词】 海岛保护法　已开发无居民海岛　影响　对策分析

2010 年 3 月 1 日起开始施行的《中华人民共和国海岛保护法》(以下简称新法)明确无居民海岛为国家所有,并对无居民海岛的规划、管理、审批进行严格规定,凡未经批准利用的无居民海岛都应当维持现状。2011 年 4 月 12 日,国家海洋局联合沿海有关省、自治区海洋厅(局)召开新闻发布会,向社会公布我国第一批开发利用无居民海岛名录,全国 176 个可开发无居民海岛,浙江 31 个入选,其中舟山 10 个入选。但在新法施行前,舟山市已开发利用的无居民海岛数量可观,故在新法施行后的今天,如何妥善处理新法实施前已开发利用的无居民海岛,迫在眉睫。本文拟从法律角度分析新法施行前已开发利用的无居民海岛可能涉及的问题及解决对策。

一、无居民海岛的含义

新施行的《海岛保护法》对无居民海岛的定义重新作了界定。根据该法,海岛是指四面环海水并在高潮时高于水面的自然形成的陆地区域,包括有居民海岛和无居民海岛,而无居民海岛,则是指不属于居民户籍管理的住址登记地的海岛。根据这一规定,海岛是否作为居民"户籍管理的住址登记地"是区分有居民海岛与无人岛的唯一标准。不作为居民户籍管理的住址登记地的海岛,即使有人常年在岛上进行海水养殖、旅游、军事等活动,也被视为无居民海岛。

二、舟山市无居民海岛的开发现状

根据 1997 年舟山市发布的数据显示，舟山群岛共有大小岛屿 1390 个，除 98 个较大的岛屿有人居住外，其他均为无居民海岛。根据调查显示，新法颁布前舟山市各区、县已经开发利用的无居民海岛占有很大比例。如定海区全区仅有无居民海岛 87 座，但法前已开发利用或留有明显开发遗迹的无居民海岛就有 68 座。目前无居民海岛开发现状主要体现在以下几个方面。

（一）用岛类型多样

舟山市无居民海岛开发利用由来已久，因其资源环境、地理位置不同，各类用岛行为的社会原因与历史原因也不尽相同。新法施行前舟山市开发利用无居民海岛主要类型有：一是基础设施建设，如灯塔、交通、港口建设；二是项目建设，如采石、采伐林木、旅游、养殖、水产品加工等。

（二）审批形式不一

因法律没有明确规定无居民海岛管理部门，以至于长期以来，无居民海岛的管理工作分散到多个部门，职责交叉、条块分割，结果造成了审批部门不一。就法前舟山市无居民海岛开发利用状况的调查显示：有的是按照 2003 年 7 月 1 日施行的《无居民海岛保护与利用管理规定》进行审批的；有的是经过海洋渔业局、土管局、城建局、农林局等相关部门批准，并颁发有林权证、土地证、滩涂证等相关权证的；有的是村集体通过租赁合同对外出租的；还有一些无居民海岛的开发利用甚至是无任何审批手续的。

因职能交叉、多头管理，使实际管理难以到位，局部产生了开发利用无序、无度的现象，严重破坏了无居民海岛的生态环境。在此情形下，《海岛保护法》的出台对无居民海岛的开发利用进行统一规划、管理，是很有必要的。

三、《海岛保护法》施行前已开发利用的无居民海岛面临的现实问题

如上所述，《海岛保护法》施行前，舟山市的大量无居民海岛业经开发利用，而根据我国公布的第一批可开发利用无居民海岛名录，舟山市仅 10 个无居民海岛可通过审批进行开发利用。由此，《海岛保护法》施行前已开发利用的无居民海岛将面临以下现实问题：

（1）已获批准的无居民海岛开发项目能否继续开发利用，取决于是否符合海岛保护规划。根据《无居民海岛保护与利用管理规定》审批通过且已开发利用的无居民海岛在新法施行后能否继续开发，《无居民海岛使用申请审批试行

办法》对此作出了明确规定。该法第四条第（四）款规定："《海岛保护法》实施前,已经获得批准的无居民海岛使用项目,凡符合海岛保护规划的,由县级（市级）政府补编无居民海岛保护和利用规划,并由国家海洋局或省级海洋主管部门补办无居民海岛使用手续,不再进行论证评审,但需提交无居民海岛使用申请书和无居民海岛开发利用具体方案,补缴无居民海岛使用金差价;不符合海岛保护规划的,不得办理无居民海岛使用手续。"据此,是否符合海岛保护规划,成了该类无居民海岛能否继续开发利用的关键。但海岛保护规划至今未出台,使上述无居民海岛的开发与否难以界定。

(2)《海岛保护法》施行前,各职能部门颁发的权证是否有效。《海岛保护法》明确规定无居民海岛为国家所有,无居民海岛的开发利用应报国务院或省、自治区、直辖市人民政府审批。但在新法施行前,舟山市各县区人民政府已将一些无居民海岛的山林、土地确权给单位或个人,且各主管部门如海洋渔业局、土管局、农林局等业已颁布了滩涂证、土地证、林权证等相关权证。新法施行后,此类权证是否继续有效,相关部门还未出台政策。

(3)《海岛保护法》施行前,将无居民海岛租赁给单位或个人,该部分通过租赁合同取得无居民海岛开发使用权的,在新法施行后,又当如何处置,目前也未有相关政策出台。

(4)对于未经任何审批手续、无任何权证,私自开发利用无居海岛行为,《海岛保护法》施行后又该如何处理,有关政策也未明确。

四、《海岛保护法》施行后,妥善解决已开发利用无居民海岛之建议

《海岛保护法》施行后,如果按照法律规定,一律禁止未批准开发利用的无居民海岛的开发利用行为,必定会损害已开发利用无居民海岛主体的利益,若不能妥善解决,必定会引起纠纷,甚至会引发群体性事件,不利于社会的稳定。如何在新法实施后,妥善解决现实与法律的矛盾,笔者提出如下建议:

(一)新法施行前审批手续齐全已在开发利用的无居民海岛的处理

应当尽快制定海岛保护规划,为已在开发利用的无居民海岛是否符合海岛保护规划的界定提供法律依据。

(二)新法施行前,经海洋渔业局、土管局、农林局等相关部门批准且颁发有相关权证的无居民海岛的处理

(1)对于部分投入较大、环境污染不严重,继续使用不会造成海岛及周边海域生态环境破坏的无居民海岛的使用,政府有关部门可积极向上争取,尽量将

其纳入可开发利用无居民海岛范围内。

(2)对于部分确实严重影响环境、目前投入也不大的无居民海岛,可以根据《中华人民共和国行政许可法》第八条"行政许可所依据的法律、法规、规章修改或者废止,或者准予行政许可所依据的客观情况发生重大变化的,为了公共利益的需要,行政机关可以依法变更或者撤回已经生效的行政许可"之规定,办理权证撤回手续。鉴于此举或将使无居民海岛使用者面临经济损失,且涉及面较广。因此,建议政府部门事前召集该部分海岛开发使用者,协商权证撤回后的补偿问题,妥善处理。

(三)新法施行前,通过租赁合同形式取得无居民海岛使用权的处理

(1)协商解除合同。按照《合同法》第九十三条规定,当事人协商一致,可以解除合同。因此,无居民海岛使用权租赁合同双方可考虑协商解除合同,减少损失。

(2)单方解除合同。根据《合同法》第九十四条第(一)项的规定,因不可抗力致使不能实现合同目的的,一方当事人可以解除合同。不可抗力是指合同订立时不能预见、不能避免并不能克服的客观情况。引起不可抗力的,包括洪水、暴风、地震、干旱等人类无法控制的自然原因及战争、罢工、政府禁止令、法律变化等引起的社会原因。《海岛保护法》的施行使无居民海岛租赁合同将无法继续履行,因此,对那些没有履行或者没有履行完毕的无居民海岛租赁合同,出租方有权引用不可抗力条款行使法定的解除权而使合同的权利义务终止。但出租方据该条解除合同后,可以综合考虑使用方投入数量、余下使用年限、造成的实际损失等情况,给予适当补偿。就补偿数额,双方可先行协商,协商不成的,可诉讼解决。

(四)私自开发无居民海岛行为的处理

对于未经审批私自开发无居民海岛的行为,政府部门应当依据新法的规定,禁止其继续开发利用,维持无居民海岛的现状。

五、结束语

继《海岛保护法》后,尽管配套的《无居民海岛使用申请审批试行办法》和《无居民海岛使用金征收使用管理办法》已经出台。但在此新旧交替之际,如何妥善处理新法施行前已开发利用的无居民海岛的工作,切实贯彻《海岛保护法》,已是各级政府急需研究解决的课题。本文旨在抛砖引玉,希望引起各界对无居民海岛的关注,群力群策,更好地解决该问题。

参考文献

［1］马苏群,倪定康,翁良才.论舟山市无人岛屿的开发与管理.浙江海洋学院学报,2000(4).

［2］洪禾,胡玥昕,胡爽.舟山地区无人岛的开发现状及创新发展.中国人口资源与环境,2010(3).

［3］张元和,苗永生,孔梅等.关注无人岛——浙江省无人岛的开发与管理.中国人口资源与环境,2008(7).

作者简介

商英,女,复旦大学法律专业本科毕业,六和(舟山)律师事务所律师,主要擅长民商事、劳动争议、行政诉讼领域法律事务。

王玮君,女,法学学士,六和(舟山)律师事务所专职律师。主要办理民商事、公司等诉讼与非诉讼法律事务。

其他类

充分发挥律师在服务浙江舟山群岛新区建设中的积极作用

郑金都

【摘要】 浙江舟山群岛新区建设,本质上是法治的环境条件下进行的社会主义市场经济活动,不仅需要充分发挥政府的主导作用、企业的主体地位和社会中介服务机构的服务保障作用,而且需要充分发挥律师在服务浙江舟山群岛新区建设中的不可替代作用,尤其是要充分发挥律师在浙江舟山群岛新区的立法完善、政府依法行政、企业规范发展、制度管理创新以及社会维稳等方面的积极作用,这对于依法、规范、有序推进浙江舟山群岛新区的发展具有重要的意义。

【关键词】 浙江舟山群岛新区 律师 作用

近年来,党中央、国务院和浙江省委、省政府高度重视舟山群岛新区的开发工作,新近陆续出台一系列文件就加快推进浙江舟山群岛新区建设作出了安排部署。特别是 2011 年 7 月 7 日,国务院正式批准设立浙江舟山群岛新区,切实把浙江舟山群岛新区的建设摆到推进实施国家区域发展总体战略、海洋发展战略和"十二五"规划纲要的高度予以决策、进行安排和贯彻实施。同时,我们应当看到,浙江舟山群岛新区建设,是在我国改革开放 30 多年成功经验积累、深入推进社会主义市场经济建设和世界经济融合度不断提高的时代大背景下开展的经济社会建设实践,不仅需要充分发挥政府的主导作用、企业的主体地位、社会中介服务机构的服务和保障作用,而且还需要充分发挥律师在服务和推动浙江舟山群岛新区建设中的重要作用。

一、推动浙江舟山群岛新区内规章制度的完善

浙江舟山群岛新区建设,是在中央和地方政策支撑下推进的经济建设,在政策先行的同时需要相关法规和配套制度的同行。然而,纵观我国海洋经济建

设和发展中所涉及的相关法律法规,宏观指导的较多,微观操作的较少,地方立法明显滞后,操作层面的制度规范更是缺乏。诸如,在海域使用管理、海岛开发建设和保护等领域,尚未制定海域使用管理和海岛申请、开发、招投标、建设、保护等方面的地方性规章制度。律师作为具体法律服务提供者,可以在地方性规章制度的起草和完善上发挥积极的作用,一方面律师在服务浙江舟山群岛新区内企业和提供法律服务过程中,深明实践要领和弊端,了解问题症结和困难;另一方面律师熟悉国家法律法规,掌握法规要义、制度设计要领,可以通过参与提出地方性规章制度完善的意见和建议,促进综合开放试验区内规章制度的不断完善。

二、促进浙江舟山群岛新区内政府的依法行政工作

浙江舟山群岛新区建设,是在社会主义法治条件下进行的社会主义现代化建设实践,一方面离不开完善的法治环境和市场主体的规范运作,另一方面也离不开政府依法行政、严格监督,避免政府行政部门因违法行政而侵害社会公众合法权益,以维护综合开发实验区内公开、公平、公正、自由的市场竞争秩序和环境。律师可以在推动和促进政府依法行政方面发挥以下方面的积极作用:一是律师可以通过接受当事人委托,依法参与舟山群岛新区内大宗商品储运中转加工交易中心建设、海洋产业基地开发、海洋基础设施建设等领域的法律服务,积极推动政府主管部门在行政审批、监督管理、行政复议等方面的依法规范行政;二是政府行政部门可以通过采取聘用律师参加日常行政管理、业务咨询、项目听证或购买具体事项法律服务等方式,促进政府行政管理部门依法规范行政,同时弥补政府部分公务人员的知识和能力缺陷以及预防腐败行为的发生。

三、推进浙江舟山群岛新区内企业的合法规范发展

企业是浙江舟山群岛新区建设的主体,是推进浙江舟山群岛新区发展的重要力量。律师可以综合运用和充分发挥自身优势,引导企业牢固树立"不打官司请律师"的理念,充分发挥律师在加强企业与政府沟通联系的桥梁纽带、企业合法合规经营的参谋助手和企业处理矛盾纠纷的行家能手作用,推动企业依法、规范、健康发展。一是律师可以充分利用政府搭建的平台,通过座谈会、报告会、巡回演讲、意见建议等形式,向企业宣传国家法律法规和海洋经济政策,及时收集和全面反映企业的合理合法要求,切实发挥律师在企业加强与政府沟通联系方面的桥梁纽带作用;二是律师可以充分运用熟悉国家法律法规、行业发展动态以及浙江舟山群岛新区的特殊政策和优惠措施的优势,成为企业制定发展规划、依法经营决策、落实重大项目方面的参谋和助手;三是律师可以通过参与公司治理结构梳理、业务审查、劳资纠纷处理、合同管理、债权债务处理等

企业事务和纠纷的处理,引导企业在法律的框架内通过诉讼和非诉讼的方法理性地处理与政府主管部门及其他市场主体之间的矛盾纠纷,最大限度地维护企业的合法权益。

四、提升浙江舟山群岛新区制度管理等创新工作水平

浙江舟山群岛新区建设要突出科学发展的主题和转变经济发展方式的主线,通过深化改革、扩大开放、科技创新,不断推进制度、管理和技术创新,加快产业结构转型升级,为建设综合实力强、核心竞争力突出、空间配置合理、生态环境良好、体制机制灵活的浙江海洋经济发展的先导区、海洋综合开发试验区和长江三角洲地区经济发展的重要增长极贡献力量。律师作为通晓法理、精通法律、善于实务的专业人士,可以通过充分运用熟悉法律理论和实践操作的优势,参与到浙江舟山群岛新区内的行政执法制度、审批制度、程序制度及企业规章制度等制度创新中去,参加到浙江舟山群岛新区内的行政管理、公共管理、社会管理和企业管理等管理创新中去,投入到浙江舟山群岛新区内的科技创新、知识产权保护等自主创新中去,不断提升浙江舟山群岛新区内的制度创新、管理创新和自主创新等工作水平。

五、协助做好浙江舟山群岛新区内的维稳工作

发展是第一要务,稳定是第一责任。浙江舟山群岛新区的和谐稳定,不仅关系到舟山经济社会发展的全局,而且关系到浙江改革发展稳定的大局,是各级党委政府的首要政治责任。然而,在浙江舟山群岛新区的开发、开放和发展过程中,涉及利益分配、环境污染、征地拆迁等纠纷不可避免,稍有不慎极易引发群体性事件,严重影响社会的和谐稳定。律师作为中国特色社会主义法律工作者,既有义务维护社会的和谐稳定,也有职责依法维护当事人的合法权益。因此,律师可以通过依法接受当事人委托,参与到群体性事件的处置中来,律师的相对中立地位可以缓解当事人的对立对抗和抵触情绪,切实把社会矛盾纠纷的化解纳入法治轨道,在依法维护当事人合法权益的同时,最大限度地维护社会的和谐稳定大局。

作者简介

郑金都,男,原杭州大学(现浙江大学)法学学士,中国政法大学法学硕士,美国密苏里大学法学院访问学者,六和律师事务所主任,一级律师。主要服务领域为公司、金融保险、涉外等诉讼与非诉讼法律业务。

打造有理想、有特色、有文化的律师事务所

郑金都

1998 年 12 月,我与俞国根、李静、朱亚元三位原杭州大学法律系同事一同创办了六和律师事务所,到 2011 年刚好 13 年,13 年来,六和如新生的幼儿般茁壮成长,从原本仅有的 8 人的小所发展成现拥有 160 多名律师及助理的大所,连续两届蝉联全国优秀律师事务所,是浙江律师行业唯一的被浙江省政府列入"浙江省服务业重点企业"的律所,被 ALB 评为"2010 年中国发展最迅速的十家律师事务所"和"长三角地区律师事务所大奖"。不管是在业务收入、行业影响力、社会知名度等方面都有了长足的进步,六和现已成为在全国有一定影响力的浙江省律师界的一块名牌。六和的快速发展,超出了本人的预期,同时也吸引了很多律师同行、法律界专家的瞩目,很多人来向笔者请教六和成功的秘诀。对此,笔者从不隐瞒,因为作为一个律师人,笔者不仅希望自己所在的律师事务所办好,也希望同行的其他事务所办好,笔者深深地感受到六和的发展离不开整个律师行业水平的提高,只有整个行业水平提高了,六和才能获得更大的发展。作为六和的创始人之一,笔者亲历了六和成长的每一步,而对于六和发展快速、成绩斐然的原因,笔者想用六句话来概括:六和目标吸引人、六和平台成长人、六和制度管理人、六和业务成就人、六和文化凝聚人、六和品牌塑造人。从成立那天起,六和就立志做一家有理想、有特色、有文化的律师事务所。

一、以理想树品牌

(一)六和目标吸引人

六和在成立之初(1998 年 12 月)就制定了十年发展纲要(1999—2008 年)和三年、五年、十年发展规划,确定了"高层次、规模化、国际化"的发展目标。2008 年,六和第一个十年发展规划顺利完成。同年,六和制定了第二个十年(2009—2018 年)发展纲要,确立了集团化发展目标,争取用十年左右时间,把六和建设成为国内一流、亚洲有较大影响,与国际接轨的高层次、规模化、规范化、

现代化的有特色的大型综合性国际律师集团。

科学的发展规划,明确的发展目标,引领着六和快速、稳步成长。立所 13 年来,六和所业务创收逐年增长。舟山、义乌两家分所先后设立,2005 年、2008 年连续两度荣获中国律师界的最高荣誉——全国优秀律师事务所,圆满完成了第一个十年的发展目标。目前,六和人正为第二个十年发展目标努力奋斗。

(二)六和平台成长人

共同的执业理想,一致的发展目标,也使来自全国 20 多个省市的精英源源不断地汇集在六和,六和律师队伍不断发展壮大,现有律师、助理 160 多人,其中半数以上具有研究生学历,部分律师曾是著名高校、政府机关、公检法等部门的中、高级人才,部分律师拥有注册会计师、税务师、工程师、经济师、专利代理人等专业资格。

六和强调专业化发展、团队合作,并鼓励每一个六和人与六和一起成长。在六和,每位员工不论律师、助理还是行政人员都能找到发挥自身才能的地方和清晰的上升途径。年轻律师从律师助理做起,取得到律师执业资格证以后逐步从助理律师成长为骨干律师、不分红合伙人、最后有可能成为六和的分红合伙人。而六和也为事务所的行政人员规划了成长模式:行政人员从普通文员做起,逐步从主管升职为部门副经理直至经理。六和提倡“和谐”的人际关系,表现为:律师为客户,行政为律师,律师尊重行政,而事务所给予行政较好待遇。

二、以特色求卓越

(一)六和制度管理人

立所以来,六和不断吸收同行及企业的先进管理理念和方法,形成了一套完整、规范、有效的管理模式,拥有较为完备、系统的规章制度,包括 36 项行政管理制度、19 项业务管理制度和 9 项财务管理制度,如信息数据备份保存制度、利益冲突审查制度、法律援助管理制度、法律顾问工作管理制度、证券业务操作规程等。这些制度随着事务所的不断发展而臻于完善,使事务所的管理有章可循。

六和还按照科学化、专业化及与国际接轨的管理要求设置内部机构,如合伙人会议、管委会、所务委员会等。合伙人会议按章程定期召开,每年不少于两次,讨论决定事务所的重大事宜;管委会负责日常管理,会议至少每月一次;所务委员会由全体员工民主选举产生,每季度召开一次会议。此外,六和还颇具中国特色地设有党支部、团支部、妇工委等机构,负责员工的思想政治工作、事务所的文化建设等,定期组织和开展相关活动。

六和也十分重视党支部的建设工作。六和党支部始终坚持把党建工作与事务所发展相融合,充分发挥党支部和党员律师在政治上的核心和保证作用、业务上的推动和骨干作用、人才培养上的示范和指导作用、管理上的参谋和协调作用、文化建设上的引领和凝聚作用、社会责任承担上的奉献和带头作用,很好地促进了六和的发展及良好品牌形象的树立。六和党支部也被浙江省政法委授予"先进基层党组织"荣誉称号。2010 年 7 月 30 日,六和党支部作为浙江省律师行业优秀基层党组织代表还在司法部举行的"全国律师行业基层党组织和党员创先争优活动座谈会"上做经验介绍,参加此次会议的律所全国仅 10家,在会上作经验介绍的律所全国仅 2 家,六和则是其中之一。

(二)六和业务成就人

作为浙江本土的律师事务所,六和首先将自身的客户定位为浙商,并提出"服务浙商,浙商到哪里,我们的服务延伸到哪里"的口号。目前,六和已与 1000多家浙商企业建立了固定的法律服务关系,已成为浙商"法律的顾问,经营的参谋"。在客户群体不断扩大的同时,六和致力于做有业务特色、有专业品牌的综合性大所。六和自成立以来便引导客户"不打官司请律师",倡导客户非诉讼法律消费,并将业务定位为以法律顾问为基础,以非诉讼为主,以诉讼和仲裁为辅。六和致力于成为客户的"法律风险防范专家"。目前,六和已为 500 多家客户提供常年法律顾问服务,并创造性地实施每月法律法规提示、新法或案例专项提示、法律顾问建议书、新法专项培训、六和讲坛等特色法律服务,为客户防范和化解了法律风险,提高了市场竞争力。六和的"法律顾问"服务已成为客户优选的强势品牌。在提供法律顾问服务的基础上,六和在国内律师界率先研发出了颇具特色的法律顾问服务衍生产品——"法律体检",有效防范和化解企业法律风险,在应对金融危机、维护浙江省经济安全和社会稳定中发挥了积极作用,得到司法部、中华全国律协的肯定和推广。同时,根据客户、市场的需求以及人员情况,六和设置了 11 个专业部门,每年按专业部门划拨专业发展经费,专业业务优先考虑专业人员操作,主要侧重公司与证券、金融与保险、基础设施与建筑房地产、网络与知识产权、涉外等非诉讼业务的发展。通过十余年的发展,这些业务都已成为六和非诉领域的品牌产品,在其各自的法律服务市场占据了一席之地并产生了较大的影响。

三、以文化聚人心

(一)六和文化凝聚人

所名"六和",体现的是六和的价值观。"六和"是"六和敬"的简称,典出佛教《佛说息诤因缘经》,具体是指"身和同住、口和无诤、意和同悦、戒和同修、见和同解、利和同均"。秉承着"和"的价值观,六和成就了自己独特的"六和文化"。

六和的员工来自全国20多个省市和浙江省各个地区,为了让事务所的员工能拥有轻松愉快的工作氛围、融洽和睦的人际环境,产生凝聚力和归属感,六和重点抓"12312亲情工程"建设——每年一只生日蛋糕,两年一次员工出省或出境旅游,每年三八妇女节、五四青年节、中秋佳节三个节日组织活动,一次新春团拜,两年一次体检。此外,六和还积极开展"六和人文"系列讲座以及篮球赛、羽毛球赛等文化体育活动,丰富了员工的业余生活。

而作为浙江律师界的代表,六和义不容辞地承担起自己的社会责任。首先,六和积极服务浙江社会经济平稳较快发展,如为重大建设项目、重点民营企业提供法律服务;担任上海世博会比利时——欧盟馆的法律顾问,组织省内建筑、房地产行业代表参加世博会绿色环保建筑论坛;参加"浙江省对外贸易预警示范点律师服务团",为预警点及参与企业提供法律咨询和法律服务;参加"浙江知识产权宣传巡回演讲"活动,提升企业知识产权保护意识;响应浙江省委省政府关于支援新疆的号召,前往新疆为新疆各族律师免费开展法律讲座等。其次,六和积极投身公益活动,关注民生服务群众。作为"浙江杭州12355青少年服务台"和"浙江省消费维权律师支援团"的成员单位,为青少年、消费者免费提供法律咨询和维权服务;制定专门的法律援助制度,办理法律援助案件数百件;参加"律师进社区"、送法下农村进监狱等活动,为基层百姓做好普法宣传;参与各级人大、政府、政协的立法听证和民生问题的建言献策活动;参加律师信访值班,为上访群众提供法律咨询,做好上访人员息访工作。此外,在成立十周年之际,六和捐出30万元人民币援建六和律师希望小学,这是浙江省第一家律师希望小学。而在5·12汶川地震和4·14玉树地震等社会重大灾难事件发生后,我们也在第一时间发出募捐倡议书,捐款捐物。

(二)六和品牌塑造人

在为客户提供优质、高效的法律服务的同时,六和注重自身品牌的建设。通过担任浙江广电集团以及省内多家知名平面媒体的常年法律顾问,为中央电视台和地方各级媒体的法制相关栏目提供免费法律服务等方式,六和全方位、立体式地向社会公众展示六和的风采。在硬件建设方面,六和2008年起入驻杭城顶级写字楼——公元大厦,组建了事务所内部局域网、数据库、即时办公系统等现代办公系统,建设有六和网站中英文版,并请专业设计公司进行了形象识别系统(VI)的整套设计。此外,六和还设立了研究室,编辑出版《六和律师》、《每月提示》、《每周法律法规提示》、《每月简讯》、《六和信息简报》等刊物和交流资料。这些都为六和律师的执业创造了良好的条件,也在六和与社会公众之间形成了良好的互动,起到了很好的品牌宣传效果。

作为六和的创始人之一,十三年来,笔者见证着六和的成长,感慨万千。六和的十三年,是朝着理想勇往直前的十三年,是走有六和特色发展道路的十三年,是秉承"六和"的文化广纳人才、服务社会的十三年。对于取得的成绩,六和人并不满足,正所谓"路漫漫其修远兮,吾将上下而求索",六和将抓住机遇,努力奋斗,朝着"百年六和"的梦想继续前行!

作者简介

郑金都,男,原杭州大学(现浙江大学)法学学士,中国政法大学法学硕士,美国密苏里大学法学院访问学者,六和律师事务所主任,一级律师。主要服务领域为公司、金融保险、涉外等诉讼与非诉讼法律业务。

恪守诚信 规范执业

万剑飞 寿宝金

【摘要】 诚实守信和规范执业，蕴含了中华民族的传统美德和市场经济主体的活动要求，体现了律师维护当事人合法权益和保障社会公平正义的庄重承诺。恪守诚信，作为现代法律制度的一项基本原则，是全社会的基本行为规范和价值准则，包含了律师对当事人、办案机关和律师同行的特殊诚信要求。规范执业，作为对律师执业的一项基本要求，是现代社会法治文明的重要表征，涵盖了律师进行诉讼和非诉业务的基本要求。律师诚实守信和规范执业，既需要律师自身提升内在职业素养，也需要外部加强对律师工作的监督管理。

【关键词】 诚信 规范 律师 执业

自我国律师制度建立以来，广大律师忠于国家法律、诚实守信、勤勉尽责、规范执业，为推进我国民主法治建设和维护国家改革发展稳定大局作出了重要贡献。同时，由于受各种因素的影响和制约，现实中还存在一些律师执业不诚信不规范的现象，诸如一些律师对当事人的委托事项敷衍塞责、私自收费，甚至参与虚假诉讼和伪造证据等违法犯罪行为。这些现象和行为虽然是极少数，但其存在对我国律师制度的负面影响极大和危害性极严重，不能不引起我们的高度重视。实践证明，我国广大律师只有在执业中恪守诚信、规范执业，才能牢固树立诚信为本、优质规范理念，才能积极塑造良好外在形象和执业声誉，才能充分发挥律师制度在社会主义法制建设中的重要作用。

一、恪守诚信是律师执业活动的基本要求

恪守诚信，是中华民族的优良传统美德、基本行为规范和价值准则，是律师执业的基本道德底线和根本法律要求，是我国律师事业顺利发展的生命线和保障线。

（一）诚信的思想文化基础

在中华民族五千年的历史长廊中，诚信文化始终是我们伟大民族传统文化的重要组成部分。"言而无信，不知其可也"、"言必信"、"行必果"等诚信理念历久弥新，成为炎黄子孙生生不息、薪火相传的精神血脉和文化精髓。自新中国成立 60 年来，党和政府高度重视全社会诚信理念的培育和诚信文化的建设，特别是当前在我国思想文化建设的重要时期，胡锦涛总书记倡导提出新时期"八荣八耻"的社会主义荣辱观，其中就有"以诚实守信为荣，以见利忘义为耻"内容，以突出加强社会主义核心价值体系建设。可见，诚实守信作为社会主义思想文化建设的重要内容和载体，早已纳入社会基本职业道德规范建设和调整的各个领域，融入社会主义思想文化和精神文明建设的伟大实践。社会各行各业都要自觉培育诚实守信的理念，始终把诚信作为市场活动主体判断是非得失、确定价值取向、作出道德选择的基本行为规范和价值准则，使之成为全民族奋发向上的精神力量和团结奋斗的精神纽带。

（二）诚信的法律规范底线

诚信的规范效力可追溯至古代的交易习惯和伦理道德规范。随着人类社会生产力的发展和民主政治进程的推进，特别是进入现代民主法治社会，诚信规范内容已涵盖公法、私法和实体法、程序法，成为立法、司法及法理研究领域的重要原则和基本规范，调整和维护着社会政治、经济、文化的各个方面。我国《民法通则》在基本原则中规定"诚信原则"，作为市场经济活动主体在交易活动中行使权利、履行义务的"帝皇原则"。此外，我国《合同法》、《公司法》、《保险法》等调整市场经济活动的重要法律，在总则或基本原则中都有"诚实信用"、"诚实守信"的规定，在具体条文制定过程中充分体现和表达对活动主体诚信行为产生积极结果的肯定法律评价，以及对违反诚信的欺诈行为引起消极结果的否定法律评价。同时，我国《刑法》中有"虚报注册资本罪"、"提供虚假财会报告罪"、"贷款诈骗罪"等条文的规定，体现了国家和社会对于严重违反诚实信用原则行为采取剥夺行为人财产、自由甚至生命的严厉制裁。同样，我国行政法律法规中也有对行政机关抽象行政行为和具体行政行为诚信原则的体现，以确立和保护公民对政府的信赖利益。

（三）律师执业对诚信的特殊要求

诚信，是律师的基本道德底线和根本职业要求。律师在执业活动过程中，应按照法律法规的规定和要求，在委托人授权范围内尽最大努力和诚信，以维护委托人的合法权益和国家法律的正确实施,体现了国家、社会和当事人对律师诚信执业的特殊要求。第一,律师要忠于宪法与法律,坚持党的社会主义初级阶段的基本路线、方针和政策,牢固树立法律至上的信念,坚持以事实为依据,以法律为准绳,正确地理解、准确地适用法律,维护国家、社会和当事人各方利益平衡。第二,律师要忠于职守,坚持依法独立执业,坚决抵制和克服各种非法干扰,忠实维护国家法律与社会正义。第三,律师执业本身具有特殊性,法律赋予律师搜集证据和调查取证的权利,律师在执业过程中获悉的当事人秘密和了解的当事人隐私,不得以任何理由泄露。第四,律师诚信的特殊要求,还体现在律师接受当事人委托、参加各类诉讼、进行调解仲裁等过程中,必须恪尽职守、诚信执业、谦虚谨慎,以取得客户的信任、赢得办案机关的尊重和获得律师同行的理解。

一是要做到对当事人的诚信。律师应当忠诚于委托人,向委托人讲真话、说实话,拒绝忽悠和欺骗,体现在接受当事人委托、办理当事人案件的过程中,忠实于委托人、全面履行委托职责、审慎处理委托事务。在接受当事人委托后,无论委托事项大小难易,无论案件收费多少,无论委托人富贵贫贱,都要一视同仁、勤勤恳恳、恪尽职守。其实,律师承办案件就像医生医治病人。对于律师来说,受托的事项可能只是其承办的成百上千案件中的一个,对委托人来说,则可能是他一生中的重大事项,事关其财产、家庭、事业、自由乃至生命。因此,受托律师应当高度重视、认真对待、审慎处理,努力把委托人的事当做自己的事来办,切实把每个案件当做第一个案件来办,真正倾注心血和汗水,认真付出艰辛和努力,以最大限度地维护当事人的合法权益。

二是要做到对办案机关的诚信。律师应当忠实于国家宪法和法律,尊重公安、检察、法院等司法和行政机关依法履行职责,不得从事或者协助、诱使他人从事欺骗和欺诈等行为,确保国家法律的正确实施和社会的公平正义。律师在接受当事人委托,办理案件和解决纠纷过程中,应当诚实守信,严禁策划和指使诉讼当事人恶意串通,采取虚构法律关系、捏造案件事实方式提起民事诉讼,或者利用虚假仲裁裁决、公证文书申请执行,使法院作出错误裁判或执行,以获取非法利益。律师在民事、刑事、行政诉讼过程中,不得为牟取不正当利益,故意唆使、协助当事人隐匿、毁灭、伪造证据,扰乱或严重影响司法机关依法履行职责。

三是要做到对律师同行的诚信。从本质上说,我国律师都是中国特色社会主义的法律工作者,不仅要做到对当事人和办案机关讲诚信,而且还要做到对具有共同理想和事业、肩负着同样职责和使命的同行讲诚信。律师之间应相互尊重、坦诚相待,不得在公共场合和传媒上故意贬低、诽谤和损害同行声誉,不得通过贬损和诋毁同行而故意抬高、标榜自己,不得对同行依法执业行为进行挖苦、讽刺或干涉。律师开展业务过程中不得违反自愿、平等、诚信原则和律师执业行为规范,不得违反法律服务市场及律师行业公认的行业准则,使用互相拆台、损人利己、弄虚作假等不正当手段方式抢夺客户和争取业务资源。

二、规范是律师执业发展的基本前提

规范执业,是社会主义市场经济对市场活动主体的基本要求和行为规范,是律师执业活动的基本前提和可靠保障,是促进我国律师事业兴旺与发达的基础和源泉。

(一)律师基本行为规范

律师作为法律服务的提供者,除要遵守普通公民应当遵守的行为规范外,还应当遵守律师职业身份所需求的行为规范。律师基本行为规范的内容,涉及律师在接受当事人委托、参加诉讼、仲裁和谈判过程中的言、行、举、止等外在表现形式,是律师提供法律服务过程中不可或缺的组成部分,也是现代社会法治文明的重要表征之一。因为,律师与众不同的服饰、简洁准确的语言、庄重文雅的举止等基本行为规范,不仅可以充分展示律师自身的渊博学识、风度气度、教养与魅力等个人涵养,而且有助于社会公众强化对司法权威的虔诚和司法公信力的信仰。然而,由于受诸多条件限制以及观念、教育滞后等因素的影响,一些律师在法律服务过程中,穿着装饰不注意形象,讲话逻辑混乱、思路不清,接待客户过程中烟瘾不断,进进出出、电话不断等不规范行为依然客观存在。这不仅会体现律师个人的作风轻浮和工作散漫,而且有损律师在客户或当事人心目中庄重形象,更有甚者会引起当事人对律师工作的怀疑和误解。

(二)律师执业行为规范

按照《律师法》和有关法律法规的规定,律师业务范围主要包括接受委托担任法律顾问和提供非诉讼法律服务,接受民事、刑事、行政案件的诉讼、仲裁和申诉等活动。近年来,随着我国法治环境的改善和法律服务市场的发展,公民、企业和其他社会组织对非诉讼法律服务市场的需求越来越大,"不打官司,也要请律师"理念正在被广泛认同。现在,律师除诉讼活动中按照法定程序和要求进行辩护、代理和发表法律意见,最大限度地维护和争取当事人的合法权益外,在日益广阔的非诉讼法律业务中,律师也将肩负起运用专业的法律知识和丰富的实务操作经验,为当事人提供全方位、宽领域、多层次的专业法律服务。

一是律师的诉讼业务规范。律师担任辩护人、代理人参加法庭和仲裁审理,应当自觉遵守法庭、仲裁纪律,遵守出庭时间、举证时限及其他程序性规定要求,必须按照规定要求着装整洁,文明规范用言,在诉讼或仲裁案件终审前,不得通过传媒或在公开场合发布任何可能被合理地认为损害司法公正的言论。律师不得伪造证据,不能为了诉讼意图或目的,非法改变证据的内容、形式或属性,不得威胁、利诱他人提供虚假证据,不得利用他人的隐私及违法行为胁迫他人提供与实际情况不符的证据材料,不得利用物质或各种非物质利益引诱他人提供虚假证据。

二是律师的非诉业务规范。律师在非诉讼法律服务过程中,应当根据顾问单位的特点和实际情况,努力做好以下几个方面的法律服务工作:一是针对顾问单位的实际问题,提供具体事项的法律咨询,根据需要出具具体事项的法律分析意见或审查意见。二是在顾问单位重大业务活动中,策划和参与顾问单位的业务谈判,及时防范和化解业务中存在的法律风险。三是根据顾问单位的需要,起草、修改和审查各类合同文本。四是要对顾问单位进行定期法律体检,提出健全与完善法人治理结构和内部规章制度的意见建议。五是要对顾问单位定期开展重要法律法规提示、重大案件提醒以及定期或不定期的询问制度。六是做好顾问单位工作记录和常年法律服务工作总结,加强与顾问单位的联系、沟通和汇报。

三、律师恪守诚信和规范执业的保障

律师在执业过程中要做到诚信和规范,不仅需要律师自身通过不断加强学习和训练,提升执业精神、修养和经验,而且需要司法行政机关、律师行业协会和律师事务所建立完善各项规章和考核制度,加强日常工作的监督和管理,切实推进律师诚信、规范执业取得新进展。

(一)不断提升律师内在的执业素养

我国律师作为中国特色社会主义法律工作者,担负着维护当事人合法权益,维护法律正确实施,维护社会公平正义的重责大任。广大律师特别是青年律师,应当从以下几个方面加强法律执业素质养成:一是要加强对职业知识的学习,尤其是要加强对法律专业知识相关的商业、金融、财务等专业知识的学习积累。二是要加强对执业技能的训练,提升文字书写、语言表达和学习、思考、沟通以及自我调节能力。三是要加强职业道德和执业精神的培育,做到诚实守信、勤业敬业、保守秘密,不断提升自己的执业道德和执业修养。四是要注重自身良好执业形象养成,完善外在仪表形象和日常礼仪举止,要让人一看或一听就感觉像是律师。五是要加强执业经验的积累,认真学习周围成功律师的经验做法,勤于反思和认真总结存在的问题,加强业务活动的锻炼。

(二)切实加强律师工作的外部监管

律师要做到恪守诚信和规范执业,是一个循序渐进和长期不懈追求的过程,不仅需要律师自身的努力和不断提高执业素养,而且还需要外部各方加强对律师工作的监督管理。具体来说,包括以下几个方面的内容:一是司法行政机关要充分认识律师恪守诚信和规范执业的重要意义,制定律师队伍诚信、规范执业的具体政策和指导意见,加强对律师诚信、规范执业的专项检查和考核,对做得好的,要进行奖励和表彰,对严重违反的,要进行警示谈话、责令改正和行政处罚。二是律师行业协会要切实加强对律师恪守诚信和规范执业工作的组织领导,要通过深入持久的开展职业道德、执业纪律和行业诚信制度教育等活动,使广大律师牢固树立恪守诚信、规范执业的理念。三是律师事务所要建立健全律师恪守诚信、规范执业的各项规章制度,加强对律师业务活动的工作指导,实施奖优惩劣制度,对律师进行年度考核和评定等次,建立完善律师档案管理制度,积极推动律师诚信和规范执业活动的深入开展,确保取得良好的效果。

参考文献

[1]《中华人民共和国律师法》

[2]《中华全国律师协会章程》

[3]《律师和律师事务所违法行为处罚办法》

[4]《中华全国律师协会律师执业行为规范(试行)》

[5]《中华全国律师协会关于加强律师行业诚信制度建设的意见》

[6]《司法部律师事务所管理办法》

[7]《关于反对律师行业不正当竞争行为的若干规定》

[8]《司法部律师执业管理办法》

[9]《浙江省高级人民法院关于在民事审判中防范和查处虚假诉讼案件的若干意见》

作者简介

万剑飞,男,浙江大学法律专业毕业,六和律师事务所合伙人。主要办理金融保险、公司证券、基础设施与建筑房地产等诉讼及非诉讼法律事务。

寿宝金,男,北京大学法律硕士,六和律师事务所律师助理。

如何做好企业法律顾问工作

戴　筠　王　丹

【摘要】　实务操作过程中,律师作为法律顾问,其含义及工作内容不止于就有关法律问题提供意见,草拟、审查法律文书,代理参加诉讼、调解或者仲裁活动等,律师实务工作已经对"法律顾问"赋予了更深远、更广泛的内涵。同时,就目前企业的发展与运营现状,好的法律顾问已经突显了其不可或缺的重要作用。如何维护、巩固和拓展法律顾问服务是律师尤其是青年律师所必须正视的课题。

【关键词】　企业法律顾问　重要性　法律顾问服务

法律顾问,顾名思义,为法律事务提供顾问服务之意。究其专业定义,有广义和狭义之分。广义而言,具有法律专业知识,接受公民、法人或其他组织的聘请为其提供法律服务的人员,以及法人或其他组织内部设置的法律事务机构中的人员,均为法律顾问;狭义而言,法律顾问是指接受公民、法人或其他组织的聘请为其提供法律服务的执业律师。本文主要侧重对后者中企业法律顾问之职责进行论述。

《中华人民共和国律师法》第二十九条明确规定了律师担任法律顾问所从事的工作:"应当按照约定为委托人就有关法律问题提供意见,草拟、审查法律文书,代理参加诉讼、调解或者仲裁活动,办理委托的其他法律事务,维护委托人的合法权益。"而在实务操作过程中,律师作为法律顾问,其含义及工作内容不止于前述法条所示,律师实务工作已经对"法律顾问"赋予了更深远、更广泛的内涵。同时,就目前企业的发展与运营现状,好的法律顾问已经突显了其不可或缺的重要作用。

我们六和律师事务所的定位是以"提供常年法律顾问服务为基础,非诉讼法律业务为重点",让律师成为客户"经营的参谋,法律的顾问",因此法律顾问服务是我们日常工作的重中之重。作为六和所主任郑金都律师的助理,基于其大量顾问单位,我们在辅助郑律师为顾问单位提供法律顾问服务的同时,对于法律顾问的含义、作用、重要性以及如何做好、巩固和拓展法律顾问工作均有了更为深刻的认识。本文将我们在服务顾问单位过程中所积累的些许经验甚至教训罗列成文，希望各位阅读此文的律师前辈能够加以斧正。

一、法律顾问的重要性

众所周知，企业在整个成长和发展过程中面临着各种风险，如经营风险、管理风险和法律风险等。聘请律师作为法律顾问，运用法律手段，可有效预防、化解各类风险或降低相关风险带来的损害后果，从而提高企业市场竞争力。而律师作为企业法律顾问，在企业日常运营的各个环节中进行合规审核、方案谋划、作为沟通桥梁参与重大项目的谈判、代理各类诉讼、仲裁案件等，可以成为企业防范法律风险、预防纠纷的有效方式，也能够成为实现企业重大决策的保障和企业长远发展的需要。

事实上，法律顾问服务的最重要作用在于防范风险于未然而不仅仅在于风险发生后的诉讼、仲裁等事后救济。"不打官司请律师"是郑金都律师首创的法律顾问服务理念，也是六和所一直主张和倡导的律师服务方式。郑律师数十年来一直担任几十家企业的常年法律顾问，其稳定的客户关系正是对"不打官司请律师"这一理念的正确性的证明。

二、如何维护法律顾问单位

"维护一家顾问单位远比发展一家新的顾问单位容易得多"，是郑金都律师经常讲的一句话，"维护一家顾问单位也并不容易"，这也是郑律师经常告诫我们的，意在指出维护好已有顾问单位的重要性和必要性。如何维护已有的法律顾问单位，也是我们从事法律顾问服务最应研究和思考的问题。我们曾经对顾问单位进行过服务质量调查，结果反馈意见显示，顾问单位最关注的不仅仅是律师的专业知识，更看中敬业程度和沟通能力。如果在为一个顾问单位提供一段时间的服务后，该单位人员并不知道顾问律师是谁或者甚至不知道有顾问律师，那么这种顾问服务一定是失败的。如何维护法律顾问单位，我们认为主要有以下措施。

（一）建立良好的服务理念

对于所谓服务理念，每个人都有不同的理解。但无论何种表述，都可归结为一个词"用心"，即用心为顾问单位提供专业、良好的法律服务。想客户之所想、谨慎细致地对待每一件具体工作、周密考虑、细致耐心等，都是对服务律师的要求。顾问律师应当快速响应客户的要求，通过面谈、电话、网络邮件、传真、特快专递等方式保障与客户的沟通；要随时准备接收客户工作指令。

（二）完善日常法律服务工作

顾问律师需要及时高效地为顾问单位提供常规的日常法律服务工作，如：文本审核、起草；解答咨询；就具体事宜出具书面分析意见；参与重大项目；代理诉讼仲裁等。此外，顾问律师还应拓展服务方式，更新服务意识，想顾问单位之所想，适时向其提供具有针对性的专业服务，比如我们在日常法律服务工作过程中会提供诸多增值服务，主要有以下几方面。

1. 提供《每月提示》

六和所每月向顾问单位寄送本所自行编撰的《每月提示》，通过对当月最新法律法规进行解读，就相关风险及问题作出提示，让顾问单位随时了解法律法规的变化，并提出应对建议。《每月提示》深得顾问单位的好评。

2. 提供法律法规解读

平时积极关注新的法律法规、规范性文件甚至相关政策的出台，就有价值的相关法律法规等以新法或案例专项提示的方式，向顾问单位进行解读。通过新法专项提示，让顾问单位更好地适应法律环境的变化。

3. 提供案例提示

有针对性地就典型案例向顾问单位作专项提示，从而让顾问单位能够防患于未然，规避风险，防止重蹈覆辙。

4. 提供法律培训

就新的相关法律法规等向顾问单位提供专项法律培训（六和所曾就新《公司法》、《物权法》、《劳动合同法》、《刑法修正案》、《新保险法》等向不同的法律顾问单位提供了具有针对性的专项法律培训）。而针对各个顾问单位的特点，我们也会为顾问单位量身定做相应法律课程，为其提供有针对性的法律培训。

5. 提供《法律顾问建议书》

日常服务过程中发现顾问单位存在的问题时，我们会及时制作《法律顾问建议书》，提出法律意见和建议，并会根据顾问单位要求提供、制作相关应对方案等。

6. 提供法律体检服务

六和所在国内律师界率先开发出"企业法律体检"专项法律服务产品，我们会针对顾问单位的需求，通过对企业经营管理中的全部或某一领域进行法律审查，评估其中的法律风险，提出排除风险的方案，帮助企业建立健全风险管理体系。

（三）及时进行沟通、定期上门拜访

松下幸之助有句名言："企业管理过去是沟通，现在是沟通，未来还是沟通。"我们认为，提供顾问服务也是沟通再沟通的过程，通过沟通来传递和反馈，来寻求与顾问单位人员达成思想上的共识。

在服务过程中如遇到顾问单位通过邮件发来的、需要我们出具分析意见或方案的具体事宜描述并不清楚，需要不断与相关负责人员进行沟通，在全面了解情况的基础上作出判断。即便没有遇到具体问题，服务过程中也应注意与顾问单位保持紧密联系与沟通，例如可能有的顾问单位在一段时间内并没有具体事务需要处理，但也不应不顾不问，而是需要与其电话或其他方式进行沟通、进行询问。此外，上门拜访在服务过程中也是很重要的，我们基本上会至少每月拜访顾问单位一次，与相关人员进行面对面的沟通、了解他们的需求。

（四）不要轻易对顾问单位说"不"，要针对问题提供解决问题的方案

在服务过程中，顾问单位可能会遇到各种各样的问题要求我们协助解决或出具相关解决方案，其中有部分问题可能根据以往的经验或者约定俗成的方式来看没有解决办法或是会出现不利于顾问单位的结果等，但此时作为顾问律师不能轻易对顾问单位说"不"，而是应当根据实际情况进行多层次的分析，不放过任何一种可能性，在合法合规的前提下，为顾问单位提供相关解决方案。在提出解决方案时，顾问律师不应只满足于为顾问单位提供单一解决方案，而应该针对各种可能性制定不同方案，并向顾问单位分析各个方案的利弊，由顾问单位自行选择适用，由此也可使顾问单位更加器重顾问律师。

（五）让顾问单位看到律师所做的工作

由于顾问律师要面对顾问单位不同层面的人员，因此虽然可能工作量很大，但不同人员只知道顾问律师与其之间的工作内容，可能不知道顾问律师真正的工作量。因此我们需要制作服务工作记录，将服务期间所提供的法律服务及时记录、总结，并于顾问合同到期前制作《常年法律顾问总结汇报》，将律师在此期间所作的所有工作及取得的成果装订成册，提交顾问单位相关负责人，不仅能够使其全面了解顾问律师在顾问年度内所做的所有工作，也可以让其对本单位近段时间的工作作一疏理。我们有的顾问单位，每年度的顾问总结的内容要做到十几页甚至几十页，顾问总结有助于对律师工作的肯定，从而为顺利续签顾问单位打下坚实基础。

（六）严格保密

顾问律师对于工作过程中获得的资料或商业秘密应当严格保密并妥善保管，该资料或秘密事项只用于其工作目的，不得为自己所用或向任何第三方泄露，这也是律师职业道德的基本要求。

三、如何巩固法律顾问服务

飞速发展的经济及法治环境，对法律顾问的服务内容及水平提出了更高的要求，很多企业已经不单单满足于顾问律师提供法律相关的专业知识，同时，还需律师在其经营过程中提出一些相关意见，为其经营决策及运行把关。因此，从事法律顾问服务的律师应审时度势，转变观念，主动参与，将法律顾问工作渗透到企业管理及生产经营、服务的各个方面，是律师提供法律顾问服务的当务之急，做顾问单位"法律上的顾问、经营上的参谋"。

（一）加强自身学习

首先，当然是要加强法律专业学习，法律规定日新月异，应当积极学习最新的法律法规政策；其次，应当加强与顾问单位相关行业的专业学习；最后，还要关注政治、经济、生活等时事信息。只有用各方面知识充实自己，才能充分赢得顾问单位的肯定和信赖。

（二）巩固源自日常良好的维护

巩固源自顾问单位对律师服务的认可，因此极重要的因素还在于日常服务过程中的维护。我们需要通过律师专业敬业的工作精神、规范的工作方式、谨慎保密的工作态度来获得顾问单位的认同。

（三）培养严谨的法律思维

随着社会分工的不断细化，"专业的人做专业的事"这一理念已深入人心。顾问单位希望律师能够提供专业化的服务，也是毋庸置疑的。提供专业化的服务，包括深厚的法律功底，也包括掌握最新的法律法规政策，还包括严谨的法律思维。因为法律范畴是很广泛的，而且法律也是日新月异的，但是只要具备严谨的法律思维，即使在某个问题上没有深入研究或是以前没有遇到过的新问题，也可以运用法律思维作出正确的判断，使顾问单位认可我们的专业知识的同时，也钦佩于我们的严谨思维理念。当然，法律还需要与实践结合，为顾问单位出具法律意见、出谋划策时，不能仅仅从法律规定上作出提示，还需要从操作层面、社会影响等方面加以考虑。

（四）团队合作、专业分工

由于我们六和所是一个综合型律师事务所，顾问法律事务部拥有一批优秀的专业律师，兼备经济、技术、财务管理、企业管理、安全管理等复合型专业知识，同时还聘有多名行业资深专家为高级专业顾问。因此我们可以充分利用这一平台，根据各个顾问单位的特点和要求，将专业、资深的律师充实到各个法律顾问单位服务中，由主办律师负责与企业日常联络和沟通，同时充实有丰富经验的律师及律师助理组成工作团队，全程跟踪为企业提供服务，并辅已律师事务所的强大团队后盾提供支持，为每个客户提供团队式的法律服务，充分确保每个客户的法律服务时间，提升法律服务的质量。

四、如何拓展法律顾问业务

如何拓展法律顾问业务，亦是律所、律师尤其是我们这些年轻律师执业过程中的难题。但仔细研究、总结，也并非无章可循。

第一，从宏观角度，抓住业务时机，确定业务方向。律所及律师应时刻关注经济发展和法制进步的各个节点，具有高度的政治、经济敏感度，把握拓展法律顾问业务的大方向，寻求不同发展时期的一切发展机会。如目前浙江省大力发展海洋经济，建立"浙江省海洋经济发展示范区"，义乌市开展国际贸易综合改革试点等，均是拓展法律顾问业务不可多得的良好机遇。如我们六和所高度重视海洋经济发展示范区规划，设定专门团队对如何为海洋经济发展提供法律服务进行研究并制作方案，未雨绸缪、有的放矢。同时也要注意律所和律师的适当营销，让相关企业了解律所及律师所能提供的法律服务。

第二，从专业和律师自身角度，我们应当具备能够为企业提供日常或重大项目法律服务的专业及其他领域相关知识，其中专业知识不仅仅包括职业知识、执业技能、经验，更包括职业道德与职业精神。机会总是等待有准备的人，在面临机会时如何把握机会？一方面需要过硬的专业素质，另一方面也需要平时点滴的积累，包括敬业程度、人情世故等。深厚的专业功底、丰富的执业经验、良好的职业道德、积极的职业精神是吸引法律顾问单位、拓展法律服务业务的制胜法宝。

第三，从具体角度，根据相关单位的具体要求制作《法律服务意向书》。确定服务的目标企业后，应尽可能地对该企业进行了解，明确企业性质、需要哪方面的法律服务从而确定具体的《法律服务意向书》内容。制作《法律服务意向书》较为重要的一点是要有针对性。无论是服务方式范围、所内相关法律业务部门及其相关业务还是提供法律服务团队成员的简介,均需针对目标企业的具体实际情况进行制定和撰写。虽然《法律服务意向书》有一定的模板格式,但并非放之四海而皆准,需要具体情况具体分析,如为房地产企业制作《法律服务意向书》,相关内容均应与房地产相关;服务律师的相关简介中,应突出曾服务过的房地产相关企业、曾具体操作过的房地产相关项目、相关诉讼、仲裁案件等。

第四,注意跟踪及反馈。在《法律服务意向书》送达目标单位后,应及时跟踪。如通过电话、邮件、上门拜访等形式,就法律服务的具体内容进行沟通。根据沟通结果,可以对《法律服务意向书》内容再行修改,更进一步了解目标企业的需求,也显示律所及律师对目标企业的重视及希望能为其提供法律服务的愿景。

五、防范自身法律风险

在服务过程中,律师会面临不同类型的顾问单位与各种各样的具体事件,其中也必然显在或潜在着各类风险,因此律师也应当注意自身的风险防范。在日常服务过程中应做好服务记录,保存往来邮件及信函等相关资料,以便出现相关问题时可以据此维护自身权益,避免相关风险。

以上是作为新人律师从指导老师郑金都律师处得来的一些宝贵经验,也有从为顾问单位提供日常法律服务过程中积累的一些浅见,希望能与各位同行进行经验交流与探讨,不足之处还望指正。同时,随着六和所"法律顾问"服务已经成为客户优选的强势品牌,我们也将以此为契机,努力发挥更大的作用,为顾问单位提供更优良的法律服务。

作者简介

戴筠,女,华东政法大学法律硕士,六和律师事务所专职律师。主要从事房地产、公司、金融等法律事务及非诉讼法律事务。

王丹,女,中国人民大学法律硕士,六和律师事务所专职律师。主要办理保险、合同、劳动人事、公司等各类民商事诉讼及非诉讼法律业务。

"义乌试点"下律所建设初探

吴永能

【摘要】 律师事务所肩负着法律服务的主要重任,义乌的律师事务所和律师队伍其综合素质虽然已经为同行所敬仰,但与义乌社会经济发展的需求仍是相距甚远。"义乌试点"历史条件下,义乌的律师事务所亟须通过现代管理实现转型和升级,为行业发展和地方社会经济发展承担起历史使命。

【关键词】 义乌试点　律师　律师事务所　现代管理

一、"义乌试点"前夕法律服务业与全市社会救济发展"家底"比较

义乌市现有律师事务所 27 家,其中合伙所 17 家,个人所 10 家。有 7 家律师事务所执业律师超过 15 人。全市执业律师 280 多名,实习律师 40 多名。2010 年,全市律师事务所共办理民事案件 7506 件,行政案件 267 件,刑事案件 1018 件,非诉案件 472 件,顾问单位 759 家。全年收费 8381 万元,其中收费超 1000 万元的一家。

与以上法律服务业"家底"相比较,2010 年义乌市社会经济发展的"家底"是:本地人口 74 万人,外来人口 150 多万人。三大产业中仅以第三产业为例,商贸经济,社会消费品零售总额实现 290.4 亿元;旅游产业,共接待游客 810.78 万人次,其中境外游客 45.01 万人次,旅游总收入达到 88 亿元;房地产业,开发完成 52.1 亿元,商品房销售面积 87 万平方米,销售金额 67.6 亿元;金融证券业,本外币存款余额 1500.5 亿元,贷款余额 1062.9 亿元,证券成交额 6915.4 亿元;物流业,经营面积超过 105 万平方米,年发货量 2885.425 万吨,物流从业人员近 16 万人,境内通行货车 3 万多辆,其中集装箱运输卡车 5268 辆,海关监管集装箱出口 57.6 万个标箱;会展业,会展活动 128 个,参展企业 12285 家,观众人数 92 万人次,成交额 271.43 亿元。

通过以上对比,虽然义乌的法律服务在同行业内早已堪称出色,律师数量

及业绩甚至已超出省内不少地级市,但相对于地方经济社会发展需求,义乌的法律服务还有太长的路要走。2011年3月4日,国务院发文批复《浙江省义乌市国际贸易综合改革试点总体方案》(国函〔2011〕22号)(以下简称《方案》),这是浙江省第一个国家级综合改革试点,也是全国首个由国务院批准的县级市综合改革试点,义乌由此成为第十个"经济特区"(以下简称"义乌试点")。同其他试点城市相比,"义乌试点"的重心主要围绕国际贸易,涉及产品、市场、主体、环境等多个方面。此次改革试点关系重大,涉及政治、经济、文化及法律等诸多方面,可谓牵一发而动全身,任一方面的改革都将直接牵动到义乌市整个社会的发展。如何抓住机遇迎接挑战是当前试点改革的重要课题,而其中涉及法律方面的问题也为义乌律师提出了历史课题。

二、律师队伍建设是律师事务所建设的基础保证

法律服务的质量主要以律师队伍建设为依托。一个规范的事务所应当实现品牌化、规模化发展,让最合适的人做最合适的事。从律师成长的轨迹看,每一位律师都将经过"打基础、提升技能、树立品牌"三个阶段。打基础阶段,要求律师着重提升人格魅力和亲和力,提高当事人信任度,让当事人接受自己的观点并给予配合并最终委托。办案过程中与代理完毕后,及时与当事人沟通与回访,避免当事人的不信任甚至不满。提升技能阶段,律师应深入探究法律规定的根源,知其然并知其所以然。但须注意避免透露过多的办案细节,以避免当事人自己办理案件,让当事人有机会体会到律师的专业与实力。树立品牌阶段,律师要注重与当事人、办案部门的交往以赢得认可与尊重,认可与尊重来源于律师自身的品德、业务素质、敬业精神、为人处世、社会资源、思维方式、执业理念等一系列因素的综合评价。特别是与办案部门的沟通交流,切忌重蝇头小利轻业务素质,否则只会引起对方的蔑视而非好感,品牌律师应当有实力,形成自身独有的办案风格。

根据以上律师个体的成长历程,事务所的队伍安排可以考虑如下组团方案:由品牌律师分别组建案源开拓、业务工件与指导队伍和核心办案队伍,同时由处在打基础阶段和提升技能阶段的律师组建基础办案队伍。如此配置,有助实现事务所与律师的双赢局面。

三、实行现代管理是律师事务所转型升级的必由之路

随着知识经济、网络经济和金融经济的发展,新一轮经济全球化正在到来。市场经济这只"看不见的手"可以为人类带来最大福利。美国的法律服务业已经发展很成熟,欧洲也是,市场接近饱和。在欧洲,绝大多数领先律所的营业收

入来自银行、卫生保健、保险公司、房地产公司以及通信、媒体与技术工业部门。近年来，亚太地区律师业发展迅猛，而中国又是该地区发展最快的国家。但是鉴于中国的诉讼法律服务发展已趋于平缓，故中国法律服务市场未来的增加将主要集中在非诉领域。从历史维度看，最传统的以是否"打官司"为标准，将法律服务市场分为诉讼市场和非诉市场。从思维方式和服务流程看，诉讼和非诉各有不同特点。诉讼着眼于事件，属于聚合思维，律师通过分析法律关系、事实、证据、责任、适用的法律等逻辑过程，来明确争议双方的权利、义务和责任。非诉立足于现状，着眼于将来，注意事件之间的联系，属于发散思维，相对而言更具有综合性、复杂性和自由性等特点。非诉业务中律师以分析现状、预测未来、防范风险为主要考虑的问题，运用各相关领域的法律知识，依据法律的指引功能，去预测将来可能发生的后果，从而拟定不同的备选方案，选择决策最佳方案、次佳方案，使之沿着法律的预定轨道发展。伴随着中国的改革开放和国际化进程，以及对外依存度和对外融合度的深化，涉外法律服务的需求以远高于国内法律服务需求的速度迅猛增长，涉外法律服务作为语言能力要求高、服务质量要求高、律师收费相应高的"三高"法律服务产品必将占据法律服务市场的主导地位。发达国家和地区的经验也表明，随着一国经济由不发达到发达、社会秩序由失范到规范，非诉法律服务在法律服务市场上必然占据主导地位并逐步达到80％以上水平。涉外、非诉律师人才一直是我国律师行业的软肋。有资料显示，预计中国法律服务的需求量将以年均15％左右的增长率持续发展，到2020年法律服务收入将在1500～1800亿元的区间内。届时，以诉讼为代表的传统法律服务增幅将十分有限，其收入也将只占律师总收入的约30％，而以非诉为代表的现代法律服务收入将占据70％。

律所不但是专业提供法律服务的机构，同时也是追求利润与效益的经济实体。有资料显示，中国到2020年，现代法律服务总收入将占据整个法律服务市场2/3以上份额，因此至少需要30％的律所全面采用以利益共享制为核心的现代管理模式才能最低限度满足现代法律服务的需求，而目前此类律所仅为1％。以利益共享制为核心的管理模式具有如下几个特征：第一，战略定位清晰，即定位在现代法律服务市场上；第二，在观念上能够做到紧密合一，对利益的追求有中长期的战略考虑；第三，在该模式下，对利益的分配一般会考虑到各类综合因素及权重，例如开发、创收、工作时间、资历、资源使用效率、应收款回收率、所务管理、社会职能等；第四，在业务操作上容易进行团队运作，易于进入高盈利的法律服务市场；第五，由于利益共享，律所的人力资源、营运管理、财务管理、知识管理等易于统一；第六，利益共享能够有利于律师事务所集中人力、物力、财力做好营销管理、客户关系管理以及公共关系管理，从而开拓市场进行运作。

利益共享型管理模式可以避免利益分享型管理模式的一些缺陷,比如在利益共享模式下,大量的知识和资源得以共享,大大降低了律所的经营成本;由于律所具有利益的整体一致性,因此可以避免律师个体因争夺客户而产生的利益冲突;此外,在律所内部进行统筹管理,不但统一了员工的招聘、培训、晋升及薪酬制度,还建立了一系列专门部门以负责市场开拓等业务工作,避免了低水平的重复开发,奠定了律师事务所规模化和专业化运作的基础。

在现实生活中,全面采用以利益共享制为核心的现代管理模式的律所,几乎都掘到了现代法律服务市场的第一桶金。金杜所、六和所、方达所、索通所的管理经验告诉我们,管理创造效益,现代管理溢价。在中国法律服务市场竞争日益激烈的今天,谁先走一步,谁就有希望在现代法律服务这个巨大蛋糕上争得更多份额,获取更大的利益。

四、"义乌试点"下义乌律所建设之我见

作为品牌化、规模化的事务所,需要建立案件讨论制度、结案归档制度、特别重大案件通报备案制度、定期向客户报告案件进展制度等一系列制度。作为中小型律师事务所,应当着重培养奋进的团队精神,实现人力资源的最佳配置,开展专业化分工,建立法律服务质量保障体系,培育和发展事务所文化。鉴于义乌地区律师事务所现状,笔者侧重论述对中小型律所之管见。

关于团队精神。团队精神的培养既是律师事务所专业化分工的需要,也是一个事务所可持续发展的要求。市场经济的发展,使得律师单兵作战已经远远不能满足客户对法律服务的需求,万金油式的律师将退出历史舞台,一个项目或一个诉讼案件依靠一个律师来完成的机会越来越少,造就专业化律师队伍成为事务所的生存之本。

关于人力资源的最佳配置。品牌律所的人力资源配置方向应当与律师事务所的最终目标相适应。对于人才,要因人而用,充分发挥其专业特长。擅长房地产,不让从事公司业务;擅长非诉,不让从事诉讼业务;不让高级人才从事一般业务。要实现人力资源的最佳配置,人才的引进与培养、储备是关键,对此应当有制度保障。

关于建立法律服务的质量保障体系。品牌律所的本质就是其法律服务质量的领先地位。律师事务所的所有制度和行为都是为了保证和实现这一目标。中小型律所应当规范各项业务办理的流程,制订律师事务所的质量管理体系,从收案到结案的各个环节对业务流程中的质量进行监督。律师事务所的法律服务过程是一个法律事务的作业过程。质量体系要求律师在拟受客户委托开始直至完成法律事务的办理,都是在一个控制状态下而为的。质量体系要求在

为客户服务的事前、事中、事后都进行监督，以保证法律服务的优质。如对法律服务在收案时进行审查，对重大复杂疑难法律事务的讨论，对各类法律事务办理时的不同要求，对法律事务办理后的归档要求等。发现可影响服务质量的问题，分析产生的原因，以便采取纠正措施和预防措施，确保律师事务所质量目标的实现。律师事务所还应当建立律师执业保险制度，因律所或律师个人的过错造成当事人损失的，依法予以赔偿，使执业保险制度融入而成为律所质量保障体系的重要组成部分。

关于事务所文化建设。中小型律所与其他规模律所一样，都应当有自己的文化。文化建设必将推动事务所的可持续发展。文化建设方式如创立所训，创办所刊，创建网站，还可以在媒体、名片、法律文书上适当宣传事务所文化。律师事务所的文化建设能对团队意识的培养起到关键性作用。通过树立先进典型感召全所律师。坚持开展理论、业务研讨，形成坦诚沟通、随时交流、真诚合作、互相促进的良好氛围，把律师事务所的文化精髓作为全体律师团结奋进的纽带。

综上所述，义乌的律所建设已经到了关键的转型升级期，市场的需求在呼唤义乌律所的现代管理，外部的环境在逼迫，利益的驱动在激励。因此，以现代管理为主导的律所建设势在必行。

参考文献

[1]吕立山，史建三.引领中国律所现代管理的探索.法律出版社,2009.

[2]迟菲.律师事务所律师队伍建设及律师发展阶段研究.山西华晋律师事务所.

[3]夏邦华.中小型律师事务所的品牌化建设.安徽夏商周律师事务所.

[4]康达律师事务所.康达所建设大型综合所之经验.

数据来源：

[1]义乌市司法局律师公证管理科.

[2]国家统计局义乌调查队.今日义乌.义乌市统计局.

[3]吕立山，史建三.引领中国律所现代管理的探索.法律出版社,2009.

作者简介

吴永能，男，法律硕士，六和（义乌）律师事务所副主任，专职律师。主要业务侧重于刑事辩护、民商事诉讼与非诉代理。

存疑不起诉之证据不足探讨

胡雪梅

【摘要】 基于疑罪从无理念和诉讼经济原则设立的存疑不起诉制度在理论和司法实践中都有着积极意义,但由于程序设计上的不完整导致出现了许多问题,如适用标准不明确、权利救济不完善等。笔者从证明责任、适用标准和权利救济等方面进行了探讨,提出了相关的见解。

【关键词】 存疑不起诉 证明责任 适用标准 权利救济

根据《刑事诉讼法》第 142 条第 1 款规定:"犯罪嫌疑人有本法第 15 条规定的情形之一的,人民检察院应当作出不起诉决定。"第 2 款规定:"对于犯罪情节轻微,依照《刑法》规定不需要判处刑罚或者免除刑罚的,人民检察院可以作出不起诉决定。"第 140 条第 4 款规定:"对于补充侦查的案件,人民检察院仍然认为证据不足,不符合起诉条件的,可以作出不起诉的决定。"由此可见,我国《刑事诉讼法》规定的不起诉制度可以分为三种,即法定不起诉、酌定不起诉和证据不足不起诉。证据不足不起诉又称存疑不起诉,是指据以认定案件事实的证据达不到提起公诉的条件,经过补充侦查仍不符合起诉条件从而不起诉的情形。导致存疑不起诉的原因是证据不足,对于何谓证据不足,如何认定证据不足以及如何解决证据不足存在的问题,笔者认为尚有值得探讨之处。

一、存疑不起诉的法益分析

(一)无罪推定原则的延伸——疑罪从无

无罪推定是指在刑事诉讼中,任何被怀疑犯罪或者受到刑事控告的人在未经司法程序最终确认为有罪之前,在法律上应假定其无罪或者推定其无罪,其核心是保障公民作为独立的、有尊严的个体在诉讼中的合法权利。笔者以为,疑罪从无是无罪推定思想的一个十分重要的延伸,体现在审查起诉阶段即是对于确定犯罪嫌疑人有罪存在合理的怀疑但证据不足时，应作出有利于犯罪嫌疑人的结论，认为其无罪，而并不是已经认定犯罪嫌疑人有罪但只是因为证明不足只好无奈的作出不予起诉的决定。疑罪从无要求司法机关在作出不利于犯罪嫌疑人和被告人的处理决定时证据必须要确实充分，否则，就应当作出有利于犯罪嫌疑人和被告人的处理，如果是疑罪、疑案则应从无罪。①

（二）诉讼经济效率

"正义的第二种意义，简单说来就是效益。"②对证据不足的案件作不起诉处理，使不应当进入审判程序的刑事案件在审查起诉阶段终结，缩短了诉讼时间，节省了有限的人力、物力和财力，使检察机关和审判机关集中精力去处理更为重要的案件，从而达到了诉讼经济的目的，提高了司法机关处理刑事案件的效率。在司法实践中，侦查机关确实无法查清的案件，如一些重大案件甚至死刑案件由于如凶器收集不到位、尸体找不到、关键证人反复卸证等，导致案件长期搁浅，久拖不决。如果允许积压，将给司法机关及狱政部门造成较大的压力，而且易侵犯犯罪嫌疑人的合法权益。因此，对经过补充侦查仍然证据不足的案件，及时作出不起诉决定，也能使公安机关从积案中解脱出来，同样体现了不起诉特有的经济效益价值。存疑不起诉的正确适用，避免了将不符合起诉条件的犯罪嫌疑人羁押、起诉和审判，甚至被判处徒刑，产生较好的诉讼效益的同时也保障了犯罪嫌疑人的人身权利和财产权利。

二、存疑不起诉之证据不足

（一）存疑

存疑有广义和狭义之分，广义上的存疑包括罪与非罪的疑问、此罪与彼罪的疑问、一罪与数罪的疑问以及罪行轻重的疑问，狭义上的存疑仅指罪与非罪的疑问。笔者认为存疑不起诉中的存疑应是广义上的存疑，存疑是指对案件事实有疑问，而案件事实包括实体法事实和程序法事实，罪与非罪、此罪与彼罪、一罪与数罪、罪行轻重均属于案件实体方面的事实，对这些事实不能认定，均存在疑问，没有理由仅仅认为对罪与非罪存在疑问可以不起诉，而其他认定案件事实存在疑问就必须要起诉。

（二）证据不足

樊崇义教授认为证据不足就是犯罪四大构成要件即案件基本事实的证据不具备。笔者认为，证据不足是存疑不起诉的实体要件，即案件证据达不到起诉所必须具备的证明标准的要求。证据不足并不是对证据数量和种类的简单描述,而是指案件的现有证据不足以使司法人员确信犯罪嫌疑人或被告人实施了被指控犯罪或者具备被指控的犯罪情节。证据充分的心证状态从定罪的角度来看有两个临界点:一是司法人员的"有罪确信",即认为现有的证据已经达到了犯罪事实清楚、证据确实充分的程度,应做有罪处理;二是司法人员的"无罪确信",即根据案件的事实和证据,难以确信犯罪嫌疑人、被告人实施了指控的犯罪,应做无罪处理。而当司法人员的心证状态介乎"有罪确信"与"无罪确信"这两个临界点的中间状态时,就属于我们所说的疑罪范畴也即是证据不足。

(三)存疑不起诉与证据不足的关系

根据《刑事诉讼法》的规定,存疑不起诉的实质要件是证据不足,即证据不足必然导致不起诉,但不起诉并不一定是因为证据不足,不起诉还存在法定不起诉和酌定不起诉的情形。对案件存有疑问可能是证据不足,也可能不是证据不足,对认定案件主要事实认识不清,无法确定犯罪嫌疑人和犯罪事实应该属于证据不足,如果只是存在对某些定罪量刑没有影响或影响很轻微的细节认识不清,并不会影响检察院作出起诉的决定的疑问,那么仍然可以认为证据确实充分。

三、证据不足的证明责任

在诉讼理论和实践中,一般是将证明责任界定为行为意义上的证明责任和结果意义上的证明责任,前者是"提出证据的责任"、形式意义上的证明责任,它指的是当事人负责证实事实的责任;而后者是"说服责任"、实质意义上的证明责任,指当事实真相真伪不明时,在法律判断上处于不利地位的当事人承担不利判决的风险。③结果意义上的证明责任实际上是为法官在案件主要事实证据不足、处于真伪不明时作出裁判提供了规则和依据。这种结果意义上的证明责任是不可转移的,在刑事诉讼中这项证明责任是由控诉机关承担的。而行为意义上的证明责任则是在控辩平等的基础上围绕证据的展开推动刑事诉讼程序的进程。

在整个审查起诉阶段,检察院扮演着十分重要的角色,负责审查侦查机关侦查终结案件是否符合提起公诉的要求即犯罪事实清楚、证据确实充分,对犯罪嫌疑人应当依法追究刑事责任以及应当符合审判管辖的规定,由检察院负责证实存在犯罪事实并加以证明,即提出证据的责任,当提出的证据不能达到起诉的标准时,就应当承担不起诉的结果,也就是结果意义上的责任。在审查起诉阶段,从提出证据、证实犯罪事实到承担不利后果,整个过程全部由检察院一方独自完成，根据任何人不得自证其罪原则，犯罪嫌疑人没有提出证据证明自己有罪的义务，所以也就没有证明自己无罪的权利；根据我国现行《刑事诉讼法》规定，被害人并不是诉讼一方当事人，没有证明责任，因此没有权利提出证据证明权利被侵害的事实。笔者认为这种证明责任的分配是不合理的。检察机关作为公诉一方承担着提起公诉的全部证明责任，依据犯罪行为的发生推定犯罪嫌疑人并收集证明加以证明，当证明案件事实的证据没有达到确实充分、不足以证明案件事实时承担存疑不起诉的结果。但根据控辩平等的诉讼理念，犯罪嫌疑人应当负有一定的证明责任，是提出证据的责任即形式上的证明责任，主张自己没有实施犯罪行为，如提出自己不在场的证据；犯罪嫌疑人并不承担结果意义上的证明责任，因为犯罪嫌疑人的提出、搜集证据的能力无法与作为强大的国家机关的检察院相比，双方拥有的证明力量完全不对等，不能要求犯罪嫌疑人同检察机关一样承担不利的后果。作为例外的是《刑法》第395条规定，如果国家工作人员被指控为巨额财产来源不明的犯罪嫌疑人、被告人，那么其对明显超出自己合法收入的来源应当承担证明其财产来源合法的责任，在这种情况下犯罪嫌疑人、被告人要承担结果意义上的证明责任。

《刑事诉讼法》第145条规定："被害人有证据证明对被告人侵犯自己人身、财产权利的行为应当依法追究刑事责任，而公安机关或人民检察院不予追究被告人刑事责任的案件"赋予被害人享有自诉权，这一规定从外部强化了对人民检察院不起诉决定的有效制约，有利于督促检察院正确行使权力、严格执法。对于公诉转自诉案件的情形之一是检察院存疑不起诉，认为证据不足以证明案件事实，而被害人则认为证据确实、充分应当提起公诉，被害人提起自诉以后，证明权利被侵害的责任就转移到自己身上，而凭借被害人自身的力量难以收集到勘验、鉴定等专业性、技术性很强的证据，很大程度上承担着败诉的风险，这时法律赋予被害人申请法院调取证据的权利，但此时法院承担的并不是一种证明责任，而只是一种职权行为，依据申请对案件进行调查，并没有提出证据证明的义务。

四、证据不足的适用标准

在整个存疑不起诉决定的过程中，完全由检察院来认定证据，并没有一个足以令人信服的标准，而且基本上是属于"暗箱操作"被害人和犯罪嫌疑人完全不了解如何判断证据是否足以认定案件事实，比如在公诉转自诉案件中，被害人有证据证明对被告人侵犯自己人身、财产权利的行为应当依法追究刑事责任，而公安机关或人民检察院不予追究被告人刑事责任，这里就存在一个证据认定标准的问题，被害人认为其有证据证明犯罪行为的发生，而检察院却认为证据不足不予立案,究竟如何确定证据不足呢?

关于证据不足的适用标准涉及《刑事诉讼法》案件的证明标准问题。根据我国《刑事诉讼法》的规定,刑事诉讼的证明标准是案件事实清楚、证据确定充分,由此,达不到证明标准即是证据不足。此外,最高人民检察院《人民检察院刑事诉讼规则》第 286 条第 3 款从宏观上对存疑不诉案件的证明标准作了四项实体性规定:(一)据以定罪的证据存在疑问,无法查证属实的;(二)犯罪构成要件的事实缺乏必要的证据予以证明的;(三)据以定罪的证据之间的矛盾不能合理排除的;(四)根据证据得出的结论具有其他可能性的。在以上四个标准中,第二项是从证据本身角度讲,第一、三、四项是从证明的角度来说的。笔者认为这个标准全面总结了证据不足的认定标准,但其中某些概念不明确容易引起争议。

(一)案件事实

刑事诉讼中的案件事实可以分为两类:一是客观事实,案件发生后,客观上确实发生和存在一个已经过去的案件事实,它具有以下三个基本特点:客观性、消逝性和中立性①;二是证据事实,即诉讼中证据表明或再现的案件事实。

我国传统证据理论认为案件事实是客观存在的因而也是可以认识的,认为所要查明的案件事实就是事实本身的真实,也即事实的真情、事物的真相,司法机关所确定的事实必须与客观上实际发生的事实完全符合、确实无疑,并且认为从根本上看,任何案件事实通过正确地收集分析证据是可以查清的。笔者认为,我国证明标准"犯罪事实清楚"中的"事实"应当指的是证据事实,即根据所获得的证据来认定的事实,这个事实是以证据的存在及各证据之间的合理逻辑关系为前提的,是通过各证据之间的逻辑关系而得出唯一的结论。这里的"事实清楚"的实体标准并不是指传统的客观事实,而是指在正当化的程序下,司法人员通过证据所获得的事实,是一种证据事实。

案件确实已经发生了,而且发生之后必然留下痕迹,人们依据这些痕迹推断之前案件发生的全过程,是一个以相连的证据串联起来认定的事实,有可能是真实的案件发生过程,也可能只是公民根据符合合理逻辑的证据关系而得出的与真实发生的案件不同的事实,这个事实是司法人员通过证据所获得的事实,是一种证据事实。诉讼证明作为一种回溯性的证明它是司法人员根据法律的规定运用合乎法律规定的证据,以推论的方式对已经发生过的具体事件加以再现,这种证明必然受到证明主体、证明客体、证明时空和资源以及证明程序和规则等的限制,不可能在本原上再现或重复案件事实本身,最多也只能是一种接近于客观真实的法律意义上的真实。

（二）确实充分

证据确实、充分是分别从质和量两个方面对证据进行规定，但绝对不仅仅是质量的简单相加。证据不足是证据本身存在问题不能确定或者证据无法形成证据链得出一个排他的结论或者两者兼而有之。笔者认为证据存在问题无法查证属实不仅包括证明实体性事实的证据，还应包括证明程序性事实的证据，当证明程序性事实的证据存在疑问无法查证属实时，根据程序性制裁原理，该证据就不能当作认定犯罪事实的证据因而无效。证据不充分说明现有的证据无法形成证据链条因而无法得出结论或者无法得出唯一的结论，导致案件事实不清无法起诉。

五、被害人和犯罪嫌疑人的权利救济

《刑事诉讼法》和《人民检察院刑事诉讼规则》规定相关诉讼主体有权对检察机关办理疑罪不诉案件依法进行监督：被害人如果对检察机关作出的疑罪不诉决定不服的，包括证据审查和认定，可自收到不起诉决定后七日内向作出不起诉决定的上一级人民检察院申诉，请求提起公诉，上一级人民检察院控告申诉部门应当立案复查；人民检察院维持不起诉决定的，被害人还可以向人民法院起诉，也可以不经申诉，直接向人民法院起诉。对公安机关移送起诉的案件，如果公安机关对检察机关作出的疑罪不诉决定不服，可以要求复议，如果意见不被接受，可以向上一级人民检察院提请复核。与此同时，根据最高人民检察院有关人民监督员制度规定，检察机关对自行侦查的疑罪不诉案件，还要纳入人民监督员的监督范围。

根据我国现行的刑事司法制度，被害人对于检察院作出的不起诉决定只有通过事后的申诉、复议和复核来维护自己的合法权益，但法律却没有明确规定申诉后复查的程序和时限，被害人怕为诉累所拖，从而不愿申诉。而对于犯罪嫌疑人而言，法律尚未对其权利规定保护措施。犯罪嫌疑人和被害人同属案件的当事人，从《诉讼法》的角度讲，两者的诉讼权利应是大体相对应的，然而显然，法律对被害人和犯罪嫌疑人法律救济的规定有失平衡。许多人认为犯罪嫌疑人没有被起诉已经非常幸运了，但这并不表明被不起诉人在客观上没有犯罪，只是因为证据不足不符合起诉条件，根据疑罪从无的原则做出不起诉决定，被不起诉人如果认为自己根本没有犯罪事实，或自己的行为不构成犯罪，因而不服检察机关的不起诉决定的，就应有权向检察机关申诉，通过此途径来寻求救济，以维护自己的合法权益。

根据司法公正性的要求，诉讼当事人尤其是利益相对立或直接冲突的当事人应当能够平等地参与到诉讼活动中来,为促成有利于自己的裁判结果辩解和举证。因此,应强化犯罪嫌疑人的诉讼救济权利,赋予其向上一级检察机关的申诉权和申请起诉权,在检察机关作出不起诉决定后,可以向其上一级检察院提出申诉,上一级检察院仍维持不起诉决定的可以向人民法院提起诉讼;或者直接向人民法院提起诉讼。犯罪嫌疑人通过利用检察机关内部监督和人民法院的外部制约来保护自身的权益,维护自己的合法权益。在增加维护犯罪嫌疑人权利的同时,完善被害人权利的救济渠道,明确申诉后的复查程序和时限。

此外,为了防止检察院不起诉权的滥用,保障不起诉案件的质量,应当建立存疑不起诉案件的听证制度。不起诉的听证制度,是检察机关对拟作不起诉决定的案件,以听证会的形式,公开听取犯罪嫌疑人及其辩护人、被害人及其诉讼代理人的陈述和辩解,听取公安机关及发案单位负责人以及主管部门、部分专家、群众代表的意见的一种内部工作制度。⑤

通过听证这种公开的方式,有助于使被害人和犯罪嫌疑人全面了解案件情况,明确自己的权利义务,并及时发表自己的意见,体现了诉讼参与原则;而检察院向他们介绍案件情况和有关政策、法律,促使案件双方积极参与,消除分歧,统一认识,帮助检察机关对案件正确作出不起诉的决定,也积极贯彻了检务公开的要求。

参考文献

[1]申君贵.刑事诉讼法理念与程序完善研究.北京:中国法制出版社,2006.

[2][美]波斯纳.法律的经济分析.美国 little brown 公司,1972.

[3][日]田口守一.刑事诉讼法.刘迪等译.北京:法律出版社,2000:226—227.

[4]刘涛,朱颖.论"以事实为根据"——兼论证据客观性和证明标准.社会科学研究,2002(1).

[5]陈小平.论刑事不起诉制度及其完善.湘潭大学硕士研究生论文,2006.

作者简介

胡雪梅,女,湘潭大学诉讼法学硕士研究生,六和(义乌)律师事务所专职律师。主要从事刑事诉讼、民商事诉讼及非诉讼业务。

图书在版编目（CIP）数据

六和律师理论与实务研究. 第 3 卷 / 郑金都主编.
—杭州：浙江大学出版社，2014.5
ISBN 978-7-308-12330-3

Ⅰ.①六… Ⅱ.①郑… Ⅲ.①律师业务－中国－文集
Ⅳ.①D926.5-53

中国版本图书馆 CIP 数据核字（2013）第 235788 号

六和律师理论与实务研究（第Ⅲ卷）

主　　编　郑金都
副主编　黄伟源　赵箭冰

责任编辑　王元新　曲　静
封面设计　续设计
出版发行　浙江大学出版社
　　　　　（杭州市天目山路 148 号　邮政编码 310007）
　　　　　（网址：http://www.zjupress.com）
排　　版　杭州中大图文设计有限公司
印　　刷　浙江省良渚印刷厂
开　　本　710mm×1000mm　1/16
印　　张　18.25
字　　数　328 千
版 印 次　2014 年 5 月第 1 版　2014 年 5 月第 1 次印刷
书　　号　ISBN 978-7-308-12330-3
定　　价　49.00 元